Business Law Handbook

現役法務と顧問弁護士が書いた

Practices of Contracts Handbook

# 契約実務ハンドブック

長瀬佑志
YUSHI NAGASE

長瀬威志
TAKESHI NAGASE

日本能率協会マネジメントセンター

# はしがき

　企業活動が多様化・複雑化し、グローバル化の進展とともに、私たちの日常生活全般に行き渡る中、企業活動に伴う法律問題も多様化・複雑化の一途を辿っています。

　いまや、企業活動に伴う法律問題に係る法的リスクマネジメントは、企業が円滑にビジネスを展開・発展させるために必要不可欠といえます。

　そして、適切な法的リスクマネジメントを実施するためには、「最悪シナリオ」が現実化した場合であってもなお円滑に企業活動を遂行できるよう、当事者間での各種リスクの分担・コントロール手段を定めた契約書の果たす役割が極めて重要となります。法的リスクマネジメントは、①「戦略法務」、②「予防法務」、③「臨床法務」の３つの見地から整理できることから、契約書の果たすべき役割についても、契約交渉開始前の準備段階（①「戦略法務」）、契約交渉開始〜契約書ドラフティング段階（②「予防法務」）、③契約履行段階〜紛争解決段階及び強制執行段階（③「臨床法務」）として、時系列に沿って整理することが可能です。

　また、企業活動の多様化・複雑化に伴い、より高度の専門性、大量かつ迅速な法務リソースの提供が求められる場面が増している中、適切な法的リスクマネジメントを実現するためには法務担当者のみによる対応だけではなく、専門的な知見を有する外部弁護士との共同体制の構築が不可欠といえます。しかしながら、具体的な案件に即して、最適の知識・経験を有する外部弁護士をどのように選択すればよいのか、外部弁護士に対してどのタイミングで、何を、どのように相談し、依頼すればいいのか、外部弁護士に依頼した後はどのように関係を構築すればよいのか等、外部弁護士の選定方法や法務担当者との役割分担を十分に整理できていないという企業も少なくないのではないでしょうか。また、外部弁護士の費用は高額であり、その利用の巧拙はときに企業の競争力をも左右する場合があることから、いかに効率的に外部弁護士を利用することができるかが重要なポイントとなります。

私たちは、弁護士として「外部」から多くの企業を支援してきたほか、本書の共著者である長瀬威志弁護士は、金融庁へ出向し規制当局者の立場から企業法務に携わってきた経験を有するとともに、企業への出向を通じてインハウスローヤーとして企業「内部」からも企業法務を担当してきました。

　私たちは、企業の「外部」と「内部」、双方の立場から企業法務に携わってきた経験から、企業が健全な事業活動を展開するためには、法務知識を意図的に営業推進等に活用していく積極的な法務支援をしながら（①「戦略法務」）、将来の紛争が発生しないようあらかじめ案件に係る法的問題について十分にリーガルチェックを行うとともに（②「予防法務」）、万が一紛争が生じたとしても訴訟で勝利できるよう、あらかじめ必要な手当を契約書等に盛り込む等の対応をしつつ（③「臨床法務」）、法務担当者と外部弁護士の協働体制を構築することの重要性を認識してきました。

　もっとも、外部弁護士はあくまで企業外部の第三者であり、法務担当者のように企業内部の実情に通じているものではなく、また、弁護士費用は決して安価ではありません。

　したがって、企業活動に係る法律問題すべてについて漫然と外部弁護士に依頼すればよいというものではなく、企業の内情に応じた法務担当者だからこそできる「社内法務担当者ですべきこと」と、中立的な立場にある「外部弁護士に依頼すべきこと」を峻別するとともに、効率的に外部弁護士を利用することで法務費用を節約し、企業の競争力強化に繋げる必要があります。

　本書は、法務担当者が、外部弁護士との適切な協働体制を構築し、①「戦略法務」、②「予防法務」、③「臨床法務」の3つの見地を踏まえた適切な法的リスクマネジメントを実現するために、以下の2つの視点から、企業法務・契約実務の流れを整理しました。

1．①「戦略法務」、②「予防法務」、③「臨床法務」3つの見地を踏まえ、契約準備段階から契約交渉、紛争の発生、紛争の解決まで時系列に沿って整理する

はしがき

2．法務担当者（企業内部）と弁護士（企業外部）の役割分担の視点から、時系列ごとの対応事項を整理する

　1．の視点から、契約実務上、契約交渉開始後に頻繁に取り交わされる秘密保持契約書や基本合意書、変更覚書等のサンプルを掲載するとともに、企業法務において代表的な契約類型である売買契約（基本契約及び個別契約）、金銭消費貸借契約、不動産売買・賃貸借契約、ソフトウェア開発委託契約（業務委託契約）、及び労働契約についてもサンプルを掲載し、各契約類型の留意事項を契約締結の時系列に沿って整理しています。
　また、2．の視点から、法務担当者が外部弁護士に効率的に相談できるよう、「相談メモ」のサンプルや、外部弁護士による「法律意見書」「メモランダム」等のリーガルオピニオンのサンプルも併せて掲載しています。

　本書が、法務担当者の皆様と、外部から法務担当者を支える弁護士の皆様にとって、多少なりともお役に立つことができるようであれば望外の喜びです。

　なお、本書執筆にあたり、株式会社日本能率協会マネジメントセンターの皆様に大変お世話になりましたことを、この場を借りて御礼申し上げます。

平成29年3月
弁護士　長　瀨　佑　志
弁護士　長　瀨　威　志

# 本書の全体像&チェックポイント

| | Part 1 Chapter 1<br>企業法務と弁護士の役割 | Part 2 Chapter 2<br>契約準備段階における留意点 |
|---|---|---|
| 総論 | ☐ 企業活動と法的リスクマネジメント（2頁） | ☐ 法的リスクの峻別（50頁） |
| 法務担当者の役割 | ☐ 法務担当者の役割等—企業の「かかりつけの医者」（24頁） | ☐ 社内担当者からのヒアリング（52頁）<br>☐ 法的リスクの峻別（54頁）<br>☐ 法務担当者によるリーガルチェック（55頁）<br>☐ 外部弁護士利用の要否（55頁）<br>☐【「相談メモ」サンプル】（70頁）<br>☐ 案件全体のハンドリング（71頁） |
| 弁護士の役割 | ☐ 外部弁護士の役割等—企業の「専門医」（26頁） | ☐ リーガルオピニオンの提供（72頁）<br>☐ 法律意見書（73頁）<br>☐【法律意見書サンプル】（73頁）<br>☐ メモランダム（77頁）<br>☐【メモランダムサンプル】（77頁）<br>☐ メール回答（81頁）<br>☐【メール回答サンプル】（81頁）<br>☐ 口頭での回答（84頁） |
| 各論（類型別）売買契約 | | ☐「重要な財産の処分又は譲受け」（会社法362条4項1号）（87頁） |
| 各論（類型別）金銭消費貸借契約 | | ☐「多額の借財」（会社法362条4項2号）（88頁） |
| 各論（類型別）不動産売買・賃貸借契約 | | ☐「重要な財産の処分又は譲受け」（会社法362条4項1号）（88頁） |
| 各論（類型別）ソフトウェア開発委託契約（業務委託契約） | | ☐ 請負契約か委任（準委任）契約か（88頁） |
| 各論（類型別）労働契約 | | ☐ 労働条件の明示（労働基準法15条）（89頁） |

| Part 3 Chapter 3<br>契約交渉開始後における留意点 | Part 3 Chapter 4<br>契約ドラフティング段階における留意点 |
|---|---|
| ☐ 契約準備段階と契約交渉開始後の違い (*92頁*)<br>☐ 「取ってはいけない法的リスク」の再検討 (*93頁*)<br>☐ 「取った上でコントロールする法的リスク」の検討 (*93頁*) | ☐ 要件事実論 (*126頁*)<br>☐ 立証責任 (*129頁*)<br>☐ 証拠の重要性 (*130頁*) |
| ☐ 「取ってはいけない法的リスク」の再検討 (*95頁*)<br>☐ 「取った上でコントロールする法的リスク」への対応 (*96頁*)<br>☐ 「契約締結上の過失」に係るリスクのコントロール (*96頁*)<br>☐ 秘密漏洩のリスクのコントロール (*96頁*)<br>☐【秘密保持契約書サンプル】(*98頁*)<br>☐ 最終契約締結に係るリスクのコントロール (*108頁*)<br>☐【基本合意書サンプル】(*109頁*) | ☐ 要件事実の取り込み (*133頁*)<br>☐ 強制執行可能性の取り込み (*134頁*)<br>☐「雛形」の活用 (*135頁*)<br>☐ 契約チェックリストの活用 (*138頁*) |
| ☐ 「取ってはいけない法的リスク」の再検討 (*121頁*)<br>☐ 「取った上でコントロールする法的リスク」への対応 (*121頁*)<br>☐ 「契約締結上の過失」に係るリスクのコントロール (*121頁*)<br>☐ 秘密漏洩のリスクのコントロール (*121頁*)<br>☐ 最終契約締結に係るリスクのコントロール (*122頁*) | ☐ 中立的な立場からの契約書ドラフト・レビュー (*140頁*)<br>☐ 契約書ドラフト・レビューの依頼を受ける場合の留意点 (*141頁*)<br>☐ 契約書のレベルアップ (*144頁*) |
| ☐ 秘密保持契約書の締結 (*123頁*)<br>☐ 基本合意書の締結 (*123頁*)<br>☐ チェンジ・オブ・コントロール条項 (*123頁*) | ☐【売買契約 (基本契約及び個別契約) サンプル】(*154頁*) |
| ☐ 諾成的消費貸借契約 (*124頁*)<br>☐ 契約締結上の過失 (*124頁*) | ☐【金銭消費貸借契約サンプル】(*178頁*) |
| ☐ 契約締結上の過失 (*124頁*) | ☐【不動産賃貸借契約サンプル】(*190頁*)<br>☐【不動産売買契約サンプル】(*203頁*) |
| ☐ 秘密保持契約書の締結 (*125頁*) | ☐【ソフトウェア開発委託契約サンプル】(*212頁*) |
| ☐ 契約締結上の過失 (*125頁*) | ☐【(就業規則の定めなし) 労働契約サンプル】(*231頁*)<br>☐【(就業規則の定めあり) 労働契約サンプル】(*237頁*) |

| | | Part 3 Chapter 5<br>契約の履行段階における留意点 | Part 4 Chapter 6<br>紛争発生の予兆 |
|---|---|---|---|
| | 総論 | ☐ 契約（法律行為）の要件の確認（247頁）<br>☐ 契約の履行に対する抗弁事由の確認（252頁）<br>☐ 契約の履行の管理（252頁） | ☐ 紛争発生の予兆の事前察知の重要性（264頁）<br>☐ 紛争発生の予兆・チェックリスト（266頁）<br>☐ 危険度類型別留意点（268頁） |
| | 法務担当者の役割 | ☐ 契約の有効性・履行条件の確認（253頁）<br>☐ 契約の履行の確認（254頁）<br>☐ 契約の履行に応じない場合の対応（254頁） | ☐ 紛争発生の予兆の把握と「覚書」による原契約の修正（285頁）<br>☐ 【覚書サンプル】（286頁）<br>☐ 紛争発生のチェックリストの活用（287頁）<br>☐ 弁護士への相談体制の構築（287頁） |
| | 弁護士の役割 | ☐ 契約の有効性・履行条件の再確認（255頁）<br>☐ 法的リスクの分析（255頁）<br>☐ 法的リスクに応じた解決方法の検討（256頁） | ☐ 紛争の予兆・危険度の分析（288頁）<br>☐ 危険度に応じた対策の検討（288頁）<br>☐ 紛争解決方法の見通し（288頁） |
| 各論（類型別） | 売買契約 | ☐ 所有権留保（257頁）<br>☐ 商人間の瑕疵担保責任（商法526条）（258頁）<br>☐ チェンジ・オブ・コントロール条項（258頁） | （買主側）<br>☐ 契約内容に従った商品の提供の有無（290頁）<br>☐ 検収条項、品質保証条項、引渡条項（290頁）<br>（売主側）<br>☐ 売買代金の支払いのチェック（291頁）<br>☐ 代金支払条項、危険負担条項（291頁）<br>☐ 債権回収の可能性（291頁） |
| | 金銭消費貸借契約 | ☐ 期限の利益喪失条項（259頁）<br>☐ クロスデフォルト条項（259頁） | ☐ 返済時期や返済金額のチェック（292頁）<br>☐ 期限の利益喪失条項（292頁）<br>☐ 表明保証条項（292頁）<br>☐ 回収可能性の見通し（292頁） |
| | 不動産売買・賃貸借契約 | ☐ 手付の設定・法的性質（259頁） | ☐ 対象不動産の管理状況のチェック（293頁）<br>☐ 不動産鑑定士等、他の専門家との連携（293頁） |
| | ソフトウェア開発業務委託契約 | ☐ 契約条件に沿った履行の有無の確認（260頁）<br>☐ 受託者の報告義務の有無（260頁）<br>☐ 委託者の検収条項の有無（261頁） | ☐ 受託者の報告義務の有無（293頁）<br>☐ 成果物に対する著作権の帰属（294頁）<br>☐ 開発の遅れに対するリスクコントロール（294頁） |
| | 労働契約 | ☐ 労働条件の明示（労働基準法15条）（261頁）<br>☐ 就業規則、社内規程、労働法規制との整合性（261頁） | ☐ 人事部との連携（294頁）<br>☐ 紛争類型に応じた対応機関の選定（295頁） |

| Part 4 Chapter 7<br>紛争の解決方法 | Part 4 Chapter 8<br>強制執行・担保権の実行 |
|---|---|
| ☐ 紛争の解決方法（296頁）<br>☐ 各解決方法のメリット・デメリット（299頁）<br>☐ 解決方法選択の視点（305頁）<br>☐ 任意交渉の手続（307頁）<br>☐ ADRの手続（315頁）<br>☐ 民事保全の手続（317頁）<br>☐ 訴訟の手続（320頁） | ☐ 強制執行・担保権の実行の概要（331頁）<br>☐ 債権執行手続の流れ（333頁）<br>☐ 不動産執行手続の流れ（335頁） |
| ☐ 現状の事実関係の確認（322頁）<br>☐ 弁護士の選任（322頁）<br>☐ 紛争解決のコスト調整（弁護士報酬等）（323頁）<br>☐ 各解決方法の選択における社内調整（広報・IR・経理・財務との連携）（323頁）<br>☐ 各解決方法の準備（324頁）<br>☐ 手続継続中のサポート（324頁）<br>☐ 裁判上の和解に対する考え方（324頁） | ☐ 強制執行手続の流れの理解（340頁）<br>☐ 強制執行手続の時間的・経済的コストの理解（340頁）<br>☐ 強制執行手続を選択することの社内調整（341頁） |
| ☐ 各解決方法の提案（325頁）<br>☐ 見積書の作成（325頁）<br>☐ 代理活動の遂行（326頁）<br>☐ 解決見通しの提案（327頁） | ☐ 強制執行手続による回収の見通しの検討（341頁）<br>☐ 強制執行手続の流れの説明（341頁）<br>☐ 強制執行手続の対応（342頁） |
| ☐ 継続的取引関係を維持するかどうか（328頁） | ☐ 所有権留保（約定担保物権）の活用（343頁）<br>☐ 動産売買先取特権（法定担保物権）の活用（343頁） |
| ☐ 回収可能性の見通し（328頁）<br>☐ 民事保全の利用の検討（328頁） | ☐ 強制執行認諾条項の活用（344頁） |
| ☐ 占有移転禁止の仮処分の検討（328頁） | ☐ 強制執行に要する費用の検討（345頁） |
| ☐ 機密情報漏洩のリスクへの対処（329頁） | ☐ 知的財産権に対する差押えの可否（345頁）<br>☐ 知的財産権の評価の検討（345頁） |
| ☐ 行政処分・刑事処分のリスク（329頁）<br>☐ レピュテーショナルリスク（330頁）<br>☐ 個別紛争から他の従業員への波及のリスク（330頁）<br>☐ 付加金請求のリスク（330頁） | ☐ 未払賃金の先取特権（346頁）<br>☐ 解雇無効に対する強制執行の可否（346頁） |

目　次 | 現役法務と顧問弁護士が書いた契約実務ハンドブック

はしがき …………………………………………………………………………… i
本書の全体像&チェックポイント ……………………………………………… iv

# Part 1　はじめに … 1

## Chapter 1　企業法務と弁護士の役割 … 2

### Section 1　企業活動と法的リスクマネジメント … 2

1　企業活動と法律相談のニーズ … 2
2　法的リスクとは … 3
　（1）「取ってはいけない法的リスク」… 5
　（2）「取った上でコントロールする法的リスク」… 6
3　法的リスクマネジメント … 6
　（1）「戦略法務」―スポーツ医学 … 7
　（2）「予防法務」―医師への健康相談・早期検診 … 7
　（3）「臨床法務」―発病後の医師への相談・手術 … 8
4　法的リスクマネジメントにおける留意事項 … 8
　（1）「早期の相談」の重要性 … 9
　（2）「情報全体の開示」… 9

### Section 2　外部弁護士の必要性 … 10

1　案件の専門性・大規模性 … 10
2　第三者性の確保 … 11
3　訴訟対応等 … 12
4　規制当局との交渉 … 12

## 目　次

　　5　海外法規制対応 ……………………………………………………… *13*

**Section 3** **外部弁護士の効率的利用** ……………………………… *13*

**Section 4** **外部弁護士・法律事務所に関する基礎知識** ……… *14*

　　1　日本の弁護士・法律事務所 ………………………………………… *14*
　　　（1）　日本の弁護士 ………………………………………………… *14*
　　　（2）　日本の法律事務所 …………………………………………… *15*
　　2　海外弁護士・海外法律事務所 ……………………………………… *18*
　　　（1）　海外弁護士（米国の弁護士） ………………………………… *18*
　　　（2）　海外法律事務所 ……………………………………………… *18*
　　3　弁護士の報酬体系 …………………………………………………… *20*
　　　（1）　タイムチャージ制 …………………………………………… *21*
　　　（2）　成功報酬制 …………………………………………………… *23*

**Section 5** **法務担当者と外部弁護士の役割** ………………………… *24*

　　1　法務担当者の役割等―企業の「かかりつけの医者」 ………… *24*
　　　（1）　企業にとっての役割 ………………………………………… *24*
　　　（2）　法的アドバイスの性質等 …………………………………… *25*
　　　（3）　その他の特徴 ………………………………………………… *26*
　　2　外部弁護士の役割等―企業の「専門医」 ……………………… *26*
　　　（1）　企業にとっての役割 ………………………………………… *26*
　　　（2）　法的アドバイスの性質等 …………………………………… *27*
　　　（3）　その他の特徴 ………………………………………………… *27*

**Section 6** **企業法務における契約書の重要性** ……………………… *28*

　　1　「契約」と「契約書」の意義 ……………………………………… *28*
　　2　「契約書」の役割 …………………………………………………… *29*
　　　（1）　各種リスクコントロール手段 ……………………………… *29*
　　　（2）　当事者間の合意内容の明確化 ……………………………… *29*

（3）将来の訴訟における証拠の確保 ……………………………… 30
　3　「最悪シナリオ」を想定したリスク分析 ……………………………… 30
　4　契約書の「形式」 …………………………………………………… 32
　　　（1）契約締結と書面の要否 ……………………………………… 34
　　　（2）契約書のタイトル …………………………………………… 34
　　　*Column*：「契約書」と「覚書」「念書」の違い ……………………… 34
　　　（3）当事者名の表記 ……………………………………………… 35
　　　（4）原本の通数 …………………………………………………… 36
　　　（5）契約書の署名権者 …………………………………………… 36
　　　（6）実印の要否 …………………………………………………… 36
　　　（7）印紙の要否 …………………………………………………… 37
　　　（8）契約書における用語例の統一 ……………………………… 37
　　　（9）その他 ………………………………………………………… 45

Section 7　本書の視点 …………………………………………………… 46


# Part 2　契約準備段階までの対応（戦略法務） …… 49

## Chapter 2　契約準備段階における留意点 ……………………… 50

### Section 1　総論—法的リスクの峻別 ………………………………… 50

　1　「取ってはいけない法的リスク」の観点 ……………………………… 51
　2　「取った上でコントロールする法的リスク」の観点 ………………… 51

### Section 2　法務担当者の役割 ………………………………………… 52

　1　社内担当者からのヒアリング ……………………………………… 52
　2　法的リスクの峻別 …………………………………………………… 54
　3　法務担当者によるリーガルチェック ………………………………… 55

4　外部弁護士利用の要否……………………………………………… 55
　　　（1）　外部弁護士・法律事務所の選定……………………………… 56
　　　*Column*：弁護士のランキング…………………………………… 58
　　　（2）　リーガルオピニオンの取得………………………………… 60
　　　（3）　外部弁護士の効率的利用…………………………………… 61
　　　*Column*：値切り交渉のテクニック……………………………… 67
　　　（4）　「相談メモ」の活用………………………………………… 67
　　5　案件全体のハンドリング………………………………………… 71

Section 3　弁護士の役割……………………………………………… 72
　　1　法律意見書……………………………………………………… 73
　　2　メモランダム…………………………………………………… 77
　　3　メール回答……………………………………………………… 81
　　4　口頭での回答…………………………………………………… 84
　　　*Column*：リーガルオピニオンの費用はいくら？……………… 85

Section 4　各論　各契約類型の留意点…………………………… 87
　　1　売買契約………………………………………………………… 87
　　2　金銭消費貸借契約……………………………………………… 88
　　3　不動産売買・賃貸借契約……………………………………… 88
　　4　ソフトウェア開発委託契約…………………………………… 88
　　5　労働契約………………………………………………………… 89

# Part 3　契約交渉開始後から契約締結までの対応（予防法務）……………………………………………… 91

## Chapter 3　契約交渉開始後における留意点……………… 92

Section 1　総論……………………………………………………… 92

1　契約準備段階と契約交渉開始後の違い……………………………92
　　2　「取ってはいけない法的リスク」の再検討……………………………93
　　3　「取った上でコントロールする法的リスク」の検討………………93
　　　（1）「契約締結上の過失」に係るリスク………………………………93
　　　（2）秘密漏洩のリスク…………………………………………………94
　　　（3）最終契約締結に係るリスク………………………………………94

## Section 2　法務担当者の役割……………………………………………95

　　1　「取ってはいけない法的リスク」の再検討……………………………95
　　2　「取った上でコントロールする法的リスク」への対応………………96
　　　（1）「契約締結上の過失」に係るリスクのコントロール……………96
　　　（2）秘密漏洩のリスクのコントロール………………………………96
　　　（3）最終契約締結に係るリスクのコントロール……………………108
　　　*Column*：長期間の独占交渉期間と例外（Fiduciary Out）………118

## Section 3　弁護士の役割………………………………………………120

　　1　「取ってはいけない法的リスク」の再検討…………………………121
　　2　「取った上でコントロールする法的リスク」への対応……………121
　　　（1）「契約締結上の過失」に係るリスクのコントロール…………121
　　　（2）秘密漏洩のリスクのコントロール………………………………121
　　　（3）最終契約締結に係るリスクのコントロール……………………122

## Section 4　各論　各契約類型の留意点………………………………122

　　1　売買契約……………………………………………………………123
　　2　金銭消費貸借契約…………………………………………………123
　　3　不動産売買・賃貸借契約…………………………………………124
　　4　ソフトウェア開発委託契約…………………………………………124
　　5　労働契約……………………………………………………………125

## Chapter 4 契約ドラフティング段階における留意点 ……… *126*

### Section 1 総論 …………………………………………………… *126*

 **1** 要件事実論 ………………………………………………… *126*
  （1）概要 ……………………………………………………… *126*
  （2）要件事実論と契約書のドラフティング ………………… *127*
 **2** 立証責任 …………………………………………………… *129*
 **3** 証拠の重要性 ……………………………………………… *130*
  （1）証拠の種類 ……………………………………………… *130*
  （2）契約書の重要性 ………………………………………… *131*
  （3）交渉過程におけるやり取りの証拠化 ………………… *132*

### Section 2 法務担当者の役割 ………………………………… *133*

 **1** 要件事実の取り込み ……………………………………… *133*
 **2** 強制執行可能性の取り込み ……………………………… *134*
 **3** 「雛形」の活用 ……………………………………………… *135*
  *Column*：雛形と契約書のクオリティ ……………………… *137*
 **4** 契約チェックリストの活用 ………………………………… *138*

### Section 3 弁護士の役割 ……………………………………… *140*

 **1** 中立的な立場からの契約書ドラフト・レビュー …………… *140*
 **2** 契約書ドラフト・レビューの依頼を受ける場合の留意点 ……… *141*
  （1）予定している取引の詳細 ……………………………… *142*
  （2）依頼企業の資産規模や業態等 ………………………… *144*
  （3）相手方当事者との交渉力の優劣 ……………………… *144*
 **3** 契約書のレベルアップ …………………………………… *144*
  （1）「合理的」の追記 ………………………………………… *145*
  （2）「知る限り」の追記 ……………………………………… *146*
  （3）「別途協議の上」の追記 ………………………………… *147*

（4）「書面による通知により」の追記 …………………………… 148
　（5）損害賠償額の上限の設定 …………………………………… 149
　（6）法的義務から努力義務へ …………………………………… 150
　（7）片務的な義務から双務的な義務へ ………………………… 151
　（8）通知方法の明確化 …………………………………………… 152

## Section 4　各論　各契約類型の留意点 …………………… 153

### 1　売買契約 ……………………………………………………… 154
　（1）基本契約と個別契約の関係（第1条及び第3条）……【Aランク】
　　 ……………………………………………………………………… 166
　（2）本件商品の特定（第2条）……【Aランク】………………… 166
　（3）引渡し（第4条）……【Bランク】…………………………… 167
　（4）検収（第5条）……【Bランク】……………………………… 167
　（5）支払方法（第6条）……【Aランク】………………………… 167
　（6）所有権の移転（第7条）……【Bランク】…………………… 168
　（7）危険負担（第8条）……【Bランク】………………………… 168
　（8）瑕疵担保責任（第9条）……【Bランク】…………………… 169
　（9）品質保証（第10条）……【Bランク】……………………… 169
　（10）守秘義務（第11条）……【Cランク】……………………… 169
　（11）知的財産権（第12条）……【Bランク】…………………… 170
　（12）製造物責任（第13条）……【Bランク】…………………… 170
　（13）権利義務の譲渡禁止（第14条）……【Cランク】………… 171
　（14）解除事由（第15条）……【Bランク】……………………… 171
　（15）期限の利益の喪失（第16条）……【Bランク】…………… 172
　（16）反社会的勢力の排除（第17条）……【Cランク】………… 172
　（17）損害賠償（第18条）……【Bランク】……………………… 173
　Column：損害賠償額の二重の限定 …………………………… 173
　（18）不可抗力（第18条第2項）……【Cランク】……………… 174
　Column：Brexitと「不可抗力」………………………………… 174
　（19）契約期間（第19条）……【Bランク】……………………… 175

Column：契約管理の重要性と自動更新条項 ……………………… *175*
　（20）裁判管轄・準拠法（第20条）……【Cランク】…………… *176*
　（21）誠実協議条項（21条）……【Cランク】………………………… *177*
　　Column：債権法改正と売買契約 …………………………………… *177*
**2　金銭消費貸借契約** …………………………………………………… *178*
　（1）消費貸借の合意（第1条）……【Aランク】………………… *184*
　（2）元本・利息及び弁済期（第1条）……【Aランク】……… *184*
　（3）遅延損害金（第1条）……【Aランク】……………………… *185*
　（4）期限の利益喪失（第2条）……【Aランク】………………… *185*
　（5）資金使途（第3条）……【Bランク】………………………… *186*
　（6）表明保証（第4条）……【Bランク】………………………… *187*
　（7）届出事項の変更（第5条）……【Cランク】………………… *187*
　（8）公正証書の作成（第6条）……【Bランク】………………… *187*
　（9）連帯保証（第7条）……【Bランク】………………………… *187*
　（10）債権譲渡禁止（第8条）……【Cランク】…………………… *188*
　（11）費用負担（第9条）……【Cランク】………………………… *188*
　（12）通知（第10条）……【Cランク】…………………………… *189*
　（13）裁判管轄・準拠法（第11条）……【Cランク】…………… *189*
　（14）誠実協議条項（第12条）……【Cランク】………………… *189*
　　Column：債権法改正と諾成的消費貸借契約 …………………… *189*
**3　不動産賃貸借・売買契約** …………………………………………… *190*
　（1）不動産賃貸借契約 …………………………………………… *190*
　（2）不動産売買契約 ……………………………………………… *203*
　　Column：債権法改正と不動産賃貸借契約 ……………………… *211*
**4　ソフトウェア開発委託契約** ………………………………………… *211*
　（1）目的（第1条）……【Aランク】……………………………… *222*
　（2）目的物の特定（第2条）……【Aランク】…………………… *222*
　（3）委託料金（第3条）……【Aランク】………………………… *223*
　（4）報告（第4条）……【Bランク】……………………………… *223*
　（5）所有権及び危険負担（第5条）……【Bランク】…………… *223*

（6）検収（第6条）……【Bランク】……223
（7）権利侵害等（第7条）……【Bランク】……224
（8）当事者の義務及び資料の管理（第8条及び第9条）……【Bランク】……224
（9）再委託（第10条）……【Bランク】……224
（10）知的財産権（第11条）……【Aランク】……225
*Column*：著作権の「共有」に関する誤解……226
（11）秘密保持（第12条）……【Bランク】……227
（12）解除（第13条）……【Bランク】……227
（13）反社会的勢力の排除（第14条）……【Cランク】……227
（14）損害賠償（第15条）……【Bランク】……228
（15）瑕疵担保責任（第16条）……【Bランク】……228
（16）有効期間（第17条）……【Bランク】……228
（17）裁判管轄・準拠法（第18条）……【Cランク】……228
（18）誠実協議条項（第19条）……【Cランク】……229
*Column*：債権法改正と請負契約……229

**5　労働契約**……230
（1）雇用（第1条）……【Aランク】……240
（2）誓約（第2条）……【Bランク】……240
*Column*：退職後の競業避止義務の有効性……241
*Column*：退職後の守秘義務の有効性……241
（3）職場環境配慮義務（第3条）……【Cランク】……242
（4）就業場所（第4条）……【Aランク】……243
（5）賃金（第5条）……【Aランク】……243
（6）労働時間（第6条）……【Aランク】……243
（7）休日（第7条）……【Aランク】……243
（8）休暇（第8条）……【Aランク】……244
（9）就業時間の変更等（第9条）……【Bランク】……244
（10）退職（第10条）……【Aランク】……244
（11）懲戒（第11条）……【Aランク】……244

（12） 解雇（第12条）……【Aランク】…………………………………… *245*
（13） 契約期間（第13条）……【Aランク】………………………………… *245*
（14） 裁判管轄・準拠法（第14条）……【Cランク】……………………… *245*
（15） 協議（第15条）……【Cランク】……………………………………… *245*

# *Chapter* 5　契約の履行段階における留意点 ………… *246*

## *Section* 1　総論 ………………………………………………………… *246*

### 1　契約（法律行為）の要件の確認 ……………………………………… *247*
（１） 契約の成立要件の確認 ……………………………………………… *248*
（２） 契約の有効要件の確認 ……………………………………………… *248*
*Column*：相手方の合併と契約書の有効性① ……………………… *249*
*Column*：相手方の合併と契約書の有効性② ……………………… *250*
（３） 契約の効果帰属要件の確認 ………………………………………… *251*
（４） 契約の効力発生要件の確認 ………………………………………… *251*
### 2　契約の履行に対する抗弁事由の確認 ………………………………… *252*
### 3　契約の履行の管理 ……………………………………………………… *252*

## *Section* 2　法務担当者の役割 ………………………………………… *253*

### 1　契約の有効性・履行条件の確認 ……………………………………… *253*
### 2　契約の履行の確認 ……………………………………………………… *254*
### 3　契約の履行に応じない場合の対応 …………………………………… *254*

## *Section* 3　弁護士の役割 ……………………………………………… *255*

### 1　契約の有効性・履行条件の再確認 …………………………………… *255*
### 2　法的リスクの分析 ……………………………………………………… *255*
### 3　法的リスクに応じた解決方法の検討 ………………………………… *256*

## *Section* 4　各論　各契約類型の留意点 ……………………………… *257*

### 1　売買契約 ………………………………………………………………… *257*

（1）所有権留保 …………………………………………………… *257*
　　（2）商人間の瑕疵担保責任（商法526条）………………………… *258*
　　（3）チェンジ・オブ・コントロール条項 ………………………… *258*
　2　金銭消費貸借契約 ……………………………………………………… *259*
　3　不動産売買・賃貸借契約 ……………………………………………… *259*
　4　ソフトウェア開発委託契約 …………………………………………… *260*
　5　労働契約 ………………………………………………………………… *261*

# Part 4　紛争発生後の対応（臨床法務）……… 263

## Chapter 6　紛争発生の予兆 ……………………………………… 264

### Section 1　総論 …………………………………………………… 264

　1　紛争発生の予兆の事前察知の重要性 ………………………………… *264*
　　（1）紛争の「発生」防止 …………………………………………… *265*
　　（2）紛争の「拡大」防止 …………………………………………… *265*
　　（3）証拠の収集・保全 ……………………………………………… *266*
　2　紛争発生の予兆・チェックリスト …………………………………… *266*
　3　危険度類型別留意点 …………………………………………………… *268*
　　（1）安定段階（紛争の可能性が低い段階）……………………… *268*
　　（2）要注意段階（紛争の可能性が高まっている段階）………… *271*
　　（3）緊急段階（紛争発生を回避できない段階）………………… *278*

### Section 2　法務担当者の役割 …………………………………… 285

　1　紛争発生の予兆の把握と「覚書」による原契約の修正 ………… *285*
　2　紛争発生のチェックリストの活用 …………………………………… *287*
　3　弁護士への相談体制の構築 …………………………………………… *287*

## Section 3 弁護士の役割 ……………………………………………… 288
1 紛争の予兆・危険度の分析 ………………………………… 288
2 危険度に応じた対策の検討 ………………………………… 288
3 紛争解決方法の見通し ……………………………………… 288

## Section 4 各論　各契約類型の留意点 ……………………………… 289
1 売買契約 ……………………………………………………… 289
（1）買主側の場合 …………………………………………… 290
（2）売主側の場合 …………………………………………… 291
2 金銭消費貸借契約 …………………………………………… 292
（1）チェックポイント ……………………………………… 292
（2）留意事項 ………………………………………………… 292
3 不動産売買・賃貸借契約 …………………………………… 293
（1）チェックポイント ……………………………………… 293
（2）留意事項 ………………………………………………… 293
4 ソフトウェア開発委託契約 ………………………………… 293
（1）チェックポイント ……………………………………… 293
（2）留意事項 ………………………………………………… 294
5 労働契約 ……………………………………………………… 294
（1）チェックポイント ……………………………………… 294
（2）留意事項 ………………………………………………… 295

# Chapter 7 紛争の解決方法 ……………………………………… 296

## Section 1 総論 ……………………………………………………… 296
1 紛争の解決方法 ……………………………………………… 296
（1）任意交渉（裁判外手続） ……………………………… 297
（2）ADR（裁判外手続）／調停（裁判手続） …………… 297
（3）民事保全（裁判手続） ………………………………… 298

（4）訴訟（裁判手続）……………………………………………… 298
　2　各解決方法のメリット・デメリット ………………………………… 299
　　（1）任意交渉 ……………………………………………………… 299
　　（2）ADR／調停 ………………………………………………… 301
　　（3）民事保全 ……………………………………………………… 302
　　（4）訴訟 …………………………………………………………… 304
　3　解決方法選択の視点 ………………………………………………… 305
　　（1）各解決方法のメリット・デメリットの把握 ……………………… 305
　　（2）当事者の希望・ニーズの見極め ………………………………… 306
　　（3）法的正しさ・法的水準の高さ≠当事者の希望・ニーズ ………… 306
　4　任意交渉の手続 ……………………………………………………… 307
　　（1）任意交渉の流れ ……………………………………………… 307
　　（2）交渉方法の選択 ……………………………………………… 307
　　（3）交渉の目的 …………………………………………………… 312
　　（4）合意書の作成 ………………………………………………… 314
　　（5）公正証書の作成 ……………………………………………… 314
　5　ADRの手続 ………………………………………………………… 315
　　（1）ADR・調停の種類 ………………………………………… 315
　　（2）ADR・調停の選択が適当な場合 ………………………… 316
　6　民事保全の手続 ……………………………………………………… 317
　　（1）仮差押命令申立 ……………………………………………… 317
　　（2）仮処分申立 …………………………………………………… 318
　7　訴訟の手続 …………………………………………………………… 320
　　（1）訴訟の提起 …………………………………………………… 320
　　（2）訴訟の審理 …………………………………………………… 320
　　（3）訴訟の終了 …………………………………………………… 321

## Section 2　法務担当者の役割 …………………………………………… 322

　1　現状の事実関係の確認 ……………………………………………… 322
　2　弁護士の選任 ………………………………………………………… 322

### 3 紛争解決のコスト調整（弁護士報酬等）·················· 323
### 4 各解決方法の選択における社内調整（広報・IR・経理・財務との連携）·················· 323
### 5 各解決方法の準備·················· 324
### 6 手続継続中のサポート·················· 324
### 7 裁判上の和解に対する考え方·················· 324

## Section 3 弁護士の役割·················· 325

### 1 各解決方法の提案·················· 325
### 2 見積書の作成·················· 325
### 3 代理活動の遂行·················· 326
### 4 解決見通しの提案·················· 327

## Section 4 各論　各契約類型の留意点·················· 327

### 1 売買契約·················· 328
### 2 金銭消費貸借契約·················· 328
### 3 不動産売買・賃貸借契約·················· 328
### 4 ソフトウェア開発委託契約·················· 329
### 5 労働契約·················· 329

# Chapter 8 強制執行・担保権の実行·················· 331

## Section 1 総論·················· 331

### 1 強制執行・担保権の実行の概要·················· 331
（1）強制執行とは·················· 332
（2）担保権の実行手続とは·················· 332
### 2 債権執行手続の流れ·················· 333
（1）債権執行とは·················· 333
（2）債権執行の対象·················· 333
（3）債権執行手続の流れ·················· 333

3　不動産執行手続の流れ……………………………………………335
　　　（1）競売手続……………………………………………………335
　　　（2）担保不動産収益執行………………………………………339

Section 2　法務担当者の役割……………………………………………340
　　1　強制執行手続の流れの理解……………………………………340
　　2　強制執行手続の時間的・経済的コストの理解………………340
　　3　強制執行手続を選択することの社内調整……………………341

Section 3　弁護士の役割…………………………………………………341
　　1　強制執行手続による回収の見通しの検討……………………341
　　2　強制執行手続の流れの説明……………………………………341
　　3　強制執行手続の対応……………………………………………342

Section 4　各論　各契約類型の留意点…………………………………342
　　1　売買契約…………………………………………………………343
　　　（1）所有権留保（約定担保物権）……………………………343
　　　（2）動産売買先取特権（法定担保物権）……………………343
　　2　金銭消費貸借契約………………………………………………344
　　3　不動産売買・賃貸借契約………………………………………345
　　4　ソフトウェア開発委託契約……………………………………345
　　5　労働契約…………………………………………………………345
　　　（1）未払賃金の先取特権………………………………………346
　　　（2）解雇無効に対する強制執行の可否………………………346

索　引…………………………………………………………………………347

# はじめに

# Part 1

# Chapter 1 企業法務と弁護士の役割

## 企業法務と弁護士の役割

- 企業活動と法的リスクマネジメント
  1. 企業活動と法律相談のニーズ
  2. 法的リスクとは
  3. 法的リスクマネジメント
  4. 法的リスクマネジメントにおける留意事項
- 外部弁護士の必要性
  1. 案件の専門性・大規模性
  2. 第三者性の確保
  3. 訴訟対応等
  4. 規制当局との交渉
  5. 海外法規制対応
- 外部弁護士の効率的利用
- 弁護士・法律事務所に関する基礎知識
  1. 日本の弁護士・法律事務所
  2. 海外弁護士・法律事務所
  3. 弁護士の報酬体系
- 法務担当者と外部弁護士の役割
  1. 法務担当者の役割等──企業の「かかりつけの医者」
  2. 外部弁護士の役割等──企業の「専門医」
- 企業法務における契約書の重要性
  1. 「契約」と「契約書」の意義
  2. 「契約書」の役割
  3. 「最悪シナリオ」を想定したリスク分析
  4. 契約書の「形式」
- 本書の視点

## Section 1

# 企業活動と法的リスクマネジメント

## 1　企業活動と法律相談のニーズ

　企業の活動領域が私たちの生活全般に行き渡り、また、急速なグローバル化が進む現代社会において、企業活動は私たちの日々の生活に大きな影響を与えています。

*Part 1*
はじめに

　企業活動の拡大に伴い、企業活動に伴う法律問題もまた日々拡大しており、その法律相談のニーズは実に多種多様です。顧客・業者等の外部取引先との日本語・英語での契約交渉及び締結、国内外のグループ会社管理等、新商品・新スキームの検討及びそれに伴う新たな法的リスクの有無のチェック、顧客・取引先等とのトラブル・クレーム・訴訟等への対応等々……具体的な法律相談のニーズを挙げれば際限がありません。

　このような多種多様な法律相談のニーズに応えることが、本書の主役である法務担当者及び弁護士の役割であり使命であるといえます。そして、法務担当者及び弁護士が果たすべき役割とは、究極的には、これら日々の企業活動に伴い不可避的に発生する法的リスクのコントロール（以下「**法的リスクマネジメント**」といいます。）こそにある、といえます。

　なお、本書では、「**法務担当者**」とは、法的リスクマネジメントを主務とする会社の従業員を意味するものとし、法務部に所属するか否かを問わないものとします。また、本書でとくに断りのない限り、法務担当者には、弁護士資格を有する、いわゆる**インハウスローヤー**も含まれるものとします。

## 2　法的リスクとは

| No. | 法的リスク |
|---|---|
| ① | 法令リスク |
| ② | 当局リスク |
| ③ | 契約リスク |
| ④ | 訴訟リスク |
| ⑤ | 敗訴リスク |
| ⑥ | レピュテーショナルリスク |

　それでは、法務担当者及び弁護士がコントロールすべき「法的リスク」とは、具体的にはどのようなリスクなのでしょうか。

　典型的な法的リスクとしては、①自社の取引や契約が法令に違反するリスク

が挙げられます（以下「**法令リスク**」といいます。）。そして、法令リスクには、単に契約等が無効になるといった私法上の効力が否定されるにとどまらず、②規制当局から課徴金納付命令が下されたり業務停止命令が下される等の重大な不利益をもたらす行政処分等を受けるおそれ（以下「**当局リスク**」といいます。）もあります。

かかる法令リスク・当局リスク以外にも、たとえば、③不用意な交渉に伴う契約締結上の過失に基づく責任や、交渉過程における秘密漏洩のおそれ、最終契約締結にまで至らないおそれなど、契約交渉過程で生じるリスク（以下「**契約リスク**」といいます。）や、④当該取引先から訴えられるリスクが挙げられます（以下「**訴訟リスク**」といいます。）。また、訴訟リスクのうち、裁判所が自社の解釈と異なる判断を下すことにより、⑤自社が敗訴ないし不利を強いられるリスク（以下「**敗訴リスク**」といいます。）も法的リスクの一つに含めることができます。

さらに、たとえば世間の耳目を集める事件において自社が訴えられた場合、⑥自社のレピュテーション（名声）に重大な影響をもたらすおそれ（以下「**レピュテーショナルリスク**」といいます。）も法的リスクに含めることが可能でしょう。

これら①法令リスク、②当局リスク、③契約リスク、④訴訟リスク、⑤敗訴リスク、⑥レピュテーショナルリスクを総括すると、**法的リスク**とは、一般に、「法令や契約等に反すること、不適切な契約を締結すること、その他の法的原因により有形無形の損失を被るリスク」のことをいい、企業活動に伴い不可避的に生じるオペレーショナルリスクの一つといえます。

そして、これら法的リスクは、そのリスクに伴う不利益の程度・コントロールの可能性等に応じて、「**取ってはいけない法的リスク**」と、「**取った上でコントロールする法的リスク**」の2つに分類することができます。

*Part 1*
はじめに

## 法的リスクの分類

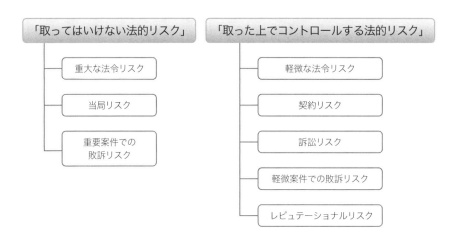

## (1)「取ってはいけない法的リスク」

「取ってはいけない法的リスク」とは、当該法的リスクが現実化した場合に、企業活動に容易に回復しがたい重大なダメージをもたらすおそれのある法的リスクをいいます。

具体的には、刑事罰を伴うような**重大な法令リスク**や、企業活動を停止させるような行政処分を伴う**当局リスク**、大規模訴訟等の**重要案件に係る敗訴リスク**等がこれに該当します。

たとえば、証券会社の役職員が、大口取引先等の一部の投資家にだけ利益を得させる目的で重要事実を故意に伝達し、インサイダー取引規制に違反した場合、他の一般投資家等に対して民事責任を負うにとどまらず、課徴金納付命令や業務停止処分等の重大な不利益をもたらす行政処分や、刑事罰を科されるおそれがあり、当該証券会社は致命的なダメージを被る可能性があります。

かかる企業にとって致命的なダメージを及ぼすおそれのある「取ってはいけない法的リスク」については、早期かつ未然に防止するとともに、万が一顕在化した場合にはリスクが拡大しないよう全力で対処する必要があります。

## (2)「取った上でコントロールする法的リスク」

これに対して、「**取った上でコントロールする法的リスク**」とは、当該法的リスクを負担したとしても、その現実化又は影響を一定程度コントロールしうる法的リスクをいいます。

具体的には、私法上の効力が否定されるにとどまるような**軽微な法令リスク、契約リスク、訴訟リスク、重要性の低い案件に係る敗訴リスク、及びレピュテーショナルリスク**がこれに該当します。

たとえば、契約リスクについては、相手方との力関係等に鑑みて、契約書上、自社のみが一方的に守秘義務を負担せざるを得ない場合がありますが、その場合であっても守秘義務の対象となる「秘密情報」の範囲を限定すること等によってその影響を相当程度限定することは可能です。また、訴訟リスクについては、訴え提起自体は第三者の意思にかかるためコントロールできないものの、訴訟提起された場合に早期に和解で解決すること等によって、その影響をコントロールすることは可能です。

このように、「取った上でコントロールする法的リスク」については、当該リスク自体を必ず回避しなければならないというものではなく、むしろ場合によっては積極的にリスクを取った上で、その影響を軽減すべくコントロールすることが求められるものということができます。

## 3　法的リスクマネジメント

このように、一口に「法的リスク」といっても、「取ってはいけない法的リスク」か、それとも「取った上でコントロールする法的リスク」かによって、求められる対応が異なります。

したがって、法務担当者・外部弁護士が担う**法的リスクマネジメント**とは、法的リスクの所在・規模・性質を適時かつ正確に特定・評価・モニタリングすることにより、「取ってはいけない法的リスク」と「取った上でコントロールする法的リスク」とに峻別し、当該リスクの種類に応じて適切に対応・管理すること、ということができます。

*Part 1*
はじめに

## 法的リスクマネジメント

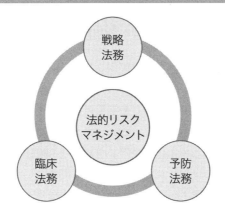

　そして、法的リスクマネジメントは、大きく①「戦略法務」、②「予防法務」、③「臨床法務」の3つの見地から分類することができます。これらはそれぞれ独立した場面で問題になるものの、相互に関連し、影響し合う関係にあります。

### (1)「戦略法務」―スポーツ医学

　「**戦略法務**」とは、法務知識を意図的に営業推進等に活用していく積極的な法務対応をいいます。具体的には、法令を遵守しつつ、その範囲で最大限自社に有利な新商品・新スキームを開発したり、既存の商品にはない、顧客にとってもメリットのある提案活動を行うことをいいます。

　いうなれば、スポーツ医学のようなものであり、戦略法務の観点からは、契約書の交渉・締結においても、自社に有利な条項を積極的に盛り込むことが求められます。

### (2)「予防法務」―医師への健康相談・早期検診

　「**予防法務**」とは、具体的なトラブルや損失が発生する前に法的リスクに対して必要な手当を講じることをいいます。

　医師への健康相談や早期検診のようなものであり、法務担当者による契約書

審査も予防法務の一つと言えますし、法務担当者に限らず、社員の法務知識の向上・リーガルマインドの向上も重要な予防法務の一つです。

### (3)「臨床法務」―発病後の医師への相談・手術

「臨床法務」とは、法的リスクが現実化した際に、損失や悪影響を抑えるための法的対応をいいます。

<u>病気になった後での医師への相談や手術</u>のようなものであり、たとえば、取引先との契約書の履行・解釈を巡ってトラブルが生じた場合における対応への相談や、競合他社との訴訟や取引先倒産時における相談等が挙げられます。

## 4 法的リスクマネジメントにおける留意事項

戦略法務・予防法務・臨床法務、いずれの場面においても、適切な法的リスクマネジメントを行うためには、法務担当者・外部弁護士による適時適切な法律相談の実施が不可欠です。

そして、適示適切な法律相談を実施するためには、<u>「早期の相談」</u>と<u>「情報全体の開示」</u>が重要となります。

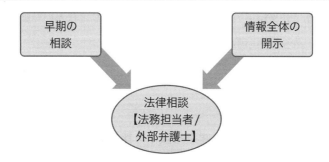

*Part 1*
はじめに

## (1)「早期の相談」の重要性

　医者への相談と同じく、適示適切な法律相談を実施するためには、早い段階から法務担当者・外部弁護士に相談することが大切です。すなわち、法的リスクがありうると考えられる案件については、検討段階のできる限り早い段階（法的問題について何らかの認識・疑問を抱いた時点など）で、法務担当者ないし外部弁護士に相談することが重要となります。とくに、予算措置、システム検討など、事実上、案件の方向性を決定する前の段階で相談することが重要です。

「早期の相談」の重要性は強調してもしすぎることはなく、戦略法務、予防法務、臨床法務すべての局面において「早期の相談」は極めて重要です。

　たとえば、戦略法務の局面においては、新商品・新スキームの開発検討段階において相談が遅れたことにより、当局リスク等の「取ってはいけない法的リスク」への対応・検討が後手に回り、顧客・取引先への提案直前でスキーム変更が必要になったり、最悪の場合、取引実行の直前で新商品の販売・新スキームの実施を中止せざるを得ない場合もありえます。

　また、予防法務の局面においては、契約交渉が相応に進み、当事者間で契約の主要な条項が口頭で固まってしまった段階で初めて相談を受けた場合、たとえ自社に不利な条項であったとしても、これら口頭の合意を覆して契約書に反映することが困難な場合も少なくありません。

　さらに、臨床法務の局面においても、トラブル発生後に担当者が不要な発言や文書、メールでの回答等を行ったことにより、かえってトラブルを深刻化させたり、これらの回答等が将来の訴訟において自社に不利な証拠とされたりしてしまうケースもあります。

## (2)「情報全体の開示」

　医者でも適切な診断には患者の体調全体に関する情報が必要であるのと同様、法務担当者・弁護士が適切な法的分析とアドバイスを行うためには、事実関係の全体像を的確に把握することが大前提となります。部分的にしか開示されない場合、全体像が見えず、適切なアドバイスが困難になるだけでなく、問

題となっている取引・案件に内在されている重大な法令リスク等の「取ってはいけない法的リスク」を見落とす可能性もあり、情報全体の開示は適切な法的リスクマネジメントを行う上で不可欠の要素といえます。

## Section 2
# 外部弁護士の必要性

　適切な法的リスクマネジメントの実施こそが法務担当者の役割ですが、法務担当者限りでは十分な法的リスクマネジメントを実施することが困難な場合もあり、外部弁護士を利用することが必要となるケースもあります。

　具体的には、以下のようなケースにおいては、外部弁護士の利用が必須となります。

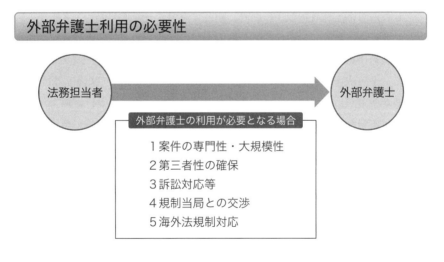

## 1　案件の専門性・大規模性

　法務担当者は企業に専属し、日常的な業務に関する法律問題には精通していますが、特定の専門分野への知識・経験はどうしても限定的になりがちです。

また、基本的には法務部の人員に限られてしまい、その人数も限定的であり、法務リソースの提供には一定の限界があります。

　これに対して、外部弁護士は、所属事務所の規模の大小に関わらず、それぞれ得意とする専門分野を有し、特定の専門分野に関する深い知識・経験を有していることが通常です。また、多数の弁護士を擁する大手法律事務所等であれば、迅速に多数の法務リソースを提供することが可能です。

　そのため、倒産案件や複雑かつ新規性の強いファイナンス・スキームを構築したり、ドキュメンテーションに高度の専門性が必要な場合には、当該分野を専門とする弁護士・法律事務所に依頼する必要があります。また、M＆A案件における**デュー・ディリジェンス**[1]の実施等、短期間にまとまった法務リソースを投入する必要がある場合には、大手法律事務所等、多数の弁護士を擁する事務所へ依頼する必要があります。

## 2　第三者性の確保

　法務担当者は企業の一員として社内事情に精通している反面、その立場上、所属企業の案件推進部署や経営陣の希望から独立した、中立的な観点から法的リスク評価・判断を提供することが困難な場合がありえます。

　しかしながら、取引の実施に伴い自社が法令違反、とりわけ業務停止命令等の重大な行政処分や刑事罰を課されうるような重大な法令リスクに晒されている場合など、「取ってはいけない法的リスク」の分析・検討が必要となる場合は、ときに法的リスクを度外視してでも案件推進に邁進するおそれのある案件推進部署や経営陣の希望から独立した、中立的な観点からの法的リスク評価・判断が不可欠となります。

　このような「取ってはいけない法的リスク」について社として判断を下す場合、当該判断の中立性・第三者性を確保すべく、外部弁護士に依頼し、当該法

---

[1]　デュー・ディリジェンス（以下「**DD**」といいます。）とは、企業買収などを通じてM＆Aを考えている企業が、対象会社のリスクを調査し、M＆Aを実行する上で障害となりうる問題点の有無を確認する手続をいいます。

的リスクについてリーガルオピニオンを取得する必要があります。

## 3 訴訟対応等

　法務担当者のうちに弁護士資格を有するインハウスローヤーがいる場合は格別、そうでない場合は、訴訟等の裁判手続に対応するためには、訴訟代理権を有する弁護士に依頼する必要があります。
　また、たとえインハウスローヤーを擁する場合であっても、必ずしも当該インハウスローヤーが訴訟案件を得意とするとは限らず、法務リソースにも限界があることから、案件の重要性等に鑑みて、外部弁護士・法律事務所に依頼する必要がある場合も少なくありません。

## 4 規制当局との交渉

　推進中の案件に係る法的リスクが、業法違反のおそれなどの重大な法令リスクや当局リスクに該当し、「取ってはいけない法的リスク」に分類される場合、法的リスクマネジメントとしての最善策の一つは、当該法令を所轄する規制当局に対して照会を行うことです。
　もっとも、法務担当者は企業からの独立性には一定の限界があり、法務担当者による照会では、当局に対する説得力が十分ではない場合があります。
　また、同様の法的リスクを内包する取引をこれまでにも実施しており、仮に当局照会の結果、違法と判断された場合、推進中の案件のみならず、既存の取引の適法性についても疑義が生じるおそれがあるなど、いわゆる「藪蛇」の懸念も生じ得ます。
　そこで、意見の中立性を確保するとともに、「藪蛇」の懸念に対処すべく、照会者の匿名性も確保しつつ当局照会を実施する必要がある場面においては、外部弁護士に依頼して当局照会を実施してもらうことが適当な場合があります。

## 5 海外法規制対応

　グローバル化が進んだ現代社会においては、海外企業との国際契約の交渉・締結は日常的に行われているとともに、海外企業との紛争に巻き込まれる場合や、国際カルテル等に関与した疑いがもたれた場合には不可避的に海外規制当局との交渉・対応が必要となる場合があります。こうした国際契約や国際紛争について適切に対応するためには、当該法域における豊富な知識・実務経験を有する有資格者（以下「**海外弁護士**」といいます。）によるサポートが必要不可欠といえます。

　しかしながら、弁護士資格は基本的に国・州ごとに固有のものであり、問題となっている海外法域に対応した海外弁護士をインハウスローヤーとして雇用している企業はごく少数かと思われます。

　このように、海外法規制が問題となる案件においては、当該海外法規制に精通した海外弁護士に依頼する必要があります。

## Section 3
# 外部弁護士の効率的利用

　以上のとおり、適切な法的リスクマネジメントを実施するためには、一定の場合には積極的に外部弁護士を利用することが不可欠といえます。

　もっとも、弁護士費用は決して安くはなく、複雑かつ大量の契約や国際契約等のドラフト・レビューを依頼する場合、一千万円を超えることも珍しくありません。大型M＆A等の大規模案件であれば数千万円、場合によっては一億円を超える場合もあります。

　したがって、適切な弁護士選定とその効率的利用は企業の費用節減に貢献するだけでなく、リーガルサービスの提供も含めたコンサルタント事業を中核とする企業等、顧客の事業をサポートする業務を中心とする企業においては、対顧客との関係でも、弁護士利用の巧拙は企業の競争力を左右する一つの要因になりえます。

## Section 4

## 外部弁護士・法律事務所に関する基礎知識

　外部弁護士を効率的に利用するためには、まず弁護士の業務内容や法律事務所の組織体制について基礎的な知識を備えていることが求められます。

　とくに、外部弁護士との直接の窓口となることの多い法務担当者にとって、外部弁護士及び法律事務所に関する知識は重要かつ必須といえます。

　そこで、本項目では、国内外の弁護士及び法律事務所について、概要を説明することとします。

### 1　日本の弁護士・法律事務所

#### （1）日本の弁護士

　**日本の弁護士**とは、端的にいえば、「弁護士資格を持つ者」のことをいいます。

　弁護士法4条は、「司法修習生の修習を終えた者は、弁護士となる資格を有する。」と規定しており、弁護士となるためには、司法試験を合格した後、司法修習を終了する必要があります。そして、司法修習終了後、日本弁護士連合会（以下「**日弁連**」といいます。）に備え置かれた弁護士名簿に、入会する弁護士会[2]経由で登録請求の上、登録が必要となります（弁護士法8条、9条）。

　日本の弁護士の職務は、「当事者その他関係人の依頼又は官公署の委嘱によって、訴訟事件、非訟事件及び審査請求、再調査の請求、再審査請求等行政庁に対する不服申立事件に関する行為その他一般の法律事務を行うことを職務とする。」（弁護士法3条1項）と規定されているとおり、依頼者からの依頼（委任）を受けて法律事務を行うことをその職務としており、あくまで依頼者の代理人といえます。

---

[2] 弁護士会は、地方裁判所の管轄区域ごとに設立されており（弁護士法32条）、東京には、東京弁護士会、第一東京弁護士会、第二東京弁護士会の3つが存在します。

## Part 1
### はじめに

なお、「弁護士は、当然、弁理士及び税理士の事務を行うことができる。」（弁護士法3条2項）とされており、弁護士に対して弁理士（特許関係）及び税理士の事務を依頼することも可能です。

## （2）日本の法律事務所

**日本の法律事務所**とは、弁護士の事務所のことをいい、弁護士法上、必ず「法律事務所」との名称をつけなければならないこととされています（弁護士法20条）。

従来、日本の法律事務所は1名～数名程度の個人事務所ないし小規模法律事務所（いわゆる「**マチ弁**」）が主流でしたが、近年では大規模・統廃合が進んできており、数十名の弁護士を擁する中規模法律事務所のみならず、弁護士100名超を擁する、いわゆる「**大手法律事務所**」も現れています。

### ア 「大手法律事務所」

「大手法律事務所」とそれ以外の事務所について、明確な定義はありませんが、一般に「大手法律事務所」としては、西村あさひ法律事務所、アンダーソン・毛利・友常法律事務所、森・濱田松本法律事務所、長島・大野・常松法律事務所、TMI総合法律事務所等が挙げられます。

国内大手法律事務所は、基本的な組織体制は英米系の法律事務所を参考に組織されており、民法上の「組合」形態を採用しているケースが一般的です。

案件担当の体制は、基本的には英米系の法律事務所と同様に、**パートナー**と**アソシエイト**、そして案件によっては弁護士をサポートする**パラリーガル**（及び秘書）の三者でチームを構成することが通常です。

そして、パートナー及びアソシエイトを含めた弁護士分とパラリーガルの稼働時間（Billable Time）がタイムチャージ制による費用請求の対象になります。

事務所によって名称や詳細は異なりますが、法律事務所における弁護士・スタッフの地位・役職は、概要、以下のとおりです。

## 国内大手法律事務所におけるチーム編成例

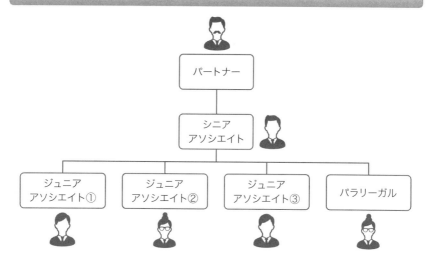

「パートナー」とは、「組合」としての法律事務所について出資者としての地位を有する弁護士、または出資持分を有しないものの、それと同様の地位にあるとされる弁護士をいいます。法律事務所に対する持分を所有する前者のパートナーのことをエクイティ・パートナーと呼称し、また、パートナーの中でも、とくに重要な地位を占める者をシニア・パートナーと呼称することが一般的です。

「アソシエイト」とは、法律事務所で執務に従事する若手の弁護士のことをいいます。事務所ごとに基準は異なりますが、留学前後の**シニア・アソシエイト**（留学前後、5年目〜10年目程度のアソシエイト）と、入所〜留学前後までの**ジュニア・アソシエイト**の2種類に区分されることが通常です。実際の案件においては、シニア・アソシエイトが依頼者との日常的なやり取りの窓口となり、取りまとめを担当することが通常です。

「パラリーガル」とは、弁護士の指揮・監督の下でその法律事務を補佐する事務局・スタッフの一員をいい、弁護士資格は有していません。スケジュールの管理・調整やドキュメントの管理やコピー、製本作業やデリバリー等の弁護士の事務作業のサポートを主たる業務とする秘書と異なり、パラリーガルは翻訳

業務や一定のドキュメンテーションにも従事するなど、より専門的な業務に従事します。

その他、パートナーとアソシエイトの中間形態としてのカウンセル（オブ・カウンセル、スペシャルカウンセル等、呼称は法律事務所によって様々です）や、引退したパートナーが就任する「顧問」などの役職が存在します。

### イ　中小規模法律事務所

本書では、便宜上、大手法律事務所以外の事務所を「**中小規模法律事務所**」と呼称していますが、その規模は1名の個人事務所から、数十名・100名前後が所属する法律事務所まで、大小様々です。

取扱い業務の分野も法律事務所によって様々であり、いわゆる「**ブティックファーム**」と呼ばれる、一定の専門分野（倒産法や知的財産権等）に特化した法律事務所も少なくなく、大企業であっても顧問先に中小規模法律事務所を利用しているケースは多くあります。

こうした中小規模法律事務所においても、弁護士法人形態を採用しているケースは多くなく、大半は個人事業主の集合体であり、「**ボス弁**」と「**イソ弁**」で構成されています。

案件担当の体制は、基本的にボス弁が案件を担当・処理し、イソ弁がサポートすることが通常です。

## 中小規模法律事務所におけるチーム編成例

なお、「ボス弁」とは、「ボス弁護士」の略称であり、他の弁護士（「イソ弁」）を雇用する弁護士のことをいいます。大手法律事務所でいう「パートナー」に相当する役職といえます。

「イソ弁」とは、「居候弁護士」の略称であり、ボス弁に雇用される弁護士のことをいい、大手法律事務所でいう「アソシエイト」に相当する役職といえます。

なお、「ノキ弁」（軒弁）と呼ばれる弁護士もいますが、これは法律事務所に間借りをし、指導を受けることはあるものの、あくまで当該法律事務所とは別の個人事業主として職務を行う弁護士のことをいいます。したがって、法律事務所における役職というわけではありません。

## 2　海外弁護士・海外法律事務所

### (1) 海外弁護士（米国の弁護士）

まず、弁護士資格は国（州）ごとに異なり、海外の弁護士は資格を持つ国（州）の法律関連事務のみを行うことができるにとどまることに注意が必要です。したがって、クロスボーダー案件で関係する国ごとに法律相談が必要な場合は、当該国の資格を有する弁護士への相談が必要となります。

海外の弁護士の中でも、とくに案件に関与するケースが多いのは米国弁護士かと思いますが、米国弁護士とは、各州の司法試験（Bar Exam）に合格した人をいい、日本の弁護士とは異なり、ロースクール卒業が必要ですが、日本の司法修習に相当する制度は存在しません。

また、前述のとおり、弁護士資格は州ごとに異なるため、たとえばニューヨーク州弁護士の資格を持つ米国人弁護士がいたとしても、当然にはカリフォルニア州で弁護士として業務を営むことができるものではありません。

### (2) 海外法律事務所

#### ア　M&Aを通じた大規模化の進展

日本の法律事務所も近年統廃合が進み、大型化が進んできていますが、海外の法律事務所、とりわけ英国系法律事務所と米国系法律事務所は、M&Aによ

*Part 1*
はじめに

って巨大化が進展しています。

　たとえば、「マジックサークル」と呼ばれる英国系五大法律事務所である、Clifford Chance LLP、Linklates LLP、Freshfields Bruckhaus Deringer LLP、Allen & O'very LLP、Slaughter & Mayは、世界各国の主要都市に事務所を展開しており、その活動領域は既に全世界規模となっています。

　また、米国系法律事務所としては、ニューヨーク州を本拠とするDavis Polk & Wardwell LLP、Shearman & Sterling LLP、White & Case LLP等が、カリフォルニア州を本拠とするMorrison & Foerster LLP等が、イリノイ州を本拠とするBaker McKenzie等の法律事務所も全世界的に事務所を展開しています。

　これら英米系法律事務所に限らず、各国ともにM&Aにより事務所が巨大化する傾向が見られます。たとえば、韓国ではKim & Changが、中国ではKing & Wood Mallesonsが最大の法律事務所に成長しています。このような法律事務所間でのM&Aを通じた大規模は世界各国で見られ、今後もますます法律事務所の大型化・グローバル化は進んでいくものと思われます。

## イ　英米系法律事務所の組織体制等

　英米系の法律事務所は、もともとパートナーシップ（日本の組合に類似）から発展したものであり、弁護士は、大まかには「パートナー」と「アソシエイト」から構成されています。

　当然のことながら、英米系の法律事務所の体制を模範とした日本の大手法律事務所の組織体制とほぼ同様のものとなっています。

「パートナー」とは、法律事務所を代表し、無限責任で損益分配は実績に基づく弁護士をいいます。

「アソシエイト」とは、損益分配には預からず、サラリーベースで案件に従事する弁護士をいいます。

　そして、サポートスタッフは、パラリーガルとそれ以外で構成されており、「パラリーガル」とは、弁護士資格はないものの、法律のリサーチ、翻訳、ドキュメンテーション等をサポートします。パラリーガル以外のスタッフとしては、コピー、ファイリング、ドキュメントのデリバリーや弁護士のスケジュー

ル管理等を担当する「秘書」等がいます。

　これらパートナー、アソシエイト及びサポートスタッフで案件担当チームを組成し、パートナー及びアソシエイトを含めた弁護士分とパラリーガルの稼働時間（Billable Time）がタイムチャージ制による費用請求の対象になります。

## 3　弁護士の報酬体系

　弁護士・法律事務所に依頼する場合、当然に依頼者には弁護士報酬の負担が発生しますが、かかる弁護士報酬の算定方法は、大きく①タイムチャージ制と②旧日弁連報酬規程に基づく着手金＋成功報酬制（以下「**成功報酬制**」といいます。）の2種類に分類することができます。

| | タイムチャージ制 | 成功報酬制 |
|---|---|---|
| 概要 | ・弁護士及びパラリーガル毎の時間単価×稼働時間が報酬、それ以外に実費（電話／コピー代、残業の場合は夜食代やタクシー代も）<br>・稼働時間にはリサーチの時間や移動時間も（出張すればその移動時間も）含まれる<br>・費用請求は月次が原則 | ・旧弁護士報酬規程をベースに、訴額や相談額を基準に、相談開始時の着手金と案件終了時の成功報酬からなる<br>・実費は別請求（通常、電話代、コピー代や残業時の夜食代請求はなし）<br>・顧問弁護士先は、2割程度の割引が通常 |
| 特徴 | ・海外の法律事務所と日本の大手法律事務所が採用<br>・効率的な利用の場合はコストの節約になる一方、質が悪く時間がかかる場合はコストがかさむ面も（そのままでは効率化のインセンティブは働かない仕組み）<br>・上限（キャップ）を設定することは多くない | ・比較的、中小規模な法律事務所や倒産系の法律事務所が採用（日本では旧来の方式）<br>・かかった労力とは関係がないため、訴額が小さい訴訟や複雑な訴訟の場合は割安になる一方、単純な訴訟でも訴額が大きい場合は割高になる可能性<br>・一定の方式によるため、上限額が限定される |
| 留意点 | ・案件を担当する弁護士の数、単価、案件に係る労力を確認した上で、効率的な利用を心がけることが重要。また、実費にも留意要。 | ・訴訟額、案件の難易度、労力等を勘案して、効率的な利用が可能か判断することが重要 |

*Part 1*
はじめに

## (1) タイムチャージ制

**タイムチャージ制**とは、弁護士(パートナー、アソシエイト及びカウンセル等)及びパラリーガル毎の稼働時間(一般に「**Billable Time**」又は「**Billable Hour**」と呼びます。)を、それぞれの時間単価(一般に「**Billing Rate**」と呼びます。)で乗した金額に、電話やコピー代、タクシー代を含めた実費を加えた合計額を弁護士報酬とする報酬体系です。

Billable Timeにはリサーチの時間や移動時間も(出張すればその移動時間も)含まれるため、まさに"Time Is Money"といえます。

また、費用請求は月次が原則です。

【タイムチャージ制における報酬の計算式】

> 弁護士報酬＝(弁護士のBillable Time×Billing Rate)
> 　　　　　＋(パラリーガルのBillable Time×Billing Rate)
> 　　　　　＋実費

<u>タイムチャージ制は、ほとんどの海外の法律事務所及び日本の大手法律事務所で採用されています</u>。

タイムチャージ制においては、弁護士・パラリーガルのBillable Timeの多寡が弁護士報酬の多寡に直結しているため、効率的に弁護士を利用し、Billable Timeを抑えることができる場合はコストの節約になる一方、弁護士に相談する内容のスコープが十分に絞り込まれていなかったり、丸投げして依頼してしまい、その後のマネジメントも適切に行わなかったりしたために徒らにBillable Timeがかさんでしまった場合には、コストが嵩む結果となります。

また、計算式からお分かりのとおり、タイムチャージ制においては、弁護士・パラリーガルのBillable Timeが増加すれば弁護士報酬も正比例して増加する関係にあります。そのため、案件を担当する弁護士・パラリーガルが増えれば増えるほどBillable Timeも増加し、また、本来不要な事項についてもリサーチするなど、非効率に業務を行い、時間をかければかけるほどBillable

Timeが増加し、その結果弁護士報酬も増加する傾向にあるといえ、そのままでは効率化のインセンティブは働かない仕組みといえます。

したがって、タイムチャージ制を採用する大手法律事務所等に依頼する場合には、案件を担当する弁護士の数、Billing Rate、案件に係る労力を確認した上で、効率的な利用を心がけることが重要となります。

なお、法律事務所によって具体的なBilling Rateは異なりますので、以下の数字はおおよその目安程度としてご理解いただければと思いますが、国内大手法律事務所の場合、Billing Rateはおおよそ以下のとおりです。

【国内大手法律事務所のBilling Rateのイメージ】

| 弁護士の種類 | Billing Rate |
| --- | --- |
| パートナー | 4〜7万円／時間 |
| シニア・アソシエイト | 3〜4万円／時間 |
| ジュニア・アソシエイト | 2〜3万円／時間 |

海外法律事務所の場合は、一般に国内大手法律事務所よりも高額です。とくに、ニューヨーク州本拠の米国系法律事務所及び英国系法律事務所は、国内大手法律事務所のBilling Rateの約1.5倍〜2倍程度であり、最も単価が高い地域といえます。

【英米系大手法律事務所のBilling Rateのイメージ】

| 弁護士の種類 | Billing Rate |
| --- | --- |
| シニア・パートナー | 10〜15万円／時間 |
| ジュニア・パートナー | 5〜10万円／時間 |
| アソシエイト | 4〜5万円／時間 |

*Part 1*
はじめに

## (2) 成功報酬制

　成功報酬制とは、旧弁護士報酬規程をベースに、訴額や相談額を基準に、相談開始時の着手金と案件終了時の成功報酬の2本立てからなる報酬体系をいいます。裁判所への移動に要する交通費等の実費は別請求ですが、タイムチャージ制と異なり、通常、電話代、コピー代や残業時の夜食代請求は「実費」には含まれません。

　なお、旧弁護士報酬規程は平成16年に廃止され、弁護士報酬は自由化されましたが、その内容は合理的であることから、依然として多くの中小規模法律事務所では報酬体系の水準・目安として利用されています。

【成功報酬制における報酬の計算式】

> 弁護士報酬＝着手金＋成功報酬＋実費

　成功報酬制は、日本の法律事務所では伝統的に広く採用されてきた報酬体系であり、現在でも、中小規模法律事務所や倒産系の法律事務所が採用する傾向にあります。

　弁護士報酬の金額と、弁護士が案件解決に要した労力とは関係がないため、訴額が小さい訴訟や複雑な訴訟の場合は、（案件解決に要する労力に比して）低コストになる一方、単純な訴訟でも訴額が大きい場合は高コストになる可能性があります。

　また、タイムチャージ制の場合、Billable Time次第で弁護士報酬も青天井になる可能性がありますが、成功報酬制の場合、一定の方式に基づいて弁護士報酬が算定されるため、上限額が限定されるといえます。

　以上のとおり、成功報酬制を採用する法律事務所に依頼する場合、訴額、案件の難易度、労力等を勘案して、効率的な利用が可能かを判断することが重要となります。

　なお、顧問弁護士先に依頼する場合は、法律事務所によって異なりますが、着手金・成功報酬について、一定（2割程度等）の割引が行われることが通常

といえます。

## Section 5
# 法務担当者と外部弁護士の役割

　近時、弁護士資格を有する企業内弁護士、いわゆるインハウスローヤーも急増しており[3]、インハウスローヤーを包摂する法務担当者と外部弁護士の相違を、弁護士資格の有無だけで説明することは困難といえます。

　もっとも、インハウスローヤーが増加した現在においても、案件の性質等に応じて、法務担当者限りで法的リスクをすべて解決することが困難なケースがあることは否定できません。むしろ、<u>法務担当者が企業活動に伴う法的リスクを洗い出す過程で、外部弁護士に依頼すべき新たなニーズを創出している側面があることは否定できません。</u>

　そこで、いかなる場合に外部弁護士を利用すべきかを検討する前提として、そもそも法務担当者と外部弁護士の役割、特徴等を整理してみることとします。

## 1　法務担当者の役割等─企業の「かかりつけの医者」

### （1）企業にとっての役割

　法務担当者は、企業の経営戦略や社内事情に精通している会社の内部組織の一つであることから、企業活動に伴う法的リスクが生じた場合、社内の営業部門や企画部門等がまず相談する先が法務担当者であり、法務担当者は、いわば企業にとって「**かかりつけの医者**」といえます。秘密保持契約の締結や取締役会資料のレビュー等、日常的な法律問題であれば、外部弁護士に依頼するまでもなく、法務担当者限りで処理・解決することが通常です。

---

[3]　日本組織内弁護士協会作成に係る公表データによれば、2016年6月時点で1,707名のインハウスローヤーが登録されています（http://www.jila.jp/pdf/transition.pdf）

*Part 1*
はじめに

| | 法務担当者 | 外部弁護士 |
|---|---|---|
| 企業にとっての役割 | ・まず相談する先<br>・案件次第では外部弁護士の利用自体不要<br>・外部弁護士利用の際のリエゾン役 | ・個別案件ごとの依頼で業務を遂行<br>・案件の重要性等に応じて利用 |
| 法的アドバイスの性質等 | ・企業に専属し、日常的な社内法律問題に常時対応<br>・企業の経営戦略、組織・業務、社内事情を踏まえた法的アドバイス<br>▶反面、中立性の確保が困難な場合も<br>・一定の専門性は有するものの、専門分野への特化は限定的<br>・人数は限定的<br>▶リソース提供には一定の限界 | ・社内事情に関係なく、中立的で独立した助言を提供<br>・分野ごとに高度な専門知識(専門分野を持つ弁護士が多い)<br>・大規模な案件(大型M&A、訴訟等)に対するリソースの迅速な提供<br>・他社事例等に基づく知識・経験を提供 |
| 特　徴 | ・外部弁護士に対するチェック機能(アドバイスの内容やリーガルオピニオンのチェック)<br>・外部弁護士との連携・マネジメント、適切な外部弁護士の選定、適切な報酬に向けた交渉 | ・適切な弁護士／法律事務所の選定が必要<br>・弁護士費用は高額であり、効率的な利用が重要<br>▶企業の競争力を左右 |

　また、案件の重要性や専門性等に応じて、外部弁護士を利用することが必須の場合もありえますが、その場合、法務担当者には外部弁護士との連携やマネジメント等、リエゾンの役割を果たすことが求められます。

## (2) 法的アドバイスの性質等

　法務担当者は、企業に専属し、当該企業の活動に伴う日常的な法律問題に常時対応しています。また、企業の経営方針や経営戦略、組織体制や各部署の業務内容、社内キーパーソンも熟知しており、社内事情に精通していることから、法的リスクを評価・判断するにあたり、社内事情を踏まえたビジネスジャッジの必要性に配慮しやすい立場にあるといえます。したがって、法務担当者は、外部弁護士以上に経営陣に近い距離から法的アドバイスを提供することが可能であり、また、そのような役割を求められるものといえます。

　もっとも、経営陣のビジネスジャッジに寄り添った法的アドバイスの提供を

求められるということは、同時に外部弁護士に比べてその法的リスク評価・判断の中立性の確保が困難であるという側面があることは否定できません。

　また、法務担当者は企業に専属し、日常的な法律問題に精通していることの裏返しとして、当該企業の取り扱う業務分野に係る日常的な法規制等には一定の専門性を有するものの、より深い専門知識を要する領域への特化は限定的であるとともに、企業の取り扱う業務以外の分野に関する専門知識はどうしても不足しがちな傾向があります。

　さらに、インハウスローヤーは増加傾向にあるとはいえ、基本的に法務担当者は社内の法務部が中心であり、100名超の弁護士を擁する大手法律事務所等に比べると、その人数は限定的です。そのため、限られたスケジュールで大量の弁護士を導入する必要のあるM&A案件や、国際カルテル案件等の不祥事・危機管理案件等については、法務担当者限りで対応することは困難といえます。

### （3）その他の特徴

　法務担当者には、自ら法的アドバイスを提供するだけでなく、案件に応じて適切な外部弁護士を選定するとともに、当該外部弁護士との連携・マネジメントを行い、過大な弁護士費用負担とならないよう、効率的に外部弁護士を利用することもその役割として求められます。

　さらに、外部弁護士のマネジメントの一環として、外部弁護士に依頼すればそれで法務担当者の仕事が終了、というものではなく、外部弁護士から提供された法的アドバイスやリーガルオピニオンの内容が十分に説得力あるロジックで構成されているか、自社の立場・状況を正確に把握できているか等をチェックする役割も求められます。

## 2　外部弁護士の役割等―企業の「専門医」

### （1）企業にとっての役割

　外部弁護士は、基本的に案件の重要性等に応じて、個別案件ごとに企業からの依頼を受けて法的アドバイス等のリーガルサービスを提供することをその役

割としており、いわば企業の**「専門医」**といえます。

　外部弁護士はそれぞれ得意とする専門分野が細分化しており、案件ごとに適切な弁護士・法律事務所を選定することが重要です。

## （2）法的アドバイスの性質等

　法務担当者と異なり、外部弁護士は依頼企業に雇用されている者ではありませんので、社内事情に関係なく中立的な立場から法的アドバイスを提供しやすい立場にあるといえます。

　また、弁護士はそれぞれ独自の専門分野を得意としており、外部弁護士に依頼することによって分野に応じた高度な専門的知識・アドバイスの提供を受けることが期待できます。

　さらに、基本的に社内の法務部に限定される法務担当者と異なり、とくに100名以上の弁護士を擁する大手法律事務所では、短期間で多数の弁護士を要する大型M＆A案件や不祥事案件にも迅速に対応できるだけの人的リソースを有しています。

　また、外部弁護士に依頼することによって、当該弁護士が所属している事務所に蓄積されている他社事例等のノウハウにもアクセスすることができます。

## （3）その他の特徴

　外部弁護士はそれぞれ得意とする専門分野が細分化しているため、漠然と「会社からのアクセスが便利だから」「インターネットで上位に検索されたから」といった理由だけで依頼するのではなく、案件ごとに求められる専門分野を得意とする、適切な弁護士・法律事務所を選定することが重要です。

　また、当然のことながら、会社の社員である法務担当者と異なり、外部弁護士に依頼するためには別途弁護士費用が必要となり、弁護士費用は決して安くはありません。契約書のドラフト・レビューであっても、巨額の売買契約や複雑なスキームに基づくファイナンス案件等では数百万円～千万円超に及ぶこともありますし、巨額のM＆A案件においてDDも含めて依頼する場合には、億円単位に上ることもあり、**外部弁護士をいかに効率的に利用できるかは、企業の競争力をも左右する**ものといえます。

## Section 6
# 企業法務における契約書の重要性

　企業の意思決定に基づく個々の事業活動は、最終的には企業の意思決定・合意内容を書面化した契約書の締結という形によって顕在化することが通常です。

　したがって、企業活動に伴う法的リスクマネジメントを適切に行うためには、企業間の契約に係る法的リスクを適切に評価・判断し、その結果を反映した契約書を作成することが重要となります。

　そこで、以下、適切な法的リスクマネジメントを実施する上で重要な役割を果たす「契約書」について検討することとします。

## 1　「契約」と「契約書」の意義

「契約」とは、当事者間における権利・義務に関する合意をいい、契約の内容を書面化したものを「契約書」といいます。

「契約」そのものの定義は民法上規定されていませんが、一般に、

> ①二人以上の当事者の意思表示が、
> ②相対立する立場で相互の意思を表示し、
> ③これらの意思を一致させ、
> ④当事者間において権利・義務を発生させる合意

をいいます。

　保証契約等を除き、契約の成立要件として書面の作成は要求されておりませんので、メールやFAXはもちろん、口頭で合意した場合であっても原則として契約は有効に成立します（諾成契約）。

　たとえば、AさんがBさんに対してパソコンを「売る」、BさんはAさんからパソコンを「買う」旨の合意を電話でした場合、AさんはBさんに対してパソコンを引き渡す義務を、BさんはAさんに対してパソコン代金を支払う義務を

*Part 1*
はじめに

負うこととなり、「二人以上の当事者の意思表示が、相対立する立場で相互の意思を表示し、これらの意思を一致させ、当事者間において権利・義務を発生させる合意」として、とくに書面を作成していなかったとしても、A・B間でパソコンの売買契約が成立します。

## 2 「契約書」の役割

### 契約書の役割

- ①各種リスクコントロール手段
- ②当事者間の合意内容等の明確化
- ③将来の訴訟における証拠の確保

このように、基本的に「契約」自体は契約「書」を作成しなくても有効に成立します。

それでは、なぜ「契約書」を作成する必要があるのでしょうか。

それは、契約書には、以下の3つの重要な役割が認められるためです。

### (1) 各種リスクコントロール手段

第一に、契約書には、契約リスクをはじめ、各種リスクをコントロールする手段としての役割が認められます。契約に係る法的リスクは多岐にわたりますが、当該法的リスクすべてが顕在化したという「**最悪シナリオ**」においてもなお自社の権利を確保できるよう、当該法的リスクをコントロールする手段を書面に落とし込むことが重要となります。

### (2) 当事者間の合意内容の明確化

第二に、契約書には、当事者間の合意内容等を明確化し、将来、契約書の解

釈を巡ってトラブルが生じないよう防止する役割が認められます。契約における当事者間の交渉事項は多岐にわたるため、それぞれについてどのような結論に至ったか、当事者の合意内容等を書面において明確化しておくことが、将来の紛争防止のために重要となります。

### (3) 将来の訴訟における証拠の確保

　第三に、将来当事者間で紛争が生じ、訴訟に発展した場合に、訴訟における最も有力な書証である契約書を自社に有利な証拠として利用できるよう確保しておくという役割が認められます。

## 3　「最悪シナリオ」を想定したリスク分析

　これらの役割のうち、とくに<u>各種リスクコントロール手段としての役割が重要</u>です。

　もともと、契約社会である英米圏においては、「<u>最悪シナリオを想定した場合におけるリスク分析及び当該リスクの最小化</u>」こそが契約書の本質的な役割として考えられています。それゆえ、契約締結時に想定されるリスクだけでなく、契約締結後に相手方の信用不安が生じた場合の対処方法など、想定しうる最悪の事態が生じた場合の対応方法・当事者間でのリスク配分をあらかじめ詳細に契約書に規定しており、ときに数百ページにも及ぶ長大な契約書を取り交わすことも珍しくありません。

　国際化が進展し、日本にも徐々に契約書文化が浸透しつつあるものの、未だにお互いの取引慣行上の信義則を重んじ、口頭で約束するにとどまり、また、契約書を取り交わすにしても抽象的な表現を多用し、契約が有効に成立するための最低限の要件事実しか規定しないケースも少なくありません。そのため、取引が順調に展開していればともかく、一旦契約締結時に想定していなかったようなトラブルが生じた場合には、そのような抽象的、曖昧な契約書ではリスクコントロール手段として十分に機能せず、徒らにトラブルが長期化したり、解決のために予想外の追加コストが発生する事態に陥りがちであるのが実態です。

*Part 1*
はじめに

　したがって、日本企業同士の契約書においても、少なくとも契約締結に際して、「当社にとって、最悪の場合、いかなるリスクが想定され、この契約書で本当にその最悪の事態に十分に対応できるのか？」、自問自答する必要があるといえます。

　たとえば、金銭消費貸借契約を締結する場合、借主が期限どおりに利息をつけて借入金を貸主に返済してくれれば契約締結の目的は達成できるため、最低限、貸し付けた元本の金額と弁済期、利息等についてだけ規定しておけば契約書の役割を果たしているといえそうです。しかしながら、最悪シナリオを考えた場合、契約締結時において借主が自らの返済能力・信用力を偽っている可能性がありますし、契約締結後に財務状況が急速に悪化して返済が滞るおそれも想定されます。また、借主が反社会的勢力と何らかの関係があることを隠している可能性もありますし、契約締結時に借主に開示した企業秘密を第三者に漏洩するおそれもありえます。さらに、当事者間の意思や行為とは直接の関係がない、天災地変等が発生し、借主の返済能力が一変した場合に、貸主・借主いずれがかかるリスクを負担するかもあらかじめ明確に定めておくべきといえます。

【契約書の各種リスクコントロール手段としての役割（例）】

| リスク項目例 | 契約書の条項例 |
| --- | --- |
| 信用リスク | ・財務制限条項（借入比率制限、純資産維持条項等）<br>・財務諸表提出義務条項<br>・格付維持条項<br>・期限の利益喪失条項　等 |
| レピュテーショナルリスク | ・守秘条項<br>・反社会的勢力排除条項　等 |
| 不可抗力リスク | ・不可抗力条項（一定の不可抗力の場合の免責等） |

　このように、最悪シナリオを想定した場合、単に金銭消費貸借契約の要件事実を契約書に規定しておくだけではリスクコントロール手段としては不十分であり、財務状況の真実性や、契約締結後の財務状況の悪化による返済能力の欠如等の信用リスクや、借主が反社会的勢力であった場合等のレピュテーショナ

ルリスク、天災地変等による借主の破綻などの不可抗力リスク等を適切にコントロールすべく、各種条項を規定する必要があります。

具体的には、契約締結時における借主の信用リスクをコントロールすべく、借入比率を制限する**財務制限条項**を規定したり、契約締結後の財務状況の悪化を防ぐべく、**格付維持条項**や債務の一部でも不履行があった場合には、貸付金返済債務全額について期限の利益を喪失させる旨の条項を規定することなどが考えられます。また、レピュテーショナルリスクをコントロールすべく、借主が反社会的勢力でないことを**表明保証**させる旨の条項を規定したり、不可抗力リスクをコントロールすべく、一定の不可抗力が生じた場合に限って借主を免責させることとする旨の**不可抗力条項**を規定することなどが考えられます。

## 4 契約書の「形式」

| 6W2H | 内　容 |
|---|---|
| When | いつ（契約締結予定日、スケジュール） |
| Where | どこで（履行地、裁判管轄、準拠法等） |
| Who | 誰が（担当部署の特定） |
| Whom | 誰に対して（取引相手の特定） |
| Why | 何の目的で（契約締結の目的） |
| What | 何を（取引の目的物の特定） |
| How | どのように（履行方法） |
| How much | いくらで（対価の算定・決定） |

契約書の役割の一つとして、当事者間の合意内容等の明確化が挙げられるところ、そのためには、いつ・どこで・誰が・誰に対して・何の目的で・何を・どのように・いくらで取引するのか、いわゆる6W2Hを、契約書に正確に、かつ、わかりやすく反映させる必要があります。また、契約書の作成に際しては、契約書の基本的な体裁・構成や約束事など、形式面についても基礎的な理解をしておく必要があります。

*Part 1*
はじめに

　そこで、以下、契約書の形式的な注意点について、契約書サンプルに沿ってご説明していきます。

```
   乙
   所在地                    ┌─(6）押印は実印でなければならないのか？
   代表者          印
```

## （1）契約締結と書面の要否

　原則として当事者間で契約締結に向けた合意があれば、書面がなくても口頭の約束でも契約は成立します。もちろん、FAXやメールでの約束であっても契約は成立します。

　ただし、保証契約のように、法律上書面の作成が契約の効力要件とされている場合（民法446条2項）や、合併契約のように法律上一定の書面の作成・交付・保存等が義務づけられている場合もある（会社法782条1項1号、794条1項、976条8号）ことに注意が必要です。

## （2）契約書のタイトル

　法律上、契約書のタイトルの決め方について特段のルールはありません。そのため、どのような名称の契約書にするかは当事者間で自由に決めることができ、また、契約書のタイトルと契約内容には直接の関係はありません。

　ただし、たとえば契約の実態が賃貸借契約であるにもかかわらず、契約書の名称を「売買契約」とするなど、実態とあまりにかけ離れた名称をつけてしまうと、後々契約の解釈を巡って争いが生じた場合に徒らに争点を増やすことになりかねません。

---

**Column** ｜「契約書」と「覚書」「念書」の違い

　実務上、あまり契約書になじみのない営業担当の方などから、「今回の取引は長年の取引関係のある顧客との間でもありますし、『契約書』まで作らずに、『覚書』だけでもいいですよね。」ですとか、「保証人をつけたいのですが、『契約書』では角が立つので、『念書』でもいいでしょ

か。」といったお問い合わせをいただくことがあります。

　ご相談の背景として、「●●契約書」というタイトルの書面よりも、「●●に関する覚書」「●●に関する念書」といったタイトルの書面の方が、契約としての効力・拘束力が弱いというイメージがあるようです。また、企業によっては、「契約書」であれば決済権限者の決済が必要となる一方、「覚書」「念書」については、担当者限りで作成することを認めている場合もあるようです。

　しかし、契約書のタイトルの決め方については、法律上特段ルールはなく、「売買契約書」と記載しようが、「売買に関する覚書」と記載しようが、その法的効力に違いはありません。また、「保証契約」、「保証に関する念書」についても同様にその効力に違いは生じません。

　そもそも、「契約」とは、当事者間における権利・義務に関する合意をいい、契約の内容を書面化したものを「契約書」というため、当事者間で意思が合致した内容が書面化されていれば、タイトルのいかんにかかわらず、いずれも「契約書」に該当することとなります。

　したがって、「契約書」・「覚書」・「念書」といったタイトルの違いは、合意内容の効力に影響せず、法的には大きな問題とはならないことにご留意ください。

## （3）当事者名の表記

　契約書における当事者名の表記についても、契約書のタイトルと同様、「こうしなければならない」というルールはありません。一般的には「甲」「乙」「丙」などと表記する例が多いですが、もちろん「株式会社●●●」「○○○合同会社」と表記しても構いません。

　もっとも、明らかに当事者の一方をとり間違えて記載している条項を見受けることもあり（契約書冒頭の「甲」「乙」と、末尾の署名欄の「甲」「乙」が逆になっているケースも散見されます。）、そういった明らかな誤記を防ぐためには、たとえば「長瀬株式会社」であれば契約書中の当事者名を「長瀬」として簡略化して記載したり、「貸主」と「借主」と表記する等、当事者名の表記と当

事者の役割の関係を明確化して記載するといった工夫をすることも一案です。

## （4）原本の通数

　原本を何通作成するかについても、契約書のタイトルや当事者名の表記と同様、法律上特段の定めはありません。

　通常は当事者の人数分作成し、それぞれが一通保管すると規定することが多いですが、たとえば当事者が3名以上等の多数にわたる場合には、当事者の一部のみが原本を保管し、他の当事者はこれをコピーした「写し」を保管するという取扱いをすることもあります。

## （5）契約書の署名権者

　個人ではなく、会社が当事者となる場合には、契約書にサインをする者が当該会社を代表して契約を締結する権限を有することが必要になります。会社が定款等により代表取締役を定めている場合、代表取締役には会社を代表する権限が与えられている（会社法349条4項）ため、当該会社の代表取締役が契約書末尾の署名権者としてサインするのが一般的です。

　もっとも、取締役以外の部長等の従業員であっても、会社から対外的代表権を与えられていれば、有効に契約を締結することができます。ただし、実際に代表権が与えられているかどうかは外部の取引先からは把握することができないため、相手方担当者に代表権があるか疑わしい場合は、念のため契約締結権の有無を確認した方がよいでしょう。

## （6）実印の要否

　契約締結に際して、法律上、押印は実印でなければならないといった定めはありません。そのため、実印、認印[4]いずれによる押印であっても契約の効力自体に差異はありません。

　もっとも、実印と異なり認印は簡単に購入できてしまうため、権限のない者

---

[4] 「実印」とは、印鑑登録されている印鑑のことをいい、「認印」とは、印鑑登録がされていない印鑑、いわゆる三文判のことをいいます。

が他人になりすます等して押印をするリスクが高まるおそれがあります。そのため、重要な契約書では実印を用いることがあり、それが実印に間違いないという担保を取るために印鑑証明書の添付を求める場合もあります。

## (7) 印紙の要否

　一定の契約書については、印紙税の納付が義務づけられており、印紙の貼付等が必要となる場合があります（課税文書、印紙税法2条、8条）。
　<u>課税文書とは、印紙税法上、印紙税を納付する必要がある文書で、課税物件表に課税物件として定められている文書をいいます</u>。
　<u>課税文書となるか否かについても、契約書のタイトルによって判断されるわけではなく</u>、たとえば契約書のタイトルが「念書」となっていたとしても、内容が金銭の借用証書であれば、課税物件表1の「消費貸借に関する契約書」として、契約金額に応じた収入印紙を添付する必要があります。
　なお、<u>課税文書に収入印紙が添付されていなかったとしても、その契約の効力自体に影響はありません</u>。ただし、納付すべき印紙税を当該文書の作成のときまでに納付しなかった場合には、納付しなかった印紙税の額とその2倍に相当する金額との合計額が、過怠税として課されるため注意が必要です（印紙税法20条1項）。

## (8) 契約書における用語例の統一

　<u>契約書において、法律上、「必ずこの用語・用語ルールに従わなければならない」といった決まりはありません</u>。
　もっとも、契約書の作成においては、表現のわかりやすさはもちろん、表現の正確さが最も重要な要素の一つとされるところ、契約当事者のみならず、国民全員を規律する立法の世界においては契約書の場合以上に表現の正確さが重要視されていると言えます。そして、法令用語においては、読み手によって文書の読み方が変わることがないよう、法令用語は厳密なルールに則って整理されており、「又は」「若しくは」ですとか、「及び」「並びに」といった用語も厳密に使い分けられています。
　したがって、当事者間で契約内容の解釈にズレが生じないよう、<u>法令用語の</u>

ルールに則って契約書も作成することをお勧めします。
　以下、契約書においても頻出といえる代表的な用語について簡単に説明します。

【契約書用語例】

- 「又は」「若しくは」
- 「及び」「並びに」
- 「時」「とき」「場合」
- 「善意」「悪意」
- 「その他」「その他の」
- 「直ちに」「速やかに」「遅滞なく」
- 「みなす」「推定する」
- 「解約」「解除」
- 「無効」「取消し」「撤回」
- 「前項」「前●項」「前各項」
- 「以上」「超える」「以下」「未満」
- 「以前」「前」「以後」「後」
- 「ものとする」
- 「この限りでない」「妨げない」
- 「適用する」「準用する」

### ア　「又は」「若しくは」

「又は」と「若しくは」は、意味から言えば、どちらもいわゆる選択的接続詞であり、日常用語としては差異はありません。もっとも、法令用語としては、両者は厳格に使い分けられています。
　まず、数個の語句を単純に並列するだけのときは「又は」を使用します。たとえば、「A又はB」、「A、B、C又はD」といった記載をします。
「又は」は、大きな接続の段階で使用する一方、「若しくは」はその下の小さな

接続において使用します。具体的には、A又はBというグループがまずあって、これとCというものを対比しなければならないような場合に、「**A若しくはB又はC**」と記載します（数式で表現すれば、{(A or B) or C} となります）。

### イ 「及び」「並びに」

併合的に結びつけられる語句が単純に並列的に並ぶだけのときは「**及び**」を使用します。たとえば、「**A及びB**」、「**A、B、C及びD**」といった記載をします。

他方、結合される語句に意味の上で上下・強弱の段階があるときは、「及び」の他に「並びに」を使用します。具体的には、「A・Bグループ」と「C」とに分けられ、A・Bの結びつきが強いことを示す場合には、「**A及びB並びにC**」と記載します。

### ウ 「時」「とき」「場合」

「時」と「とき」については、時点や時刻がとくに強調される場合には「**時**」を、一般的な仮定的条件を表す場合には「**とき**」を使用します。たとえば、「被相続人が相続開始の**時**において有した財産」のように使います。

「とき」と「場合」については、いずれも仮定的条件を示すものであり、法文上の用法は同じです。そのため、一般には、別に意味に区別をつけずに、主としてその時々の語感によって適当に使い分けられることがあります。もっとも、仮定的条件が二つ重なる場合には、大きい条件については「**場合**」を、小さい条件には「**とき**」を使用します。たとえば、「控訴を棄却した確定判決とその判決によって確定した第一審の判決とに対して再審の請求があった**場合**において、第一審裁判所が再審の判決をした**とき**は」などと使うことになります。

### エ 「善意」「悪意」

日常用語としては、「善意」とは、道徳的に善い人、いわゆる善人のことを、「悪意」とはその逆を意味するものとして使用されていますが、法律的な意味とは大きく異なります。

「**善意**」とは、ある事情を知らないことをいい、「**悪意**」とは、ある事情を知っていることをいいます。このように、法律上の「善意」「悪意」とは、ある事実

に対する知・不知を意味する用語であり、日常的に使用する意味での道徳的な意味合いは一切関係がありませんのでご注意ください。

なお、特定の規定では、「善意」「悪意」の意味が、ある事実に対する知・不知にとどまらず、「ある法律関係を信じていた」（＝善意）、「ある法律関係を信じていなかった」（＝悪意）と解釈され、事実の知・不知よりも範囲の広い意味で捉えられることがあることにも注意が必要です（民法192条等）（「信じていなかった」とは、「知っていた」よりも広い概念で、「知っていた」に「疑っていた」を加えたものと解されています）。

### オ 「その他」「その他の」

「その他」と「その他の」は、日常用語としては類似した言葉ですが、法令用語としては厳密に使い分けられています。

「その他」は、前後が並列関係にある場合に使用します。たとえば、「賃金、給料その他これに準ずる収入」というように、「その他」の前にある言葉と後にある言葉とは、全部対一部の関係ではなく、並列関係にあるのが原則です。すなわち、「賃金、給料」と「これに準ずる収入」とは別の観念として並列されており、賃金や給料が「これに準ずる収入」の一部の例示として掲げられている訳ではありません。

これに対して、「その他の」は、前にあるものが後にあるものの例示である場合に使用します。たとえば、「内閣総理大臣その他の国務大臣」、「俸給その他の給与」というように、「その他の」の前に出てくる言葉は、後に出てくる言葉の一層意味内容の広い言葉の一部をなすものとして、その例示的な役割を果たす趣旨で使われます。

### カ 「直ちに」「速やかに」「遅滞なく」

「直ちに」は、時間的即時性が最も強く、一切の遅れは許されません。意味合いとしては、即時に・間を置かずに、といったイメージです。

これに対して、「速やかに」は、できるだけ早く、という意味であり、「直ちに」「遅滞なく」と異なり、訓示的な意味で使われる場合が多いと言えます。

「遅滞なく」は、事情の許す限り、最も早く、という意味です。合理的な理由

## Part 1
### はじめに

があれば、その限りでの遅れは許されると解釈することができます。

　いずれも時間的即時性を表す言葉ですが、大阪高裁昭和37年12月10日判決によれば、時間的即時性の強弱でいえば以下のように整理することが可能と思われます。

---

「直ちに」＞「速やかに」＞「遅滞なく」
※左が最も時間的即時性が強い

---

### キ　「みなす」「推定する」

　「みなす」とは、成立が異なるものを法律上の関係において同一に取り扱うことを意味し、反証を許しません。たとえば、「胎児は、相続については、既に生まれたものとみなす。」（民法886条1項）等、私法上の規定で多くみられます。

　これに対して、「推定する」とは、ある事項について一応の事実を推定し、法律効果を生じさせることを意味し、反証が許されます。

　どちらも日常用語の語感としては似ているように感じるかもしれませんが、法令用語としては全く意味合いが異なるため注意が必要です。なお、契約書上は、当事者の交渉力等によりますが、一般的には反対当事者の反証を許さない「みなす」を使用する例が多いかと思います。こちらにとって有利な規定であれば「みなす」の方がありがたいですが、不利な規定についても安易に「みなす」とされていないか、レビューの際は見過ごさないようにしましょう。

### ク　「解除」「解約」

　「解除」も「解約」も、ともに既存の契約を解消するときに使われる用語ですが、法令上の用語とは必ずしも一致するわけではありません。

　「解除」とは、契約の効力を過去にさかのぼって消滅させ、当該契約が初めから存在しなかったことと同じ法律効果を発生させることを意味します。

　これに対して、「解約」とは、契約の効力を将来に向かって消滅させることを意味します。たとえば、賃貸借のような継続的な契約関係において、契約当事者の一方の意思表示により、契約の効力を将来に向かって消滅させることをい

います。講学上、解除と区別して、「解約告知」又は「告知」ともいわれますが、法令上は、解約のことを解除という場合も多くあります。

　具体的には、民法626条1項本文は、「雇用の期間が五年を超え……るときは、……当事者の一方は、五年を経過した後、いつでも契約の解除をすることができる。」と規定していますが、この場合の「解除」は、その効果が将来に向かってのみ生ずるだけですので、講学上の「解約」になります。

　このように、法令上の「解除」と、契約書（講学）上の「解除」とは必ずしも一致しませんので、注意が必要です。契約において「解除」と「解約」の厳密な意味での区別が重要な争点となる場合には、あらかじめ遡及効を持たせるか否か、契約書にその旨明記しておくとよいでしょう。

### ケ　「無効」「取消し」「撤回」

「無効」とは、法律上の効果が初めからないことをいいます。

　これに対して、「取消し」とは、瑕疵のある法律行為の効力を過去に遡って消滅させることをいいます。

　そして、「撤回」とは、意思表示をした者が、その効果を将来に向かって消滅させることをいいます。

### コ　「前項」「前●項」「前各項」

「前項」、「前●項」、「前各項」の関係についても紛らわしいため、以下の条項をサンプルとしてそれぞれの違いを簡単に説明します。

```
（例）
第●条
第1項　……
第2項　……
第3項　……
第4項　「前項に定める」／「前2項に定める」／「前各項に定める」
```

　上記例において、第4項に規定する

- 「前項」とは、第●条第3項のことを、
- 「前2項」とは、第●条第2項及び第3項のことを、
- 「前各項」とは、直前の項全てを意味し、ここでは第●条第1項から第3項までを、

それぞれ意味します。

なお、「第1項から第3項まで」のように、連続する場合は「乃至（ないし）」を使用します。

この記載方法は、「項」だけでなく、「条」、「号」、「編」、「章」、「節」などにおいても同様です。

### サ 「以上」「超える」「以下」「未満」

これは日常用語としても使用されており、比較的理解しやすいかと思います。「以上」、「以下」については、基準となる数値を含む場合に使用します。

これに対して、「超える」、「未満」については、基準となる数値を含まない場合に使用します。

たとえば、「一万円以上」といえば1万円ちょうどを含みますが、「一万円を超える」と言った場合には、1万円ちょうどを含まず、1万1円以上を意味することになります。

### シ 「以前」「前」「以後」「後」

これも日常用語としても使用されており、比較的理解しやすいかと思います。「以前」、「以後」については、基準となる時点を含む場合に使用します。

これに対して、「前」、「後」については、基準となる時点を含まない場合に使用します。

たとえば、「平成28年4月1日以前」といえば、4月1日を含んでそれより前の期間を意味するのに対して、「4月1日前」といえば、4月1日を含まず、3月31日より前ということになります（すなわち、「3月31日以前」と同じ意味となります。）。

ス 「ものとする」

契約書をレビューしていると、「……する。」、「……しなければならない。」、「……ものとする。」、「……するものとする。」といった用語が同一の契約書中で混在しているケースを頻繁に見受けます。これらの用語については、その時々の語感によって使い分けている例が多いのではないかと思います。

実際、法令においても、「ものとする。」「するものとする。」という用語は頻繁に登場しますが、その用法は必ずしも一様ではありません。

意味合いとしては、「……しなければならない。」又は「……する。」というような、一定の作為義務を表そうとする場合や一定の事実を断定的に表そうとする場合と近いといえます。

もっとも、これらの用語を使うとニュアンスが少しどぎつく出過ぎるため、もう少し緩和した表現を用いたい場合に、この「ものとする。」という表現が使われることが多いといえます。


セ 「この限りでない」「妨げない」

「この限りでない」や「妨げない」については、あまり違いを意識せずになんとなくの語感で使用されている場合もあるかと思いますが、両者は厳密には意味合いが異なります。

「この限りでない」とは、前に出てきている規定の全部又は一部を、特定の場合に除外することを意味します。

これに対して、「妨げない」とは、ある事項について一定の規定の適用があるかが不明確な場合に、当該規定の適用が排除されないことを明らかにすることをいいます。


ソ 「適用する」「準用する」

「適用」と「準用」については、あまり契約書中で使用することはないかと思いますが、法令の読み方としては非常に重要なのでご参考までに簡単に説明しておきます。

「適用する」とは、法令の規定を特定の事項に対してそのまま当てはめることをいいます。

これに対して、「準用する」とは、ある事項に関する規定を、他の類似する事項に必要な修正を加えてあてはめることをいいます。

## (9) その他

その他、契約書の形式面に関して注意すべき主な点としては以下のとおりです。定義の正確性や空欄の補充漏れ等がないかをチェックするためには、Wordの検索機能も利用すると便利です。

【契約書形式面のチェックリスト】

- ☐ 誤字・脱字等はないか？
  - ▶ 誤字・脱字等が直ちに契約書の効力に影響を及ぼすことは少ないですが、「甲」と「乙」が入れ替わっていたり、取引金額の桁を間違えていたりするなど、致命的なミスがある場合もあります。
- ☐ 「本件取引」、「本件不動産」等の、契約書において定義付けされた用語が正しく使用されているか？
- ☐ 日付・金額に間違いはないか？　参照条文にズレ等はないか？
  - ▶ 契約締結日付や契約内の各種条項で引用されている日付、また報酬等の金額については、最終稿となった段階で必ずドラフト段階のものとの比較を行い、内容を検証します。
- ☐ 契約書に付随する「別紙」「別添」の漏れはないか？
  - ▶ 契約書本体で概略のみを定め、事務手続や報酬額等の詳細については「別紙」、「別添」に定める場合があります。このような場合には、かかる「別紙」、「別添」等を参照する旨が契約書本体に定められ、また、「別紙」、「別添」等の内容が契約書本体の規定内容と平仄があっているか確認します。
- ☐ 空欄にしていた箇所は埋められているか？
  - ▶ 最終稿となった段階では必ずドラフト段階で空欄とした部分が正確に規定されているか確認します。
- ☐ 契約書作成途中での内部コメントはきちんと削除されているか？

> ➤最終稿となった段階では必ずドラフト段階で修正履歴等を付して記載した内部コメントが漏れなく反映され、削除されているか確認します。

## Section 7

# 本書の視点

　本書では、法務担当者が、外部弁護士との適切な協働体制を構築し、①「戦略法務」、②「予防法務」、③「臨床法務」の3つの見地を踏まえた適切な法的リスクマネジメントを実現するために、以下の2つの視点から、法務担当者及び外部弁護士による契約締結に係る法的リスクマネジメントを検討・分析することとします。

### 本書の視点

- 契約準備段階から契約交渉、紛争の発生、紛争の解決までの視点
- 法務担当者(企業内部)と弁護士(企業外部)の役割分担の視点

　第一に、①「戦略法務」、②「予防法務」、③「臨床法務」3つの見地を踏まえ、契約準備段階から契約交渉、紛争の発生、紛争の解決まで時系列に沿って整理することとします。具体的には、契約締結にかかる手続の流れを、「Part 2　契約準備段階までの対応(戦略法務)」、「Part 3　契約交渉開始後から契約締結までの対応(予防法務)」、「Part 4　紛争発生後の対応(臨床法務)」の3つに分類し、①「戦略法務」、②「予防法務」、③「臨床法務」それぞれの観点から検討することとします。

　第二に、法務担当者(企業内部)と弁護士(企業外部)の役割分担の視点から、時系列ごとのそれぞれの対応事項を整理することとします。

*Part 1*
はじめに

　かかる第一の視点に基づき、本書では、契約実務上、契約交渉開始後に頻繁に取り交わされる秘密保持契約書や基本合意書、変更覚書等のサンプルを掲載するとともに、企業法務において代表的な契約類型である売買契約（基本契約及び個別契約）、金銭消費貸借契約、不動産売買・賃貸借契約、ソフトウェア開発委託契約（業務委託契約）、及び労働契約についてもサンプルを掲載し、各契約類型の留意事項を契約締結の時系列に沿って整理しています。

【本書掲載のサンプル契約（雛形）一覧】

| 時系列 | 契約書名 |
| --- | --- |
| 契約準備段階 | ・秘密保持契約書<br>・基本合意書 |
| 契約書ドラフティング段階 | ・売買契約（基本契約及び個別契約）<br>・金銭消費貸借契約<br>・不動産売買・賃貸借契約<br>・ソフトウェア開発委託契約（業務委託契約）<br>・労働契約 |
| 紛争発生 | ・覚書（変更覚書） |

　また、各条項について、当該条項に係る法的リスクの重大性・当該条項の契約上の重要性等に応じて「Aランク」・「Bランク」・「Cランク」の3種類に区分しています。その内容は以下のとおりです。

【Aランク・Bランク・Cランクの意義】

| ランク | 意　義 |
| --- | --- |
| Aランク | 「取ってはいけない法的リスク」に係る条項、契約の要件事実・法定記載事項に係る条項、当該契約締結の目的に直接影響する重要な条項など、契約を有効・適法に成立させ、契約締結の目的を達成するために必要な条項 |
| Bランク | 重要な「取った上でコントロールすべき法的リスク」に係る条項、自社の立場を有利にする上で重要な条項など、規定しておくべき条項 |
| Cランク | 「取った上でコントロールすべき法的リスク」に係る条項、規定していなくてもとくに問題はないが、可能であれば規定しておいた方がよい条項 |

# 契約準備段階までの対応（戦略法務）

**Part 2**

# Chapter 2 契約準備段階における留意点

## Section 1
## 総論—法的リスクの峻別

### 法的リスクの峻別

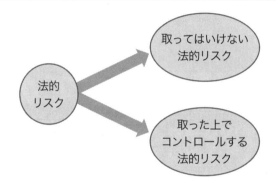

　契約準備段階においては、契約相手も未確定であり、事実関係の詳細も未定・不明確であることが少なくありません。

　もっとも、交渉開始後に重大な法令リスク等の「取ってはいけない法的リスク」が顕在化した場合、事後的な対応・修正が困難であり、推進中の案件のスキーム全体を変更せざるを得なくなったり、案件そのものを中止せざるを得なくなったりするなど、重大な悪影響を生じる可能性があります。

　したがって、契約準備段階において、法務担当者・外部弁護士が第一に行うべきは、案件の全体像を早期に把握し、当該案件に係る法的リスクの重大性・深刻度を適切に評価・判断し、<u>当該法的リスクが「取ってはいけない法的リスク」、「取った上でコントロールすべき法的リスク」いずれに該当するかを峻別すること</u>にあります。

*Part 2*
契約準備段階までの対応（戦略法務）

　案件に係る重大な法令違反を犯した場合、当該案件の遂行が困難となるのみならず、違反企業が多大な民事責任及びレピュテーショナルダメージを負う可能性があります。また、証券会社の役職員がインサイダー取引規制に違反した場合のように、当該企業の業務を規制する業法に違反した場合は、違反企業に対して業務停止命令等の重大な行政処分が下される可能性があるとともに、刑事罰も科される可能性があるなど、致命的なダメージを負う可能性があります。

　したがって、案件に係る法的リスクが、重大な法令リスク等の「取ってはいけない法的リスク」か否かを、まず評価・判断する必要があります。

## 1 「取ってはいけない法的リスク」の観点

　推進中の案件に係る法的リスクが「取ってはいけない法的リスク」に該当する場合、当該法的リスクについて適法に整理することが可能か、可能として、どこまで深く整理する必要があるかを検討することとなります。

　具体的には、法務担当者限りのリーガルチェックで整理することができるか、案件の重大性・違反の可能性等に鑑み規制当局への照会が必要か、取締役等の経営陣の善管注意義務を尽くすべく外部弁護士からリーガルオピニオンを取得する必要があるか、等を検討することとなります。

## 2 「取った上でコントロールする法的リスク」の観点

　案件に係る法的リスクが契約リスク等の「取った上でコントロールする法的リスク」にとどまる場合、当該リスクをコントロールする手段を契約書に明確に規定する等、適切にコントロールした上で案件遂行に向けて進めていく必要があります。

　また、将来の訴訟リスクやレピュテーショナルリスクをコントロールすべく、自社内の取引ルールを確認し、相手方候補との取引が制約されていないか確認する必要がある場合もあります。たとえば、相手方候補が反社会的勢力そのものでなくても、社内規則上の不芳属性先等に該当し、取引が社内ルール上制約されていないか確認する必要があります。

## Section 2
# 法務担当者の役割

### 契約準備段階における法務担当者の役割

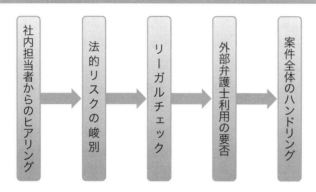

社内担当者からのヒアリング → 法的リスクの峻別 → リーガルチェック → 外部弁護士利用の要否 → 案件全体のハンドリング

　契約準備段階において法務担当者が最優先で果たすべきは、営業部門等、案件を推進している社内担当者から案件の全体像を早期かつ正確にヒアリングし、当該案件推進に係る法的リスクを適切に評価・判断することにあります。

　かかる法務担当者によるリーガルチェックの結果、案件の重大性・違反の可能性及び違反時の制裁等を考慮し、外部弁護士の利用が必要か否かを判断することとなります。また、外部弁護士に依頼したとしてもそれで終わりではなく、法務担当者には、当該弁護士を適切にマネジメントするとともに、案件が無事に終結するまで全体を適切にハンドリングすることが求められます。

## 1　社内担当者からのヒアリング

　第一に、法務担当者は、的確な法的リスク分析の前提として、推進中の案件に係る事実関係を正確に把握する必要があります。

　契約準備段階においては、契約相手も未確定であり、案件の内容も未成熟ではありますが、営業・フロント部門等の案件推進部署の目線は、基本的に「い

*Part 2*
契約準備段階までの対応（戦略法務）

かにして案件をクロージングさせ、収益を出すか」に焦点があり、案件をストップさせるような法的リスクについては敏感であり、かつ、契約準備段階に洗い出し・クリアリングに向けて強い希望を有しているのが通常です。そのため、案件推進部署から、担当案件について「早期の相談」を受けるとともに、契約締結を検討している意図・目的をヒアリングし、「情報全体の開示」を受ける必要があります。

　なお、ヒアリングに際して、<u>案件推進部署が必ずしも積極的に客観的な事実を開示してくれるわけではないこと</u>にも留意する必要があります。当然のことながら、案件推進部署は法務担当者のように法的リスク分析の専門部署ではなく、そもそも事実開示の必要性についての認識が乏しい場合も少なくありませんし、案件中止につながりかねない不都合な事実についての開示は消極的になる傾向があります。

　したがって、法務担当者が積極的にイニシアティブを発揮し、法的リスク評価に必要となる、以下の事項についてヒアリングを行うことが望ましいといえます。

【社内担当者からのヒアリング事項】

① 前提事実
　□ 契約の相手方（予定）の名称、内容、前提となる事実関係に関する事項
　□ 取引先との業務記録、電話記録、メール等及び公開情報（上場会社であれば有価証券報告書等）の取り寄せ
② 契約締結の「目的」
　□ 当該「目的」を実現する上で、支障となる法的リスクが存在しないか
　□ 案件推進部署提案の契約形態以外に最適な契約形態が存在しないか
　□ 契約書に盛り込むべき条項の検討

③ クロージング（取引の実行）までのスケジュール感
  □ 法的に実現可能なスケジュールか
    ◇ 例）株主総会決議が必要な契約の場合、定時・臨時株主総会の開催が物理的に可能か
    ◇ 例）独禁法上の企業結合規制や金商法上の募集・売出し規制等、一定の待機期間が必要ではないか
  □ 法的に可能だとして、自社・相手方双方にとって現実的に可能なスケジュールなのか
    ◇ 社内手続（社内稟議、社長決裁等）を履行するために必要十分なスケジュールが確保されているか
    ◇ 社内外の利害関係者に対する事前通知期間として十分といえるか
④ 当該案件におけるビジネスジャッジ、判断等の過程、理由に関する事項
⑤ 案件推進部署において、法的論点（又は法的論点になりそうな点）と認識している点
⑥ 案件推進部署において、法的論点を有するか不明であるが、とくに注意すべきであると思料している事項

## 2　法的リスクの峻別

　第二に、法務担当者は、案件推進部署からの事実関係等のヒアリングの結果を基に、当該案件に係る法的リスクについて、「取ってはいけない法的リスク」と「取った上でコントロールする法的リスク」いずれに分類されるかを峻別する必要があります。

　たとえば、行政処分の対象となりうる業法違反など、「取ってはいけない法的リスク」については、法務担当者限りで適法に整理することが可能か、案件の重要性や違反の可能性・違反時の制裁の重大性等を考慮し、慎重な見極めが必要となります。

また、場合によっては規制当局への照会や、外部弁護士への依頼も視野に入れる必要があります。

　これに対して、「取った上でコントロールする法的リスク」については、当該リスクをコントロールする手段を契約書に明確に盛り込み、反映させる必要がありますが、契約準備段階においては案件の詳細も未定であり、最終的な解決・対応は困難な場合が少なくありません。

　その場合、交渉開始後に秘密保持契約や基本合意書を取り交わすことで想定外のリスクが生じないように調整したり、具体的な契約条項等についてはドラフティング段階において確定させることとなります。

## 3　法務担当者によるリーガルチェック

　第三に、法務担当者は、案件推進部署からのヒアリングにより把握した事実関係を基に、当該案件に係る法的リスクについて、リーガルチェックを実施します。

　リーガルチェックとは、個別の契約・取引等に係る法的リスクの有無、当該法的リスクが顕在化する可能性の程度及び顕在化した場合に被る不利益の程度等を分析する手続全般をいいます。

　適切にリーガルチェックを行うためには、案件を推進する背景事情、当該案件に係る事実関係、意思決定の過程・判断事由等を詳細に分析する必要があるため、案件推進部署からのヒアリングは細部まで詰めて繰り返し実施しなければならない場合も少なくありません。

　法務担当者によるリーガルチェックの結果、明確にシロともクロともいえない場合、外部弁護士によるリーガルオピニオンを取得すべく、外部弁護士利用の要否を検討する必要があります。

## 4　外部弁護士利用の要否

　第四に、法務担当者は、案件に係る「取ってはいけない法的リスク」について、リーガルチェックの結果、その適法性についてグレーな部分が残る場合、

案件の重大性・法令違反の可能性・違反時の制裁の大小等に鑑みて、外部弁護士によるリーガルオピニオンを取得すべく、外部弁護士利用の要否を検討する必要があります。

　外部弁護士を利用する場合、①どの弁護士・法律事務所に依頼するか（外部弁護士・法律事務所の選定）、また、②依頼するとして、どのレベルのリーガルオピニオンを取得するか、そして、③いかに効率的に利用するか、を検討する必要があります。

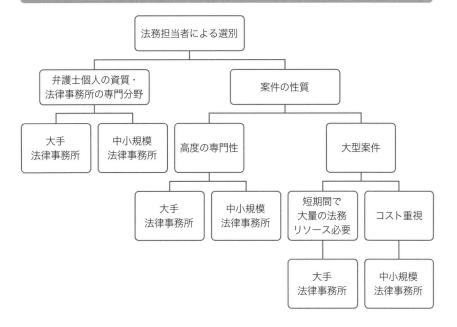

## （1）外部弁護士・法律事務所の選定

　外部弁護士・法律事務所の選定自体、法務担当者にとっては重要な法的リスクマネジメントの一つといえます。とくに、法律事務所での実務経験のあるインハウスローヤーを抱えていない法務部など、法務担当者が未成熟な企業にと

Part 2
契約準備段階までの対応(戦略法務)

っては、問題となっている案件に係る法的リスクの解決に最適な弁護士をどのように探せばよいかは、共通する大きな悩みの一つといえます。

## ア　選定の基準①—弁護士個人の資質・法律事務所の専門分野
【外部弁護士選定の際の視点】

- 顧問弁護士自身
- 顧問弁護士経由でより専門的な実務経験を有している弁護士の紹介
- 規制当局への出向経験を有している弁護士
- 論点に関する書籍・論文・セミナー開催の経験を有する弁護士
- インターネット検索

　外部弁護士・法律事務所はそれぞれ得意とする専門分野を有しており、最適な弁護士を選定する際には、まず弁護士個人の実力(専門性、判断力、リーダーシップ等)及び所属法律事務所の得意とする専門分野の把握が最も重要となります。

　かかる弁護士個人の実力・所属法律事務所の専門分野を的確に把握することは容易ではありませんが、たとえば顧問弁護士を利用している企業であれば、日常的に種々の法律相談を行っている当該顧問弁護士の実力・得意とする専門分野を見極めた上で、問題となっている案件に係る法的リスク解決にふさわしい人材か判断することは可能かと思います。

　また、顧問弁護士自身は当該法的リスク解決に際して最適の人材ではなかったとしても、当該顧問弁護士のネットワークを通じて、より専門的な実務経験を有する弁護士・法律事務所を紹介してもらうという方法も、信頼できるルートからの紹介として有用といえます。

　そのほか、業法違反が問題となっている場合であれば、当該業法を所轄する規制当局への出向経験を有する弁護士にコンタクトしたり、問題となっている論点に関する書籍・論文・セミナー開催の経験を有する弁護士にコンタクトするという方法も取り得ます。

　なお、インターネット検索によって問題となっている法的論点を専門分野と

する弁護士・法律事務所を検索し、依頼するという方法も取り得ますが、インターネット検索の上位に表示されている弁護士・法律事務所と実力とは必ずしも関係性は明確ではなく、その実力の見極めが困難であるため、その他の方法が取り得ない場合の選択肢程度に捉えておくべきかと思います。

> ## Column │ 弁護士のランキング
>
> 弁護士・法律事務所の実力を測る際の指標となりうるものの一つとして、弁護士のランキングサイト上の評価があります。
>
> ランキングサイトは世界各国で存在しますが、日本の弁護士・法律事務所も対象となっており、その中でも実務上も参考にするランキングサイトとしては、たとえば以下のサイトがあります。
>
> - Chambers & Partners[1]
> - The Legal 500[2]
> - 日本経済新聞社「企業が選ぶ弁護士ランキング」
>
> たとえば、Chambers & Partnersでは、日本のみならず、世界各国の法律事務所・弁護士のランキングが掲載されており、金融やキャピタルマーケット、M&A、労働法といった専門分野ごとに、評価の高い順からバンド1〜4まで格付けが行われています。
>
> これらランキングサイトにおけるランキングの高低と弁護士個人の実力との相関関係は必ずしも明確ではありませんし、検討中の案件に最適の実力を有する弁護士か否かの判断はケースバイケースであるのはもちろんですが、定評あるランキングサイトにおいて上位にランキングされているということは、多くのクライアント、同業者等から優れた肯定的な評価を得ていることの証といえます。

---

1  http://www.chambersandpartners.com
2  http://www.legal500.com

*Part 2*
契約準備段階までの対応（戦略法務）

　そのため、外部弁護士・法律事務所を選定する際の一つの指標として、これらランキングサイトを利用する場合もあります。

　なお、以上のランキングサイトは、基本的に企業法務・渉外法務を中心的に取り扱う国内外の大手法律事務所を対象としたものですが、一般民事を中心に取り扱う個人・小規模法律事務所も対象としたランキングサイトもあります。

　たとえば、米国では、Avvo[3]が、家事事件等の一般民事事件から専門的な企業法務まで広くカバーし、登録弁護士個人のratingを提供しています。もっとも、そのratingには本当に十分な客観性が担保されているのか疑問視する声もあります。

　日本でも既に弁護士ドットコムが同サイトに登録している弁護士に対して独自のランキングを提供しており[4]、将来的には、弁護士・法律事務所の選定に際してこれらランキングサイトの利用はさらに進むことが予想されますが、同時にランキングの基準の客観性や信頼性が大きな課題の一つとして顕在化する可能性があるかと思われます。

## イ　選定の基準②―案件の性格

　大量の法務リソースが必要な大型案件であり、かつ、限られたスケジュールでスピード感をもった対応が必要な場合は、大手法律事務所に依頼するのがベターといえます。

　一方で、中堅や小規模法律事務所はコストが比較的安く、中小規模案件や訴訟案件等を得意とする傾向があります。また、たとえば倒産案件等、分野によっては、小規模事務所の得意分野もあり、案件の性格に応じて法律事務所の使い分けが必要といえます。

　また、大型M&A案件等においては法律事務所間のビューティ・コンテスト（入札）が行われるケースもあり、その場合、依頼する企業から複数の法律事

---

3　https://www.avvo.com/find-a-lawyer
4　https://www.bengo4.com/ranking/

務所に対して案件概要を説明し、それを前提に担当チーム体制（パートナー、アソシエイトの数）や費用見積り等を提案させる例もあります。

### ウ　海外弁護士・法律事務所を利用する場合

海外弁護士・法律事務所を利用する場合も、選定のポイントは国内弁護士・法律事務所を選定する場合のポイントと同様です。

もっとも、海外弁護士・法律事務所の選定に際しては、対象国及び分野ごとに適切な弁護士・法律事務所を選定する必要がある一方、国内法律事務所に比して情報が限定的です。

そのため、依頼する企業に海外弁護士・法律事務所に関する情報がない場合は、国内法律事務所や海外現地法人の法務部署へ照会し、適切な海外弁護士・法律事務所を選定するなど、一手間負担が加わる可能性があります。

また、直接海外弁護士・法律事務所に依頼するのではなく、国内の弁護士・法律事務所をリエゾンとして依頼し、当該国内弁護士・法律事務所を経由して間接的に海外弁護士・法律事務所を利用するケースもあります。この場合、日本語でリエゾン役の国内弁護士・法律事務所とコミュニケーションを取れる点では便宜ですが、<u>直接海外弁護士・法律事務所に依頼する場合と比べて、追加で国内弁護士・法律事務所に対する費用負担が発生するとともに、海外弁護士・法律事務所とのコミュニケーションが間接的なものとなり、レスポンスも遅れがちとなることに注意が必要です</u>。

## （2）リーガルオピニオンの取得

案件の重要性等に鑑み、外部弁護士に依頼することを決定した場合、次に、当該外部弁護士から、どのレベルのリーガルオピニオンを取得するかが問題となります。

「**リーガルオピニオン**」とは、弁護士による、対象案件・取引等に係る法的リスクを分析した意見書のことをいいます。法令等で定義された用語ではなく、「法律意見書」と呼ぶこともありますが、本書では便宜上、「法律意見書」も含めた弁護士による法的リスク分析に関する意見書のことを広く「リーガルオピニオン」と呼称することとします。

Part 2
契約準備段階までの対応（戦略法務）

　リーガルオピニオンは、問題となっている法的論点に関する取締役らの判断が合理的なものであり、経営判断の原則の範囲内のものとして当該取締役らが善管注意義務違反の責任を問われないことを担保するために取得されることが通常です[5]。たとえば、株式買取価格の適正価格に関する取締役の善管注意義務違反の有無及び経営判断の原則が争点となった**アパマンショップ株主代表訴訟事件**（最高裁第1小法廷平成22年7月15日判決）において、最高裁は、弁護士からの意見聴取を行ったことを理由の一つとして、経営判断の原則の範囲内として取締役の善管注意義務違反を否定しており、リーガルオピニオンを取得することにより、取締役の判断過程の合理性を一定程度担保することが認められているものと思われます。

　リーガルオピニオンの具体的な書式や構成は弁護士・法律事務所によって異なりますが、費用や内容の信頼性等に応じて、大まかに①法律意見書、②メモランダム、③メール、④口頭での回答、の4種類に分類することができます。

　大雑把にいえば、①法律意見書が最も費用が高額である分、内容の正確性・信頼性も担保されており、④口頭での回答が最も費用が低額である反面、意見の正確性・信頼性には劣るという関係にあるといえます。

　リーガルオピニオンの詳細については、後記Section 3においてご説明します。

## （3）外部弁護士の効率的利用

　外部弁護士に依頼することとし、どのレベルのリーガルオピニオンを取得するかを決定したとしても、効率的利用を心がける必要があります。

　<u>とくにタイムチャージ制を採用している英米系の法律事務所や国内大手法律事務所に依頼する場合、依頼のスコープが曖昧だと弁護士は何でも調べる傾向があり、結果としてBillable Timeがかさみ、弁護士報酬が予想外に高額なものとなるおそれがあります。</u>

　そのため、漠然とした質問を投げかけて外部弁護士に丸投げするのはNGで

---

[5] そのほか、リーガルオピニオンの取得は、ファイナンス案件や証券流動化案件等においては取引実行の前提条件として必要とされることもあります。

あり、依頼内容を具体的かつ明確なものとし、Billable Timeが想定の範囲内に収まるようコントロールすべく、以下のプロセスに則って依頼するとよいでしょう。

## タイムチャージ制における効率的な利用方法

| | |
|---|---|
| ア　適切なチーム編成 | エ　相談事項の絞込み |
| イ　Billing Rateの把握 | オ　タイムシートの徴求 |
| ウ　Budget（予算）の設定 | カ　不合理な請求に対するクレーム |

### ア　適切なチーム編成

　第1に、チーム編成に留意する必要があります。前述のとおり、タイムチャージ制においては基本的に案件担当弁護士の人数が多ければ多いほど全体のBillable Timeが増加する関係にあるため、依頼を受けた弁護士・法律事務所は、できる限り多くの人数を張り付ける傾向があります。そのため、パートナーやアソシエイトの数が、案件の規模に比して不必要に多くならないように注意しましょう。場合によっては、担当パートナーに対して、直接案件担当弁護士・パラリーガルの人数を指定をすることも可能です。ただし、弁護士報酬を節約するために、最低限必要な弁護士まで削ってしまったために案件のスケジュールに間に合わなかったり、不十分なアドバイスにとどまってしまっては本末転倒ですので、案件規模やスピード感等に応じたリソース・ニーズとの関係には十分に留意しましょう。

### イ　Billing Rateの把握

　第2に、基本的なBilling Rateを把握しておくと、案件に要する見込み時間とBilling Rateを掛け算することで、おおよその弁護士報酬を見積もることができるため、予想外に弁護士報酬が増大した場合等に備えることができるよう

になります。法律事務所によって具体的なBilling Rateは異なりますが、国内大手法律事務所の場合、弁護士費用はおおよそ以下のとおりです。

【国内大手法律事務所のBilling Rateのイメージ】

| 弁護士の種類 | Billing Rate |
|---|---|
| パートナー | 4〜7万円／時間 |
| シニア・アソシエイト | 3〜4万円／時間 |
| ジュニア・アソシエイト | 2〜3万円／時間 |

　海外法律事務所の場合、とくに、ニューヨーク州本拠の米国系法律事務所及び英国系法律事務所は、国内大手法律事務所のBilling Rateの約1.5倍〜2倍程度が目安となります。

【英米系大手法律事務所のBilling Rateのイメージ】

| 弁護士の種類 | Billing Rate |
|---|---|
| シニア・パートナー | 10〜15万円／時間 |
| ジュニア・パートナー | 5〜10万円／時間 |
| アソシエイト | 4〜5万円／時間 |

### ウ　Budget（予算）の設定

　第3に、法律事務所に依頼する際には、案件の規模感とともに、想定している弁護士報酬の見積り・予算（Budget）についても伝えるようにしましょう。国内大手法律事務所の場合、従来は弁護士報酬の上限（キャップ）を認めたがらない傾向にありましたが、大手法律事務所同士の競争の激化やインハウスローヤーの増加に伴い、キャップをつけることを容認したり、キャップをつけることには応じられなくとも、極力クライアントのBudgetの範囲内に収まるようチーム編成を工夫してくれるようになってきています。

エ　相談事項の絞り込み

第4に、外部弁護士への相談事項を整理し絞り込んだ上で依頼するようにしましょう。

漠然とした質問を投げかけて外部弁護士に丸投げするのは基本的にNGであり、依頼内容を具体的かつ明確なものに絞り込むことで、外部弁護士が無用なリサーチ等に時間を費やすことをなくし、Billable Timeが想定の範囲内に収まるようコントロールすることが大切です。

オ　タイムシートの徴求
【タイムシートのサンプル】

---

Invoice[a]

NAGASE SOGO LAW OFFICE

Attorneys at Law

Ushikuekimae Building 501

5-20-11, Chuo, Ushiku-shi

Ibaraki, 300-1234

JAPAN

[January 1, 2017]

BILL TO:

[Mr. XXX, CEO
YYY GROUP, LLC
●-●-●,
AAA Center, No. 37**
17** Market Street
Philadelphia, PA 19***, USA][b]

## Part 2
契約準備段階までの対応（戦略法務）

## FOR PROFESSIONAL SERVICES RENDERED FOR THE PERIOD DECEMBER 1 – DECEMBER 31, 2016[c]

| DATE[d] | PROFESSIONAL[e] | DESCRIPTION[f] | HOURS/RATE[g] | AMOUNT[h] |
|---|---|---|---|---|
| 12/4/16 | YUSHI NAGASE | mtg w/ Mr. XXX | 0.5/JPY30,000 | JPY15,000 |
| 12/10/16 | YUSHI NAGASE | Dft MOU btw YYY and ZZZ Corp. | 5/JPY30,000 | JPY150,000 |
| 12/11/16 | YUSHI NAGASE | Rvw MOU btw YYY and ZZZ Corp. | 3/JPY30,000 | JPY90,000 |
| | | TOTAL FEES | | JPY255,000 |
| | | DISCOUNT FOR ADVISORY CONTRACT | –20% | –JPY51,000 |
| | | SPECIAL DISCOUNT | | N/A |
| | | SALES TAX | 8% | JPY16,320 |
| | | COSTS EXPENDED ON YOUR BEHALF | | 0 |
| | | TOTAL COSTS | | 0 |
| | | TOTAL AMOUNT DUE | | JPY220,320 |

---

a 2016年12月に米国企業（YYY Group LLC）を代理して相手方（ZZZ Corp.）との基本合意書（MOU）を作成したケースを想定しています。
b 依頼者の担当者名、会社名、住所を記載しています。
c 請求対象となる業務を行った期間を記載しています。
d 弁護士が業務を行った日付です。
e 業務に従事した弁護士・パラリーガル等の名前を記載しています。
f 弁護士等による業務内容を記載します。会議・打合せをmtg、ドラフト作業をdft、契約書のレビューをrvw等と省略して記載することが一般的です。
g 業務に費やしたBillable Hour及び担当弁護士のBilling Rateを記載します。"DESCRIPTION"に記載された業務内容に比べて、不相当にBillable Hourが多く付けられていないか確認するようにしましょう。
h Billable HourとBilling Rateを掛けた金額を記載します。

第5に、法律事務所から弁護士報酬が月次請求された際に、タイムチャージの根拠となるBillable Time及び当該稼働時間における各弁護士の業務内容を記載した請求書やタイムシートを忘れずに徴求し、無駄な稼働がないか（依頼内容以外の仕事をしていないか、アイドリング時間を請求していないか等）、実費請求（電話代、コピー代、食事代等）が適切か、等をチェックするようにしましょう。なお、各弁護士がBillable Timeにどのような業務を行ったかは、「Description」と呼ばれる欄に記載されることが通常です。Billable Timeの計測方法も法律事務所・弁護士によって異なりますが、多くの場合は5分刻みないし6分刻み（60分を10等分）でタイムをつけるものと思われます。

　ご参考までに、海外企業を代理した際に使用したタイムシート（請求書明細）をベースとしたサンプルを掲載しておきます。なお、依頼者が海外企業の場合は英文で作成する場合が通常ですが、依頼者が日本企業であればもちろん日本語で作成して構いません。

## カ　不合理な請求に対するクレーム

　第6に、弁護士報酬請求が合理的でないと思われる場合は、躊躇せずにクレームをつけるようにしましょう。日本企業の場合、伝統的に「弁護士費用は値切れない」という考え方があるかもしれませんが、外資系企業等においては弁護士報酬の値切り交渉は当たり前のように行われています。弁護士・法律事務所としても、こうしたクレームが寄せられる場合に備えてタイムシートを作成しており、弁護士報酬の請求書に対して疑問を呈することは当然に認められています。

　以上のとおり、案件の規模・スケジュール等に応じて適切な弁護士のチーム編成を依頼し、Budgetの範囲内で適切に業務を遂行してもらうこと自体、重要な法的リスクマネジメントの一環といえ、弁護士費用の値切り交渉も含めて、法務担当者が法律事務所との交渉窓口になるべきといえます。

## Column｜値切り交渉のテクニック

実際に弁護士報酬の減額を交渉する場合、たとえば、ジュニア・アソシエイトのBillable Timeを調整してもらうよう交渉する、という方法があります。

入所したばかりのジュニア・アソシエイトは、まだ専門分野といえるだけの専門性を身につけておらず、経験豊富なパートナーやシニア・アソシエイトと比べるとどうしても同じ作業でも余計に時間がかかりがちであり、Billable Timeも過大につけられる傾向にあります。

そのため、弁護士報酬の請求額について交渉する場合、まずタイムシートをチェックし、ジュニア・アソシエイトのBillable Timeが他のシニア・アソシエイトやパートナーに比して突出して過大となっていないか確認し、あまりに長時間であれば修正してもらうよう交渉することが考えられます。

もっとも、基本的に弁護士報酬はタイムシートに基づき適切な水準に基づいて請求されており、不必要な値切り交渉を繰り返すことで弁護士・法律事務所との信頼関係を崩さないよう、慎重に行う必要があります。

なお、海外の法律事務所に依頼する場合は、原則として、直接リテインすることが望ましいといえます。日本の法律事務所経由や、海外法律事務所の東京オフィス経由で依頼した場合、海外と東京とで二重に弁護士費用が発生する上、海外法律事務所からのアドバイスも間接的かつ時間を要することとなりがちです。そのため、依頼内容等を含めた整理を法務部に依頼し、法務部に海外法律事務所とのリエゾンを依頼するのがベストといえます。依頼内容が重ならず、東京と海外の連携・協働が必要な場合には、例外的に日本の法律事務所経由や、海外法律事務所の東京オフィス経由で依頼した方がよいでしょう。

## （4）「相談メモ」の活用

外部弁護士を効率的に利用するためには、外部弁護士に相談事項を丸投げするのではなく、事前に法務担当者にて十分なリーガルチェックを行うととも

に、「相談メモ」を活用して効率的な利用を心がけるとよいでしょう。

　リーガルオピニオンは、大前提（法律・規範）・小前提（具体的事実）・結論という、法的三段論法に則って作成されるところ、「相談メモ」は、法的三段論法において不可欠の要素の一つである、小前提（具体的事実）、及び（場合によっては）大前提を提供するものです。小前提（具体的事実）が変われば結論も異なるため、外部弁護士のリーガルオピニオンは、基本的に法務担当者の作成する「相談メモ」に依拠することとなります。したがって、リーガルオピニオンの小前提を提供する「相談メモ」は非常に重要といえます。

　なお、「相談メモ」は、大まかに、社内担当者からヒアリングした事実関係に基づく「**前提事実**」と、当該「前提事実」に基づく「**相談事項**」の２つのパートから構成されます。とくに、外部弁護士にリーガルオピニオンの作成を依頼する場合、外部弁護士も相談メモにおける「前提事実」に依拠して法令をあてはめ、オピニオンを記載することが通常であるため、できる限り正確かつわかりやすく「前提事実」を伝えることが非常に重要です。また、「相談事項」については、論点を箇条書することで、リーガルオピニオンのスコープを明確にするとともに、どの論点に対する回答か、対応関係を明確にするようにしましょう。さらに、過去に検討を終えており、あえてリーガルオピニオンのスコープに含める必要がない法的論点等があれば、Billable Timeを削減し外部弁護士を効率的に利用すべく、「相談事項」の射程から外す旨、明確に記載しておくことが望ましいといえます。

　なお、基本的に、外部弁護士が独自に論点を追加してリーガルオピニオンを作成することはありませんので、必要十分な論点をカバーできているか不安な場合には、「**その他当該案件に関する法規制の有無**」等を「相談事項」に追記しておくとよいでしょう。

　以上を踏まえて、「相談メモ」には、最低限、以下の項目を盛り込むとよいでしょう。

*Part 2*
契約準備段階までの対応(戦略法務)

【相談メモの構成及び内容】

① 「前提事実」
  □ 契約の相手方(予定)の名称(匿名でも可)
  □ 契約・取引の内容(契約の種類・取引金額・取引の流れ等)
  □ 契約・取引の流れがわかる概要図
  □ 契約・取引の目的
  □ 契約・取引に係るスケジュール
  □ 対象商品・サービスの内容
  □ 関連契約の詳細

② 「相談事項」
  □ 当該案件に係る法的論点(箇条書)
  □ 「相談事項」から外すべき論点・法令の検討があればその旨
  □ 「相談事項」に漏れがないか不安な場合は、「その他当該案件に関連する法規制の有無」等を追記

　照会事項を限定し、相談のスコープを明確にすることで、より正確かつreliableなリーガルオピニオンとなります。また、とくにタイムチャージ制の場合、外部弁護士は「大前提」である法解釈及びその当てはめによる「結論」に専念することが可能となり、弁護士費用の節約にもつながることが期待できます。

　参考までに、具体的な「相談メモ」のサンプルを掲載しておきます。実際に個別案件において外部弁護士に相談する際に「前提事実」等を修正の上、参考としてご利用ください。

【相談メモのサンプル】

2017年●月●日[a]

Re：海外代理店による当社商品の販売と海外法規制[b]

Ⅰ．前提事実[c]

　当社は、これまで国内で製造・販売してきた別紙１記載の商品[d]（以下「当社商品」という。）について、別紙２記載の独占販売代理店契約[e]を締結したＸ社（以下「海外代理店」という。）を通じて、海外顧客に対して販売することを企図している（以下「本件取引」という。）。

　本件取引においては、当社から当社海外現法に対して、当社商品１ユニット当たり100ドル[f]で売却しつつ、当社海外現法から海外顧客に対しては、当社商品１ユニット当たり120ドルで売却する予定である。

　なお、本件取引に係る日本法上の規制については、相談の対象からは除外する[g]。

【本件取引の概要】[h]

---

**a** 事後の検証等に使用するため、相談日も忘れずに記載しましょう。

**b** 相談事項を端的に表現したタイトルを記載しましょう。

**c** 「前提事実」は、外部弁護士のリーガルオピニオンの前提事実ともなりますので、的確なリーガルオピニオンを取得する上で最も重要な事項といえます。

**d** 対象商品・サービスの内容によっては相談事項以外の規制が問題となる場合もあるため、対象商品・サービスの詳細についても正確に伝えるようにしましょう。

**e** 関連契約において、問題となっている取引に対する制約が科せられている場合もありますので、その内容を伝えるようにしましょう。

*Part 2*
契約準備段階までの対応（戦略法務）

> Ⅱ．ご相談事項[i]
> 　　1　論点①：●●●
> 　　　（1）……
> 　　　（2）……
> 　　2　論点②：●●●
> 　　　（1）……
> 　　　（2）……
> 　　3　論点③：その他本件取引に関連する法規制の有無[j]
> 　　　……
>
> 以上

## 5　案件全体のハンドリング

　以上の流れに沿って、法務担当者から外部弁護士に相談したからといって、それで終わり、というわけではありません。外部弁護士にリーガルオピニオンの作成を依頼した結果、当初の相談内容とは異なる見解を示される可能性もあり、場合によっては、セカンドオピニオンとして同じ論点について別の法律事務所・弁護士に相談する必要がある場合もあります。その場合、<u>自社にとって都合のいいオピニオンを選んでいる（**オピニオンショッピング**）と評価</u>されな

---

f　金額が法的リスクの分析において重要なポイントとなる場合がありますので、数字はできる限り正確に伝えるようにしましょう。
g　相談事項を限定するのであれば、その旨明記しておきましょう。
h　とくに凝ったものである必要はありませんが、取引の概要を説明したスキーム図等を適宜挿入し、ビジュアル的にも事実関係が伝わりやすくなるよう、工夫するとよいでしょう。
i　論点を箇条書きすることで、リーガルオピニオンのスコープを明確にし、どの論点に対する回答を求めるか、明確にしましょう。
j　「相談事項」に漏れがないか不安な場合は、包括的な相談事項を追加しておきましょう。

いよう注意する必要があります。

　また、たとえ当初の相談どおりのリーガルオピニオンを得られたとしても、「前提事実」に変化があれば当初のリーガルオピニオンの射程外となる可能性があるため、直ちに「前提事実」の変更について共有し、結論の修正ないしリーガルオピニオンの取り直しを検討する必要があります。さらに、無事にリーガルオピニオンを取得できたとしても、予算オーバーとなっていないか、月次で送られてくるタイムシート等を適宜モニタリングする必要もあります。

　このように、外部弁護士に依頼した後も、案件の状況が変更されていないか逐一管理・把握する必要がありますが、フロント部署等、案件推進部署は、究極的には案件がストップされなければそれでよし、という意識があるため、事後的な状況の変化について、必ずしも逐一アップデート・情報共有をしてくれるわけではありません。したがって、外部弁護士のハンドリング、社内関係部署のマネジメントを含め、早期から案件の全体像を把握している法務担当者がコントロールタワーとなって案件全体をハンドリングすることが望ましいといえます。

## Section 3
## 弁護士の役割

### 契約準備段階：弁護士の役割

```
            リーガルオピニオンの提供
        ┌─────────┬─────────┬─────────┐
     法律意見書   メモランダム   メール回答   口頭での回答
```

Part 2
契約準備段階までの対応（戦略法務）

　前述のとおり、契約準備段階における外部弁護士の主要な役割の一つとして、予定している案件に係る法的論点に関するリーガルオピニオンの提供が挙げられます。

　リーガルオピニオンの具体的な書式や構成は、弁護士や法律事務所によって異なりますが、リーガルオピニオンは大まかに以下の4種類に分類することができます。

## 1　法律意見書

【法律意見書のサンプル】

---

平成29年●月●日

［クライアント名］　御中

〒300-1234
茨城県牛久市中央5丁目20番地11
牛久駅前ビル501
弁護士法人　長瀬総合法律事務所

弁護士　長瀬　佑志　　職印[a]

**IPO関連情報とファイアーウォール上の規制についての考え方**[b]

　貴社からご照会のありました事項について、下記のとおりご報告申し上げます。

---

a　リーガルオピニオンの中でも最もフォーマルな形式である「法律意見書」については、弁護士の職印が押印されるケースが一般的です。
b　法律意見書のタイトルです。

なお、本書は本書の名宛人のみのために作成されたもの[c]であり、当職の事前の承諾を得ることなく、本書の名宛人以外の第三者（貴社のグループ会社及び所轄官庁並びにこれらの職員を除きます[d]。）に対して開示し、また、当該第三者が本書に依拠することはできないものであることを申し添えます。

記

第1　前提事実[e]
1．本件取引の概要
　　……
2．本件情報共有の内容
　　……


第2　ご照会事項[f]
1．本件取引と金商法違反
　　……
2．本件情報共有と金商法上のファイアーウォール規制
　　……


第3　結論[g]
1．照会事項①について

---

 **c** 法律意見書の開示先をどこまで認めるか、明確に規定しておきましょう。
 **d** グループ会社や当局に対して開示を許容する場合は、このように記載しておきましょう。
 **e** 法務担当者からの相談メモにおける「前提事実」に対応する項目です。「前提事実」がずれると、第3「結論」及び第4「検討」の内容も当てはまらないか、変更となる可能性があるため、とくに慎重な事実認定が求められます。
 **f** 相談メモの「ご相談事項」に対応する項目です。
 **g** 弁護士・事務所によっては、第3「結論」部分は省略し、第4「検討」部分のみ記載する例もあります。

……
　2．照会事項②について
　　……

第4　検討[h]
1．照会事項①について
　　（1）……
　　（2）……
2．照会事項②について
　　……

第5　留保[i]
1．当職らは日本法の弁護士であり、日本以外の法域における法令について助言すべき立場にない。
2．本書に記載された当職らの助言は、会計、税務又はビジネスに関する助言を構成するものではなく、また、第1記載の前提事実に依拠するものであり、当該前提事実が真実と異なる場合にまで妥当するものではない[j]。
3．本書は、裁判所が本書に記載された当職らの助言と同様の結論又は論理を採用することを保証するものではない。
4．本書は、貴社における検討のための参考資料として作成されたものであり、それ以外のいかなる目的にも用いられず、かつ、貴社以外のい

---

h　法律意見書の核心となる部分です。法務担当者は、「検討」部分のロジックが適切か確認するとともに、自社におけるこれまでの社内整理と整合性がとれているかも確認する必要があります。

i　法律意見書は、最も丁寧に分析・検討された上で作成される反面、外部弁護士も「法律意見書」における意見のスコープをできる限り限定すべく、一定の留保事項を付記するケースが一般的です。

j　法律意見書作成にあたり、「前提事実」の正確性は最重要事項ですので、「留保事項」においても正確性を担保しておくことが望ましいといえます。

> かなる者に対しても当職らは本書に関して何らの責任を負うものではなく、また、貴社以外のいかなる者も本書に依拠することがないことを条件として貴社に提供されるものである。また、本書は、当職らの事前の書面による承諾なく貴社以外のいかなる者（貴社のグループ会社及び所轄官庁並びにこれらの職員を除く。）に対しても開示されない[k]ことを条件として、貴社に提出されるものである。
>
> 以上

　法律意見書は、最も慎重かつ正確な分析に基づき作成されるリーガルオピニオンであり、弁護士の職印が押印されるケースが一般的です。弁護士も、自身が確信をもって回答できる法的論点についてしか法律意見書は出さないため、内容の信頼性は最も担保されていますが、その分、作成費用はリーガルオピニオン4種類の中で最も高額となる傾向があります。したがって、違反した場合に業務停止命令等の重大な行政処分を科されるおそれのある当局リスク等、法的リスクが重大な「取ってはいけない法的リスク」についてリーガルオピニオンを取得する必要がある場合には、法律意見書の形式が適しているといえます。

　なお、法律意見書の作成費用については、タイムチャージ制か成功報酬制か、検討する法的論点の重大性等によっても異なるため具体的な金額の目安をお伝えすることは困難ですが、数百万円超になることも珍しくありません。あくまで参考程度ですが、百万円～千万円のレンジで考えておくと良いかと思います。

　法律意見書は、検討対象となる取引・契約等の事実関係を記載した「前提事実」、外部弁護士に検討を依頼した法的論点を整理した「照会事項」、その検討結果を簡潔に記載した「結論」、当該結論に至った分析内容を詳細に記載した「検討」、そして、法律意見書の限界を画する「留保事項」という、5つの項目から構成されることが通常です。

---

[k] 「留保事項」においても、法律意見書の開示先の範囲を明記しておきましょう。

Part 2
契約準備段階までの対応（戦略法務）

　外部弁護士が法律意見書を作成する上で最も重視する項目が、「前提事実」です。「前提事実」の項目の内容は、基本的には依頼企業の法務担当者等の「相談メモ」における「前提事実」記載の内容や、その他ヒアリングした内容を基に作成されますが、この「前提事実」が変われば、法令等を当てはめて得られる「結論」も変わりうるため、法律意見書の帰結や射程も変わってくる可能性があります。そのため、「前提事実」を正しく理解し表現できているか、入念に確認するとともに、「留保事項」において「前提事実」記載の事実関係が事実と異なる場合には法律意見書の射程が及ばない可能性があることを明記しておくべきといえます。

　また、法律意見書は、外部弁護士が責任をもって作成するものである以上、開示の範囲は依頼者に限定するのが一般的です。もっとも、依頼者が、当該法律意見書をもって当局交渉に臨むことを希望する場合や、グループ会社間で共通の法的論点について外部弁護士の見解を共有したい場合などにおいては、依頼者以外の第三者（当局、グループ会社）に開示する必要がある場合もあります。その場合は、これら一定の第三者への開示を許容する旨、法律意見書の前文に明記しておきましょう。

## 2　メモランダム

【メモランダムのサンプル】

---

### MEMORANDUM

To　　：［クライアント名］
From：弁護士法人　長瀬総合法律事務所
　　　　弁護士　長瀬　佑志[a]
Re　　：本件取引に係る大量保有報告規制の取扱いについて

---

[a]　弁護士・事務所ごとに異なりますが、メモランダム形式では、弁護士の職印が押印されないケースが通常かと思われます。

Date ： 2017年●月●日

　標記の件に関して、第1記載の前提事実に基づく第2記載の貴社からの質問事項に対する当職らの結論は第3記載のとおりであり、その検討内容は第4記載のとおりである。なお、本書における当職らの見解は、第5記載の留保に服する。

第1　前提事実[b]
　貴社は、大要以下の取引（以下「本件取引」という。）により、●●●を海外投資家に売却することを企図している。
1．①……
2．②……
3．③……

第2　質問事項[c]
1．取引①に係る金商法上の規制
2．取引②に係る銀行法上の規制
3．取引③に係る……

第3　結論[d]
1．質問事項①について
　　……
2．質問事項②について
　　……

---

[b] 法務担当者からの相談メモにおける「前提事実」に対応する項目です。「前提事実」がずれると、第3「結論」及び第4「検討」の内容も当てはまらないか、変更となる可能性があるため、とくに慎重な事実認定が求められます。
[c] 相談メモの「ご相談事項」に対応する項目です。
[d] 弁護士・事務所によっては、第3「結論」部分は省略し、第4「検討」部分のみ記載する例もあります。

*Part 2*
契約準備段階までの対応（戦略法務）

3．質問事項③について
　　……


第4　検討[e]
1．質問事項①について
　（1）……
　（2）……
2．質問事項②について
　　……
3．質問事項③について
　　……


第5　留保[f]
1．当職らは日本法の弁護士であり、日本以外の法域における法令について助言すべき立場にない。
2．本書に記載された当職らの助言は、会計、税務又はビジネスに関する助言を構成するものではなく、また、第1記載の前提事実に依拠するものであり、当該前提事実が真実と異なる場合にまで妥当するものではない[g]。
3．本書は、裁判所が本書に記載された当職らの助言と同様の結論又は論理を採用することを保証するものではない。
4．本書は、貴社における検討のための参考資料として作成されたものであり、それ以外のいかなる目的にも用いられず、かつ、貴社以外のい

---

[e]　メモランダムの核心となる部分です。法務担当者は、「検討」部分のロジックが適切か確認するとともに、自社におけるこれまでの社内整理と整合性がとれているかも確認する必要があります。

[f]　法律意見書ほど形式面にこだわらないメモランダムにおいては、留保事項は記載しないケースもあります。

[g]　メモランダム作成にあたり、「前提事実」の正確性は最重要事項ですので、「留保事項」においても正確性を担保しておくことが望ましいといえます。

> かなる者に対しても当職らは本書に関して何らの責任を負うものではなく、また、貴社以外のいかなる者も本書に依拠することがないことを条件として貴社に提供されるものである。また、本書は、当職らの事前の書面による承諾なく貴社以外のいかなる者に対しても開示されない[h]ことを条件として、貴社に提出されるものである。
>
> 以上

　メモランダムは、法律意見書よりも形式が簡素化されているものの、内容は法律意見書と同程度に精緻に分析した上で作成されるリーガルオピニオンであり、弁護士の職印は押印されないケースが一般的かと思われます。

　法律意見書と同様、メモランダムも、検討対象となる取引・契約等の事実関係を記載した「前提事実」、外部弁護士に検討を依頼した法的論点を整理した「質問事項」、その検討結果を簡潔に記載した「結論」、当該結論に至った分析内容を詳細に記載した「検討」、そして、法律意見書の限界を画する「留保事項」という、5つの項目から構成されることが多いですが、形式が若干簡素化されていることから、「結論」や「留保事項」の項目を省略・簡略化しているケースも見受けられます。

　また、形式面の簡素化に伴い、費用は法律意見書よりは低額に設定されているケースが一般的です。

　したがって、法令リスク等の、重要な「取った上でコントロールすべき法的リスク」についてリーガルオピニオンを取得する必要がある場合には、費用を節約しつつ、内容の正確性が担保されている傾向にあるメモランダムの形式が適しているといえます。

　なお、メモランダムの作成費用についても、タイムチャージ制か成功報酬制か、検討する法的論点の重大性等によっても異なるため具体的な金額の目安をお伝えすることは困難ですが、おおよそ50万円～数百万円のレンジで考えておくとよいかと思います。

---

[h] メモランダムの開示先を限定する場合は、その旨明記しておきましょう。

Part 2
契約準備段階までの対応（戦略法務）

　法律意見書の場合と同様、外部弁護士がメモランダムを作成する上で最も重視する項目が、「前提事実」です。「前提事実」の項目の内容は、基本的には依頼企業の法務担当者等の「相談メモ」における「前提事実」記載の内容や、その他ヒアリングした内容を基に作成されますが、この「前提事実」が変われば、法令等を当てはめて得られる「結論」も変わりうるため、メモランダムの帰結や射程も変わってくる可能性があります。そのため、「前提事実」を正しく理解し表現できているか、入念に確認するとともに、「留保事項」において「前提事実」記載の事実関係が事実と異なる場合にはメモランダムの射程が及ばない可能性があることを明記しておくべきといえます。

　また、法律意見書と同様、メモランダムについても、開示の範囲は依頼者に限定するのが一般的です。

## 3　メール回答

【メールでの回答のサンプル】

---

差出人：　　Yushi Nagase
送信日時：　2017年●月●日XX：XX[a]
宛先：　　　●●●●
cc：　　　　△△△△

件名：RE:海外代理店による当社商品の販売と海外法規制

XXX株式会社
法務部　●●●●　様

平素より大変お世話になっております。

---

[a]　メールでの回答の場合、弁護士からのメール送信日時がリーガルオピニオンの取得日時となります。

貴社から拝受しました、2017年●月●日付の「Re：海外代理店による当社商品の販売と海外法規制」書面記載のご質問について[b]、検討結果をご報告致します。略称についても、とくに断りがない限り同書面の略称を用います。

１．ご質問事項１について[c]
　　（１）問題の所在
　　　　　……

　　（２）趣旨の分析
　　　　　……

　　（３）本件における検討
　　　　　……

２．ご相談事項２について
　　　　　……

ご意見やご不明な点がございましたら、お気軽にお問い合わせください。

長瀬
*************************************************************************
〒317-0073　茨城県日立市幸町１丁目４−１　三井生命日立ビル４階
弁護士法人長瀬総合法律事務所　日立支所

---

[b] メールでの回答に際しても、クライアントからの質問事項を具体的に特定するようにしましょう。
[c] メールでの回答においても、相談事項とそれに対する回答は箇条書形式で行うとよいでしょう。

*Part 2*
契約準備段階までの対応（戦略法務）

```
弁護士　長瀬　佑志
TEL：0294-33-7494 / FAX：050-3730-0060
E-mail：nagase@nagasesogo.com
URL：http://nagasesogo.com
----------------------------------------------------------------------
〒300-1234　茨城県牛久市中央５丁目20-11　牛久駅前ビル　501
弁護士法人長瀬総合法律事務所
TEL：029-875-8180 / FAX：050-3730-0060
E-mail：nagase@nagasesogo.com
URL：http://nagasesogo.com
************************************************************************
この電子メール及び添付のファイルには機密情報が合まれている可能性が
あります。貴殿が意図された受信者でない場合は、直ちに破棄して頂きま
すと共に、お手数ではございますが、送信者へ誤送の旨ご連絡頂きますよ
うお願い申し上げます。This message（and attached file）may contain
confidential information. If you are not the intended recipient, please
notify the sender by reply and delete this message from your system
immediately.
```

　メールでの回答は、書面での回答形式では最も簡素な分、費用もメモランダムよりもさらに低額であることが通常です。なお、メールの作成費用についても、タイムチャージ制か成功報酬制か、検討する法的論点の重大性等によっても異なるため具体的な金額の目安をお伝えすることは困難ですが、おおよそ10万円〜数十万円のレンジで考えておくとよいかと思います。

　法律意見書やメモランダムと異なり、メールでの回答は詳細な「前提事実」や「留保事項」を置くには不適当な形式であるため、一般論としての回答にとどまる傾向があります。

　そのため、「取ってはいけない法的リスク」について外部弁護士からリーガルオピニオンを取得する場合であれば、メールでの回答ではなく、法律意見書ないしメモランダムを取得することが望ましい場合もあります。

## 4　口頭での回答

　法律意見書やメモランダム、メールでの回答と異なり、「口頭での回答」とは、問題となっている法的論点について、電話ないし対面で外部弁護士から口頭で回答を得る方式をいいます。

　タイムチャージ制の場合、費用は基本的に会話時間に限定されるため、費用は最も安く抑えられる傾向にあり、おおよそ10万円未満程度で考えておくとよいかと思います。また、口頭でのやり取りの分、様々な質問を投げかけることもできますが、その分、まとまりがなくなることもありえます。
「口頭での回答」は、外部弁護士側から書面での回答が提示されるものではないため、信頼性に欠ける場合や、いかなる「前提事実」に対する回答であるかが不明確な場合も少なくありません。

　したがって、口頭での回答は、法的論点に係る初期的検討段階でのブレインストーミング等には適しているものの、「取ってはいけない法的リスク」について、口頭での回答のみに依拠して社として最終的な判断を下すことは避けるべきといえます。

　なお、費用を節約するため、口頭で外部弁護士からヒアリングした内容を法務担当者でメモとして作成し、当該メモを外部弁護士にレビューしてもらう方法もありえますが、一から外部弁護士がドラフトしたメモランダム等と比べて、客観性や内容の信頼性に劣るものと思われ、法令違反や経営判断の妥当性等が問題となった場合に、当該メモにどこまで依拠してよいかは慎重な検討が必要と思われます。


　これら4種類のリーガルオピニオンの形式、内容、費用、及び特徴を整理すると、概要以下のとおりです。もっとも、あくまで一般論としての整理であり、依頼する弁護士・法律事務所、依頼する案件の規模によってリーガルオピニオンの種類・形式・内容・費用等は異なりうることにご留意下さい。

Part 2
契約準備段階までの対応（戦略法務）

## 【リーガルオピニオンの種類と特徴】

| | 法律意見書 | メモランダム | メール回答 | 口頭での回答 |
|---|---|---|---|---|
| 形式 | ・最も詳細な書面<br>・ボリューム大<br>・留保事項あり<br>・職印あり | ・詳細な書面<br>・ボリューム中<br>・留保事項あり／なし<br>・職印なし | ・簡素な書面<br>・ボリューム小<br>・留保事項なし<br>・職印なし | ・書面なし |
| 内容 | 最も信頼性高い | 信頼性高い | 信頼性やや劣る | 信頼性劣る |
| 費用 | 最も高額<br>（百万円〜千万円） | 高額<br>（50万円〜数百万円） | やや低額<br>（10〜数十万円） | 低額<br>（〜10万円） |
| 特徴 | ・弁護士が確信を持っている意見<br>・当局に提示する場合あり | 法律意見書と同程度に確信を持っている意見 | 一般論としての回答に留まる傾向 | 基本的に弁護士の見解が残らない |
| 適した案件 | 「取ってはいけない法的リスク」 | 重要な「取った上でコントロールする法的リスク」 | 「取った上でコントロールすべき法的リスク」 | 法的リスクの初期的評価・判断 |

## *Column* ｜ リーガルオピニオンの費用はいくら？

「**本**件で外部弁護士から意見をもらう場合、どれくらい費用がかかりますか？」とは、実務上非常によく受けるお問い合わせです。

厳密には、「ケースバイケース」としかお答えできないのですが、費用算定の上でのポイント、及びそれを踏まえたおおよその目安はお伝えすることができます。

まず、国内大手法律事務所のように、<u>タイムチャージ制を採用している法律事務所・弁護士に依頼するか、それとも成功報酬制を採用している法律事務所・弁護士に依頼するか</u>によって異なります。前者の場合であれば、担当パートナーやアソシエイトのBilling Rateと、リーガルオピニオン作成に要するおおよそのBillable Timeを掛ければ概算の見積りを計算することも可能です。

次に、<u>どの種類のリーガルオピニオンを取得する必要があるか</u>がポイントとなります。本文記載のとおり、リーガルオピニオンの形式によって費

用のおおよそのレンジも大きく異なるため、外部弁護士に依頼する前にどの形式のリーガルオピニオンが必要か、明確にしておく必要があります。一般的には、案件の規模が大きく、かつ、法的リスクが重大であれば、より形式・内容の確度の高いリーガルオピニオンを取得すべき、ということができます。

　第三に、<u>リーガルオピニオンの対象となる相談事項の絞り込み</u>が重要です。相談に行く前に、事前に調べられるだけ調べた上で、相談のスコープを絞り込めば絞り込むほど、弁護士のタイムチャージを減らすことが可能となります。また、弁護士にとっても、効率よくリーガルオピニオンの作成に集中することができ、余分なリサーチ等にタイムを費やす必要がなくなります。

　以上を踏まえることで、おおよその費用の目安を伝えることは可能です。もっとも、具体的な費用は個別案件によって大きく異なりますし、リーガルオピニオンの作成に際して別途電話会議等で打ち合わせを行う場合も少なくありません。また、相談後に追加の事情変更等が生じればそれによって作成費用も変わってきますので、あくまで参考程度として検討していただければと思います。

## Section 4

## 各論　各契約類型の留意点

契約準備段階における、各契約類型の留意点は概要以下のとおりです。

| 契約類型 | 紛争発生の予兆に関する留意点 |
|---|---|
| 売買契約 | 「重要な財産の処分又は譲受け」（会社法362条4項1号） |
| 金銭消費貸借契約 | 「多額の借財」（会社法362条4項2号） |
| 不動産売買・賃貸借契約 | 「重要な財産の処分又は譲受け」（会社法362条4項1号） |
| ソフトウェア開発委託契約 | 請負契約か委任（準委任）契約か |
| 労働契約 | 労働条件の明示義務（労働基準法15条） |

### 1　売買契約

　売買契約の取引金額によっては、「重要な財産の処分又は譲受け」（会社法362条4項1号）に該当し、取締役会の決議が必要となる可能性があることに注意が必要です。なお、「重要な財産の処分又は譲受け」に該当するか否かは、当該財産の価値、その会社の総資産に占める割合、当該財産の保有目的、処分行為の態様及び会社における従来の取扱い等の事情を総合的に考慮して判断されます（最高裁第1小法廷平成6年1月20日判決）。

　その場合、当該売買契約を推進することが取締役の経営判断として適切だったか、事後的に問題となる可能性があることから、取引規模等に鑑み慎重な検討が必要となる場合であれば、外部弁護士からのリーガルオピニオンの取得も含めた対応が必要となります。

## 2 金銭消費貸借契約

金銭消費貸借契約の借入金額によっては、「多額の借財」（会社法362条4項2号）に該当し、取締役会の決議が必要となる可能性があることに注意が必要です。なお、「多額の借財」該当性についても、「重要な財産の処分又は譲受け」該当性の判断と同様、個別具体的な事実関係をもとに各種要素を考慮して総合的に判断されることとなります。

その場合、当該売買契約を推進することが取締役の経営判断として適切だったか、事後的に問題となる可能性があることから、取引規模等に鑑み慎重な検討が必要となる場合であれば、外部弁護士からのリーガルオピニオンの取得も含めた対応が必要となります。

## 3 不動産売買・賃貸借契約

不動産売買・賃貸借契約の取引金額によっては、「重要な財産の処分又は譲受け」（会社法362条4項1号）に該当し、取締役会の決議が必要となる可能性があることに注意が必要です。

その場合、当該不動産売買・賃貸借契約を推進することが取締役の経営判断として適切だったか、事後的に問題となる可能性があることから、取引規模等に鑑み慎重な検討が必要となる場合であれば、外部弁護士からのリーガルオピニオンの取得も含めた対応が必要となります。

## 4 ソフトウェア開発委託契約

ソフトウェア開発委託契約は業務委託契約の一類型ですが、契約の実質に鑑み、請負契約（民法632条乃至642条）、（準）委任契約（民法643条乃至656条）いずれに該当するかが問題となりえます。請負契約に該当する場合、請負人は「仕事の完成」、すなわち、ソフトウェアの完成に対して対価の支払いを受けることになるのに対して、（準）委任契約に該当する場合であれば、受任者

は、仕事の完成にかかわらず、履行の割合に応じて報酬を請求できることとなり（民法632条、648条参照）、いずれの契約類型に該当するかによって、受託者の報酬請求権の発生時期に影響することとなります。

　もっとも、一般にソフトウェア開発委託契約は、発注者の要求したソフトウェアの納品が契約の目的であり、それをもって仕事の完成とするのが当事者の合理的な意思と考えられるため、契約書等でとくに定めのない限り、請負契約とみなされるのが通常です。そして請負契約の場合には、「仕事の完成」が重要なメルクマールになるため、「仕事」の内容と範囲を明確に定める必要があります。

　事後のトラブルを防ぐためにも、契約締結準備段階において、ソフトウェアの完成を目的としているのか（＝請負契約）、開発業務の委託そのものを目的としているか（＝（準）委任契約）、明確にしておく必要があります。

## 5　労働契約

　雇用契約は、当事者（使用者）の一方が相手方（労働者）に対して労働に従事することを約し、雇用者が被用者に対して報酬を与える旨の契約をいいます。雇用契約については、構造的に劣位にある労働者の権利を守るため、労働基準法を始めとする様々な法令によって規律が設けられています。

　とくに注意すべき規律として、労働基準法15条1項・同法施行規則5条より、雇用契約書のうち、賃金や職種等の重要事項については、労働契約締結の際に書面を交付して明示しなければならないとされており、雇用契約締結の際には必ず法定事項を記載した雇用契約書を作成し、労働者に交付しなければならないこととされています。

　また、労働基準法89条より、常時10人以上の労働者を使用する使用者は、一定の事項を記載した就業規則を作成し、所轄の労働基準監督署に提出しなければならないこととされていることにも留意が必要です。

# 契約交渉開始後から契約締結までの対応（予防法務）

## Part 3

# Chapter 3 契約交渉開始後における留意点

## Section 1
### 総論

**契約交渉開始後における留意点**

- 契約準備段階と契約交渉開始後の違い
- 「取ってはいけない法的リスク」の再検討
- 「取った上でコントロールする法的リスク」の検討
  - （1）「契約締結上の過失」に係るリスク
  - （2）秘密漏洩のリスク
  - （3）最終契約締結に係るリスク

### 1　契約準備段階と契約交渉開始後の違い

　契約準備段階においては、取引相手方との交渉・関係は発生しておらず、案件推進に当たって障害となる重大な法令リスク等の「取ってはいけない法的リスク」の検討・対応が中心となります。

　これに対して、契約交渉開始後においては、取引相手方との交渉・関係が発生したことに伴い、契約締結上の過失に基づく不法行為責任を負わないか、相手方との交渉過程で開示した自社の企業秘密等が第三者に漏洩されるおそれがないか等のリスクが発生します。

　また、M&Aや資本業務提携契約等においては、最終的な株式譲渡契約や業務提携契約の締結に至るまでに長時間の交渉や秘密情報のやり取り等を伴うことから、交渉開始初期の段階から最終合意に対する拘束力の有無や秘密漏洩防

Part 3
契約交渉開始後から契約締結までの対応（予防法務）

止等のリスクコントロール手段を明記しておくことが望ましいといえます。

このように、契約交渉開始後においては、不用意な交渉に伴う契約締結上の過失に基づく責任や、交渉過程における秘密漏洩のおそれ、最終契約締結にまで至らないおそれなど、契約リスク等の「取った上でコントロールする法的リスク」についての検討・対応が中心となります。

## 2 「取ってはいけない法的リスク」の再検討

ただし、契約交渉開始後においても、取引相手方が具体化したことに伴い、当初想定していた前提事実が変更される可能性があることから、「取ってはいけない法的リスク」についても、再度検討が必要となる場合があります。その場合、法務担当者にて再度リーガルチェックを行うことはもちろん、前提事実の変更に伴う法的リスクへの影響の重大性によっては再度外部弁護士に相談する必要も生じ得ます。

## 3 「取った上でコントロールする法的リスク」の検討

### (1)「契約締結上の過失」に係るリスク

契約交渉を行っている当事者間において、最終的に契約を締結するか否かは原則として当事者の自由な判断に委ねられています（契約自由の原則）。もっとも、当事者が相当期間の交渉を継続し、主要な契約条件等がまとまってきたにもかかわらず、一方当事者が合理的な理由もなしに自由に契約締結を拒否できるとすると、相手方当事者はそれまでに費やした交渉の時間や経済的負担が無駄になってしまいます。

このような場合に、合理的な理由もなく契約締結を拒んだ当事者に対して信義則上の責任を認め、不当に契約締結を拒絶された相手方当事者は、契約が締結されると信じて行動したことにより支出した費用や損害（信頼利益）について、不法行為に基づく賠償請求を行うことができることとされています（**契約締結上の過失**。最高裁第2小法廷平成23年4月22日判決）。

したがって、とくに不動産売買契約やM＆A、業務提携契約などのように、長期間にわたって交渉が継続され、契約締結の期待が害されることにより大きな損害が生じる可能性のある契約類型の場合は、相手方当事者の契約締結に向けた期待を不当に侵害しないよう、交渉の過程にも慎重な配慮が求められることとなります。また、後記<u>基本合意書を締結する場合には、当該契約を締結しない場合に比して、より相手方当事者の契約締結に向けた期待を高めるといえ、契約締結上の過失が認められやすくなる</u>と思われます。

## （2）秘密漏洩のリスク

契約締結に向けた交渉が開始されると、製品情報や顧客情報など、自社の様々な機密情報や個人情報等を相手方当事者に開示する必要が生じる場合があります。これらの機密情報等が相手方の企業内部に留まらず、第三者に漏洩されてしまうと、情報を開示した企業は、個人情報保護法等の法令違反に問われるだけでなく、致命的なレピューテーショナルダメージを被る可能性があります。

かかる秘密漏洩のリスクをコントロールすべく、契約準備段階において、早期に機密情報等の管理方法や守秘義務を定めた**秘密保持契約書**を取り交わす必要があります。

## （3）最終契約締結に係るリスク

M＆Aや資本業務提携などでは、最終的な株式譲渡契約や業務提携契約の締結に至るまでに長期間の交渉や機密情報等のやり取り等を行い、多大なコストと時間を費やすことが少なくありません。

そして、長期間に亘る交渉を経たとしても、契約自由の原則の下では、相手方に最終契約締結を強制することはできず、契約締結上の過失に基づく責任追及は別として、最終契約締結には至らない可能性を排除することはできません。

したがって、最終契約が本当に締結されるか不確定なリスクをコントロールすべく、交渉開始後できる限り早い段階で、独占交渉義務の有無や最終契約の締結に関する法的拘束力の有無等を定めた**基本合意書**を締結することが重要となります。

なお、独占交渉義務違反が問題になった事例として、**住友信託銀行 vs UFJ**

Part 3
契約交渉開始後から契約締結までの対応(予防法務)

ホールディングスほか2社(旧UFJ3社)事件(最高裁第3小法廷平成16年8月30日決定、東京地裁平成18年2月13日判決)があります。当該事件は、両当事者が、協働事業化に関して締結した基本合意書において独占交渉義務及び誠実交渉義務を定めていましたが、旧UFJ3社はそれらに反して三菱東京フィナンシャルグループと協働事業について協議したため、住友信託銀行が差止の仮処分と損害賠償の本訴を提起したものです。当該事件では、基本合意書上、法的拘束力の有無が明記されていなかったこともあり、損害賠償の範囲も含めて紛争が複雑化しましたが、最終的には和解で解決されています。当該事件を踏まえて、基本合意書に法的拘束力の有無を明記することが一般的です。

## Section 2
# 法務担当者の役割

### 契約交渉開始後:法務担当者の役割

- 「取ってはいけない法的リスク」の再検討
- 「取った上でコントロールする法的リスク」への対応
  - (1)「契約締結上の過失」に係るリスクのコントロール
  - (2) 秘密漏洩のリスクのコントロール
  - (3) 最終契約締結に係るリスクのコントロール

## 1 「取ってはいけない法的リスク」の再検討

取引相手方との交渉が開始し、案件が具体化するにつれて、交渉開始前の段階において想定していた案件のスキーム・スケジュール等の「前提事実」が大幅に変更されることも少なくありません。その場合、「前提事実」の変更に伴

い、法務担当者は、再度、①社内担当者からのヒアリング、②法的リスクの峻別、③法務担当者によるリーガルチェック、④外部弁護士の利用の要否の判断を行うこととなります。

## 2 「取った上でコントロールする法的リスク」への対応

### (1) 「契約締結上の過失」に係るリスクのコントロール

　我が国の民法上、**契約自由の原則**が採用されていますが、契約交渉の過程で、相手方当事者の最終契約締結に向けた期待が形成されているにもかかわらず、合理的な理由もなく契約締結を不当に拒絶した場合、契約締結上の過失の理論に基づき、不法行為責任を負う可能性があります。

　かかる契約締結上の過失に係る契約リスクをコントロールすべく、メールやFAXでのやり取り等、交渉過程を逐一記録化しておくことが望ましいといえます。

　なお、自社のみが交渉過程を記録化しているわけではなく、相手方当事者も交渉過程を記録化していることが通常です。そのため、営業部門等の案件推進部署が契約交渉の目的・実態から乖離した提案活動や勧誘を行い、自社が契約締結上の過失に基づく責任を負うことがないよう、交渉過程の記録化とともに不用意な交渉を禁止する旨の社内ルールを設けるなど、厳格な管理が求められます。

### (2) 秘密漏洩のリスクのコントロール

　企業間の取引においては、契約交渉過程において相手方に開示した機密情報等を第三者に漏洩されるリスクをコントロールすべく、秘密保持契約を締結することが一般的です。

　**秘密保持契約**とは、取引の交渉過程において当事者が秘密情報の開示を必要とする場合に、開示した秘密情報を第三者に漏洩したり、当該交渉以外の目的で使用されたりすることを防ぐために締結する契約のことをいいます。「秘密保持契約」という名称以外に、「**守秘義務契約**」や、"**CA**"（Confidential Agreement)、"**NDA**"（Non-Disclosure Agreement）と呼ばれることもありますが、いずれも契約の目的・効力に違いはありません。

　秘密保持契約書において、いかなる範囲の情報を「秘密情報」として保護の対象とし、守秘義務違反があった場合にどのような責任を負うか明確にしておくことで、自社の機密情報を侵害された場合に、契約上の保護を及ぼすことが可能となります。

　また、契約上の保護を及ぼすだけでなく、自社の機密情報が法律上の保護対象となることも明確にすることが可能となります。たとえば、不正競争防止法上、「営業秘密」の開示は差止請求や損害賠償請求の対象となります（不正競争防止法2条1項7号）が、秘密保持契約を締結せずに開示された情報は、かかる不正競争防止法の保護対象となる「営業秘密」に該当しないと判断されるおそれがあります。そのため、不正競争防止法上の「営業秘密」として同法による保護の対象となることを明確にすべく、秘密保持契約を締結した上で他社に情報を提供することが重要となります。

　さらに、特許法上、「特許出願前に日本国内又は外国において公然と知られた発明」は特許の対象とはならない（特許法29条1項1号）こととされており、情報を提供した相手方当事者との間に守秘義務が課せられていない場合には、上記「公然と知られた発明」となると一般に考えられています。そのため、秘密保持契約を締結せずに、自社の発明を相手方企業に開示した場合には、その発明について特許を取得できなくなる可能性があります。このように、秘密保持契約を締結することにより、自社の機密情報に対して、契約上及び法律上の保護を及ぼすことが可能となります。

　秘密保持契約は、企業間取引の前提として頻繁に締結される契約であり、A4サイズで2～3頁程度のシンプルなものが大半であることから、一般的には法務担当者限りで内製化される契約書といえます。秘密保持契約は、主に、秘密保持義務の主体、秘密情報の定義、秘密情報の利用目的、守秘義務、秘密情報の管理、秘密情報の返還・廃棄、有効期間等に関する条項から構成されます。以下、秘密保持契約のサンプルに沿って、主要な条項のポイントを整理しておきます。

【秘密保持契約のサンプル】

秘密保持契約書[a]

［XXX株式会社］（以下「甲」という。）及び［YYY株式会社］（以下「乙」という。）は、本案件（第1条に定める。）に関して相互に[b]情報を開示するにあたり、次のとおり秘密保持契約（以下「本契約」という。）を締結する。

第1条（定義）　　　　　　　　　　　　　　　　　　　　　　【Aランク】
　本契約でいう「秘密情報」[c]とは、本契約締結の事実、及び甲が検討している［ZZZ株式会社］の買収（以下「本案件」という。）に関して、甲及び乙が直接又は第三者を通じて間接的に相互に口頭、文書、磁気ディスクその他何らかの媒体により開示する情報をいう。ただし、以下の各号の一に該当する情報は秘密情報に含まれない[d]。
（1）本契約締結前に、既に公知となっている情報
（2）本契約締結後、甲又は乙の責めによらずに公知となった情報
（3）相手方より取得する前に、既に自ら保有していた情報
（4）正当な権限を有する第三者から守秘義務を負うことなく入手した情報
（5）相手方から開示された後に、本案件に関係なく自ら調査、分析等を行うことにより得られた情報

---

[a]　タイトルは「守秘義務契約書」、「Non-Disclosure Agreement」、「Confidential Agreement」等でも構いません。
[b]　当事者双方が守秘義務を負うのか、それとも一方当事者のみが負うのか、前文で明記しておきましょう。
[c]　「秘密情報」の定義によって守秘義務の範囲が定まることから、秘密保持契約上、最も重要な条項といえます。
[d]　「秘密情報」の範囲を広く定める一方、法令に基づき開示しなければならない場合等については守秘義務の対象とならないよう、「ただし」書き以下で例外的に「秘密情報」に該当しない情報を明確化しています。

Part 3
契約交渉開始後から契約締結までの対応（予防法務）

第2条（情報の開示・目的外利用の禁止[e]）　　　　　　　　　【Bランク】
1. 甲及び乙は、本案件に係る取引の実行の可否及び内容等を相手方が検討するのに必要と判断する範囲で、秘密情報を本契約締結後速やかに相手方へ開示するものとする。
2. 甲及び乙は、秘密情報を、本案件に係る取引の実行の可否及び内容等を検討する目的のみに使用するものとする。

第3条（守秘義務）　　　　　　　　　　　　　　　　　　　【Aランク】
1. 甲及び乙は、秘密情報を第三者に開示又は漏洩しないことに合意する。ただし、以下の各号の一に該当する場合はこの限りではない[f]。
   （1）相手方から事前に承諾を得て第三者に開示する場合
   （2）本案件に関わる自らの役員及び従業員に対して開示する場合
   （3）本案件の遂行に必要な限度で、法令上守秘義務を負う弁護士その他の専門家に対して開示する場合
   （4）甲又は乙の監査法人へ開示する必要がある場合
2. 甲及び乙は、前項の定めに関わらず、適用ある法令及び規則等を遵守するために必要な場合、又は政府、所轄官庁、規制当局（日本国外における同様の規制当局を含む。）、裁判所による要請に応じて秘密情報を開示することが必要な場合には、当該開示を行うことができる。なお、かかる開示を行った場合、開示を行った者は可能な範囲において当該開示後、速やかに相手方に連絡するものとする。

第4条（秘密情報の管理[g]）　　　　　　　　　　　　　　　【Bランク】
1. 甲及び乙は、秘密情報の漏洩を防止するため、秘密情報の書面化及び電磁的記録媒体その他の媒体への情報の入力並びにその複写及び複製

---
e 「秘密情報」の定義によって守秘義務を負う範囲を画するだけでなく、目的に必要な範囲でのみ秘密情報の提供・利用を認めることで、二重の絞り込みをかける場合もあります。
f 実務上、例外的に一定の者に対しては「秘密情報」の開示を認めるケースが一般的です。
g 実務上、コピーの可否や管理方法についてあらかじめ明確化しておくことは重要です。

の作成については、本案件を検討するために必要な範囲で行うものとする。

2．甲及び乙は、秘密情報が記載された書面及び秘密情報が含まれている電磁的記録媒体その他の媒体（総称して、以下「秘密情報記録媒体等」という。）について、秘密情報の第三者への漏洩又は目的外使用が生じないように管理するものとする。

第5条（秘密情報の消去等） 【Cランク】

1．甲及び乙は、本契約が理由の如何を問わず終了した後、相手方から請求を受けたときは、当該請求に従い、秘密情報記録媒体等につき、秘密情報を消去し、又は、廃棄若しくは相手方に返却しなければならない。ただし、当該請求の時点で、既に消去又は廃棄済みである場合には、返却する必要はない[h]ものとする。

2．前項の規定にかかわらず、甲及び乙の社内文書に記載された秘密情報及び電磁的情報記録システムに記録された秘密情報のうち、法令等遵守のため、又は甲若しくは乙の社内規則上保管が必要なものについては、消去、廃棄又は相手方への返却を要しないものとする。なお、甲及び乙は、かかる情報が本契約第3条に定める守秘義務並びに第4条第1項に定める漏洩防止義務及び同条第2項に定める管理義務の対象となることを確認する。

第6条（反社会的勢力の排除[i]） 【Cランク】

1．甲及び乙は、それぞれ、本契約締結日において、自らが反社会的勢力に該当せず、また、反社会的勢力に該当する者と業務提携関係その他の継続的な取引関係を有しないことを表明及び保証し、本契約締結日

---

[h] 実務上、いったん受領した秘密情報をすべて消去することは困難な場合もあるため、あらかじめ例外的に消去できないケースを想定した条項を規定しておくことが望ましいでしょう。

[i] 各都道府県の暴力団排除条例の施行に伴い、テンプレートとして規定しておくことが望ましいといえます。

*Part 3*
契約交渉開始後から契約締結までの対応（予防法務）

以後、上記状態を維持することを誓約する。
2．甲及び乙は、それぞれ相手方に対して、法的な責任を超えた要求及び暴力的な要求その他の不当な要求行為を行わず、又は、これに類する行為を行わないことを誓約する。

第7条（損害賠償[j]）　　　　　　　　　　　　　　　　【Cランク】
　甲及び乙は、本契約に関してその責に帰すべき事由により相手方に損害を与えた場合には、相手方に対しその損害を賠償する責に任ずる。

第8条（有効期間）　　　　　　　　　　　　　　　　　【Bランク】
　本契約の有効期間は、本契約締結の日から［1］年間[k]とする。

第9条（準拠法及び裁判管轄）　　　　　　　　　　　　【Cランク】
1．本契約の準拠法は日本法[l]とする。
2．本契約に関する紛争等について協議により解決することができない場合、［東京］地方裁判所を第一審の専属的合意管轄裁判所[m]とするものとする。

第10条（誠実協議[n]）　　　　　　　　　　　　　　　【Cランク】
　本契約の解釈その他の事項につき生じた疑義及び本契約に規定のない事項については、甲及び乙双方が誠意をもって協議の上、解決するも

---

[j] 守秘義務に違反したとしても、具体的な損害額の算定は困難であることから、実務上はあまり機能しない可能性が高い条項といえます。
[k] 実務上、6ヶ月〜1年間であることが一般的です。
[l] 国内企業同士であればあまり問題になりませんが、海外の取引先と契約する場合には非常に重要です。
[m] 「東京」に拘らず、自社に有利な裁判所を選びましょう。また、「専属的」という文言を入れるようにしましょう。
[n] 精神的な条項ですが、トラブルが生じた場合に、本条項を根拠に修正を提案しやすくなるため、可能であれば規定しておきましょう。

のとする。

　本契約の成立を証するため本契約書を２通作成し、甲乙各記名押印の上、各１通を保有する。

平成　　年　　月　　日

甲º　　[所在地]　　〇〇〇〇
　　　[会社名]　XXX株式会社
　　　[代表者氏名]　●●●●

乙　　[所在地]　　〇〇〇〇
　　　[会社名]　YYY株式会社
　　　[代表者氏名]　●●●●

### ア　秘密保持義務の主体（前文）……【Aランク】

　まず、契約当事者の双方が秘密保持義務を負うのか、一方のみが秘密保持義務を負うのかを決める必要があります。主に一方当事者から秘密情報の開示がなされる場合でも、他方当事者からも秘密情報の開示がなされる可能性がある場合には、双方が秘密保持義務を負う形式にしておく必要があります。

　また、秘密保持契約をドラフト・レビューするに際しては、自社が情報を開示する側なのか（以下「**情報開示者**」といいます。）、それとも情報を受領する側なのか（以下「**情報受領者**」といいます。）によって、各条項に対する姿勢が大きく変わりうるため、自社がどちらの立場にあるのかを強く意識することが大切です。

　一般論として、情報開示者にとっては、秘密情報の範囲は広く、利用目的の範囲や情報受領者が秘密情報を例外的に開示できる第三者の範囲は狭く、かつ、秘密保持の有効期間は長くするのが有利な契約ということができます。こ

---

º　最後に当事者が入れ替わっていないか確認しましょう。

*Part 3*
契約交渉開始後から契約締結までの対応（予防法務）

れに対して、情報受領者にとってはその反対であり、秘密情報の範囲は狭く、利用目的の範囲や情報受領者が機密情報を例外的に開示できる第三者の範囲は広く、かつ、秘密保持の有効期間は短くするのが有利な契約といえます。

### イ 「秘密情報」の定義（第1条）……【Aランク】

秘密保持契約において、いかなる情報を「秘密情報」として定義するかが最も重要な問題であり、当該契約のコアとなるものといえます。

一般的には、情報受領者が、情報開示者から受け取る情報のうち、守秘義務を負うべき「**秘密情報**」の内容を定義します。これにより、情報受領者が契約に基づき守秘義務を負うべき対象が明確化されることになります。

秘密情報の定義の仕方には様々な方法がありますが、典型的なものとしては、サンプル契約や下記条項例のように、まず「秘密情報」の範囲を幅広く一般的に規定した後、秘密保持の対象とするのになじまない一定の情報について当該「秘密情報」から除外する方法があります。

---

第●条（定義）
本契約において秘密情報とは、本件経営統合のために甲が乙に対して開示する一切の情報とする。
ただし、以下の各号の一に該当する情報は秘密情報に含まれない。
（ⅰ）本契約締結前に、既に公知となっている情報
（ⅱ）本契約締結後、甲又は乙の責めによらずに公知となった情報
（ⅲ）情報開示者より取得する前に、既に自ら保有していた情報
（ⅳ）正当な情報を有する第三者から守秘義務を負うことなく入手した情報
（ⅴ）情報開示者から開示された後に本件経営統合に関係なく自ら調査、分析等を行うことにより得られた情報

---

### ウ 秘密情報の利用目的（第2条）……【Bランク】

秘密情報は、情報開示者にとって事業や取引の根幹に関わる機密情報であることも多く、情報受領者に守秘義務を課す必要のある情報であることから、<u>秘</u>

密保持契約においてその利用目的を定め、当該目的以外での利用を禁じることが一般的です。この利用目的は、契約当事者がどこまで秘密情報を利用してよいか、その範囲を画することにもなりますので、明確に定める必要があります。

---

第●条（利用目的）
情報受領者は、情報開示者から提供された秘密情報を、本件取引を検討する目的のためにのみ使用するものとし、その他の目的に使用しないものとする。

---

なお、上記例では、「本件取引」を検討することが秘密情報の利用目的となりますので、「本件取引」の内容についても秘密保持契約の中で明確に定義する必要があります。

### エ　守秘義務（第3条）……【Aランク】

秘密情報の漏洩を禁止する項目であり、秘密保持契約の核心部分といえます。

---

第●条（守秘義務）
甲及び乙は、秘密情報を第三者に開示しないことに合意する。

---

ただし、これだけでは第三者に秘密情報を開示することが一切禁止されてしまうため、秘密情報を開示しても構わない事由や場面を列挙し、当該事由等に該当する場合には守秘義務の例外とすることが一般的です。

---

第●条（守秘義務）
甲及び乙は、秘密情報を第三者に開示又は漏洩しないことに合意する。ただし、以下の各号の一に該当する場合はこの限りでない。
（ⅰ）情報開示者から事前に承諾を得て第三者に開示する場合
（ⅱ）本件取引に関わる役員及び従業員に対して開示する場合
（ⅲ）本件取引の遂行に必要な限度で、法令上守秘義務を負う弁護士等の専門家に対して開示する場合

## オ　秘密情報の管理（第4条）……【Bランク】

秘密情報の漏洩を防止する観点から、受領した秘密情報についていかなる場合にコピーすることを認めるか等、秘密情報の管理方法を定めます。

管理方法について明確に規定しておかないと、情報受領者は自由にコピー等を作成することが可能となり、第三者への情報漏洩が生じるリスクや、目的外利用が生じるおそれがあるため、実務上は重要な条項といえます。

> 第●条（秘密情報の管理）
> 情報受領者は、情報開示者の書面による承諾がない限り、秘密情報を複写又は複製してはならない。

## カ　秘密情報の返還・廃棄（第5条）……【Cランク】

情報開示者から提供された秘密情報について、情報開示者から請求を受けたときや、秘密保持契約の終了時等にその返還や廃棄を求められる場合が考えられます。

もっとも、実務上、いったん受領した秘密情報が記載された社内資料等（たとえば決済書や稟議書等）を社内からすべて消去することは現実的に困難です。また、事後的に監督当局等からの検査要請に対応すべく、一定の情報については情報受領者の下で保管しておくべき場合も考えられます。

したがって、<u>例外的に一定の場合には、秘密情報の廃棄・返却を要しないことを秘密保持契約に定めておくことが必要</u>になります。

> 第●条（秘密情報の返還・廃棄）
> 甲及び乙は、本契約が事由のいかんを問わず終了した後、相手方から請求を受けたときは、相手方より開示された秘密情報等を廃棄、消去し、又は相手方に返却しなければならない。
> ただし、甲及び乙の社内文書に記載された秘密情報及び電磁的情報記録システムに記録された秘密情報のうち、法令等遵守のため、又は甲若しくは乙の社内規則上保管が必要なものについては、廃棄、消去又は相手方への

返却を要しないものとする。

### キ　反社会的勢力の排除（第6条）……【Cランク】

　暴力団排除条例が各都道府県で施行されたことに伴い、実務上テンプレートとして反社会的勢力の排除に関する条項を契約書に規定する必要があります。このような暴排条項を規定することにより、(ⅰ) <u>取引の相手方が反社会的勢力であった場合に、契約を解除する根拠となること</u>、(ⅱ) <u>会社として反社会的勢力との取引に応じることができない旨の根拠となり、反社会的勢力との取引を未然に防ぐ効果が期待できること</u>、が挙げられます。

　なお、契約締結後に相手方が反社会的勢力であることが判明した場合、当該暴排条項違反を理由に債務不履行を主張することはもちろん可能ですが、その場合であっても、相手方の反発を招き、自社がレピュテーショナルダメージを被る可能性がある（たとえば、反社会的勢力の相手方から「不当に反社会的勢力とのレッテルを貼って取引を突然解約するような、商業倫理に欠ける企業だ」等の風評を喧伝されるなど）ことから、反社会的勢力排除条項違反の主張を持ち出す場合には慎重な対応が求められます。

### ク　秘密保持義務違反の効果（第7条）……【Cランク】

　情報受領者が第三者に対して秘密情報を漏洩する等、秘密保持義務に違反した場合、情報開示者は情報受領者に対して、<u>契約違反として債務不履行に基づく損害賠償請求</u>が認められます。

　もっとも、実務上、秘密保持義務違反と生じた損害との因果関係を立証するのは容易ではなく、いかなる範囲で損害賠償が認められるのかについては、実例が少なく、明確ではありません。なお、こうした損害賠償の範囲について後日紛争となる事態を防ぐべく、損害賠償請求の条項の規定の仕方として、あらかじめ損害賠償額を明示しておくことも考えられますが、現在のところあまり一般的ではないように思われます。

　また、秘密保持義務違反の効果として、契約の解除事由となる旨を定めている例も散見されますが、秘密保持契約を解除しても、情報受領者による秘密保

持義務がなくなるだけですので、情報開示者からすれば、秘密保持の期間が短くなるだけであまり意味がなく、解除規定は定めないのが通常です。

### ケ　有効期間（第8条）……【Bランク】

　情報開示者の立場からすれば、情報受領者が守秘義務に拘束される期間をできるかぎり長くした方が有利といえますが、もともと秘密保持契約は、本体である案件（たとえば情報受領者との経営統合に向けた協議や特許を活用したジョイントベンチャーの立ち上げ等）を円滑に遂行するための前提としての契約であることから、当該案件の内容に応じて妥当な有効期間を設定すれば足り、当該案件と無関係に不相当に長期に設定する必要はありません。

　また、情報受領者の立場からすれば、無用に秘密保持契約に拘束されることのないよう、当該案件の検討に必要十分な期間を設定する必要があります。また、情報管理の観点からも、秘密保持契約を自動更新とすることは極力回避すべきといえます。

　有効期間の長さは案件に応じてケースバイケースですが、実務上、おおよそ6ヶ月～1年間程度であることが一般的かと思います。

### コ　裁判管轄・準拠法（第9条）……【Cランク】

　訴訟になった場合に、どの裁判所が事件を担当するかを定めた規定が合意管轄条項です。遠方の裁判所が管轄裁判所とされていた場合、弁護士の日当や証人尋問の費用・負担等が重くのしかかってくるため、自らの所在地とかけ離れた裁判所が専属的合意管轄として規定されていないか注意が必要です。

　なお、「○○裁判所を合意管轄裁判所とする」とだけ記載していると、それ以外の管轄を認めない専属的合意管轄であることが否定されかねないため、「○○裁判所を専属的合意管轄裁判所とする」として、「専属的」という文言を記載するように注意しましょう。

　また、日本企業同士の契約であれば、準拠法が問題となることは通常はありませんが、海外企業と取引をする際には、できる限り準拠法は日本法とするよう交渉することが重要となります。海外現地法が準拠法とされると、契約書の解釈も海外現地法に従うこととなり、予測可能性が著しく低下するとともに、

実際にトラブルが発生し訴訟となった場合に、当該海外現地法に精通した現地弁護士を選任する必要が生じ、多大な手間と費用を負担することとなりかねません。

### サ　誠実協議条項（10条）……【Cランク】

誠実協議条項は、いわゆる精神条項であり、一種の気休めにすぎないともいえます。もっとも、契約書に規定していない事項についてトラブルが生じた場合、契約書の文言の解釈を巡って争いが生じる場合と異なり、交渉の直接の手がかりとなる条項自体が存在しないため、誠実協議条項を根拠に交渉をスタートするケースもあり、規定しておいて損はないといえます。

## （3）最終契約締結に係るリスクのコントロール

M＆Aや業務提携においては、最終的に締結すべき株式譲渡契約や業務提携契約（最終契約）を締結するまでに長期間を要することが通常であるところ、最終契約を本当に締結するのか明確にせず、また締結するとしてその場合の基本的なコンセプトも定めずに交渉を進めることは双方にとってリスクがあります。かかる最終契約締結に係るリスクをコントロールすべく、最終契約締結の前提として、お互いに最終契約締結に向けた基本的なスタンスや独占的交渉権の有無等を確認する旨の基本合意書（Letter of Intent "LOI"、Memorandum of Understanding "MOU"と呼ぶこともあります。）を締結する場合があります。

基本合意書は、一般的に、法的拘束力を持たない精神的な取り決めであり、基本合意書を締結したからといって、相互に最終契約を締結する義務までは負わない、とされています。ただし、基本合意書の中でも、独占交渉義務、秘密保持義務、費用負担等、一部の条項については法的拘束力を持たせるケースが一般的です。

基本合意書は、M＆Aや業務提携など、重要かつ長期間の交渉を伴う契約について前提として締結される契約であり、その重要性に鑑み、交渉過程の管理やDD、最終契約のドラフトも含めて、外部弁護士に基本合意書の作成も依頼される場合が通常です。もっとも、小規模のM＆Aや、取引金額の小さな不動産売買契約等においては、法務担当者限りで基本合意書を作成するケースも

*Part 3*
契約交渉開始後から契約締結までの対応(予防法務)

あるため、基本合意書の基本的な構成及び主要な条項のポイントについては法務担当者も把握しておく必要があります。

【基本合意書のサンプル】

---

株式譲渡基本合意書[a]

買主 [XXX株式会社](以下「甲」という。)及び売主 [YYY](以下「乙」という。)は、乙が有する対象企業 [ZZZ株式会社](以下「丙」という。)の発行済株式の全部を乙より買い取る件(以下「本件取引」という。)について、本件取引の最終契約(以下「最終契約」という。)の締結を目指して、以下のとおり合意した(以下「本合意書」という。)。

第1条(取引の内容) 【Aランク】
1. 乙及び丙は、乙が丙の発行する株式●株のすべて(以下「本件株式」という。)を単独で所有していること、及びこれらの株式がすべて普通株式であることを表明し保証する。
2. 甲は、乙の所有する本件株式を金●円にて乙より買い取る意向を有し、乙はこれを了承する。
3. 丙は、最終契約の締結までに、前項の株式譲渡につき、取締役会の承認を得るものとする。

第2条(丙の役員及び従業員[b]) 【Bランク】
1. 丙の代表取締役である乙は、最終契約締結と同時に丙の代表取締役及び取締役を退任するものとし、丙が乙に対して退職慰労金●円を支払

---

a 本サンプル契約では、乙が丙の代表取締役であり、100%株主であるというケースを想定しています。
b 予防法務の観点からは、対象会社の役員及び従業員の処遇は、最終契約締結前に決めておくことが望ましいといえます。

うものとし、甲はこれに同意する。
2．丙の取締役［AAA］と［BBB］は、最終契約締結と同時に退任するものとし、丙は退職金規程に従い、それぞれ［AAA］に●円、［BBB］に●円の退職金を支払うものとし、甲はこれに同意する。
3．丙は、最終契約までに、［AAA］と［BBB］から、前項に定める退任の了承を得ておくものとする。
4．甲は、乙が第1項に基づき退任した後、乙を丙顧問に採用し1ヶ月金●円の顧問料を支払うものとし、顧問就任期間は最低［5］年とする。
5．甲は、最終契約締結後も、本合意書締結日現在の丙の従業員について最終契約締結前と同一の条件で雇用を継続するものとする。

第3条（表明保証[c]）　　　　　　　　　　　　　　　　　　【Aランク】
乙及び丙は、本合意書締結日において、以下の各号に規定する事項について表明し、保証する。
　（1）丙の株式について、いかなる第三者もストックオプション、新株予約権、その他の方法で、丙の株式を取得する権利を有しない。
　（2）甲に提出した丙の財務諸表の内容が真実かつ適正であることを保証するとともに、丙の貸借対照表に計上されていない保証債務等、簿外の債務は存在しない。
　（3）平成●年●月末日以降[d]、丙の財務又は資産の状況、経営成績等に重大な悪影響を及ぼすおそれのある事由が生じていない。
　（4）丙は、その従業員に対して、未払いの賃料、時間外手当、社会保険料等の労働契約に関する債務を負っていない。
　（5）丙は、第三者の特許権、実用新案権、商標権、意匠権、著作権

---

[c]　買主にとっては、売主及び対象会社からの表明保証があれば有利といえますが、基本合意書の段階では、表明保証をさせることまではしないケースも少なくありません。

[d]　本合意書締結日以降の時点においても、対象会社の財務状況等に影響を与えるような潜在債務等がないことを約束させるための規定です。

等を侵害していない。
(6) 丙は、第三者から訴訟その他のクレーム等を受けておらず、また、合理的に予見される範囲内での紛争も存在しないため、丙に帰属する可能性のある重大な債務が存在しない。
(7) 乙及び丙は、現在、暴力団、暴力団員、暴力団員でなくなったときから5年を経過しない者、暴力団準構成員、暴力団関係企業、総会屋等、社会運動標ぼうゴロ又は特殊知能暴力集団等、その他これらに準ずる者（以下、これらを「暴力団員等」という。）に該当しないこと、及び将来にわたって以下のいずれか一にも該当しないこと。
① 暴力団員等が経営を支配していると認められる関係を有すること
② 暴力団員等が経営に実質的に関与していると認められる関係を有すること
③ 自己、自社若しくは第三者の不正の利益を図る目的又は第三者に損害を加える目的をもってするなど、不当に暴力団員等を利用していると認められる関係を有すること
④ 暴力団員等に対して資金等を提供し、又は便宜を供与するなどの関与をしていると認められる関係を有すること
⑤ 役員又は経営に実質的に関与している者が暴力団員等と社会的に非難されるべき関係を有すること

第4条（調査の実施及び協力[e]）　　　　　　　　　　　　　　　【Bランク】
甲は、本件取引を遂行してよいか否かの判断をするため、本合意書の締結後［2］ヶ月以内において、甲及びその選任する弁護士、公認会計士並びにその他のアドバイザー等が、丙に関する以下の各号に規定する事項を調査（以下「本件調査」とする。）するものとし、乙は、甲による本件調査の実施が可能となるよう必要な協力をする。

---

[e] 最終契約締結に向けた調査への協力義務についても規定しておきましょう。

(1) 会計処理、財務内容、将来の収益見通し等
(2) 経営管理、営業活動、技術開発力、設備の保全・稼働状況等
(3) 第三者との重要な契約関係、株式の帰属、不動産の利用・権利状況、労務関係、知財・著作権関係、係争事件の有無、汚染等の環境リスク等

第5条（費用負担[f]）　　　　　　　　　　　　　　　　　【Cランク】
本合意書に定める事項を実施するために要する費用はそれぞれ各自の負担とする。ただし、前条に定める本件調査に要する費用は、すべて甲の負担とする。

第6条（誓約[g]）　　　　　　　　　　　　　　　　　　【Bランク】
丙は、最終契約の締結日までの間下記の事項を行わず、その財産状態並びに損益状況を大幅に変化させないことを誓約する。ただし、甲及び乙が書面で合意するものについてはこの限りではない。
(1) 増減資、新株予約権の発行
(2) 新規借入、新規投融資、担保権の設定
(3) 重要財産の売却又は購入
(4) 従業員の賃金・給与の水準の大幅な変更
(5) 重要な顧客との取引条件の変更

第7条（誠実交渉義務）　　　　　　　　　　　　　　　　【Cランク】
甲及び乙は、平成●年●月●日（以下「本件期日」という。）までに、本件取引に関して、最終契約を締結すべく誠実に努力するものとする。

第8条（独占交渉権[h]）　　　　　　　　　　　　　　　【Aランク】

---

f　各費用について、誰が負担するか明記しておきましょう。
g　本合意書締結後、最終契約締結までの間において相手方に一定の事項を禁止させる場合、誓約条項を規定しましょう。

*Part 3*
契約交渉開始後から契約締結までの対応（予防法務）

本合意書締結日より最終契約締結までの間、乙は、乙及び丙が甲以外の第三者との間で、乙の有する丙の発行済株式の売却、丙の行う増資の引受け、及び丙と第三者との合併等、丙の経営権が変更される取引につき、一切の情報交換、交渉、合意、契約を行わず、また、丙に行わせないものとする。

第9条（契約期間）　　　　　　　　　　　　　　　　　【Bランク】
本件期日までに、最終契約が締結できない場合は、本合意書は失効する。ただし、当事者間で別途書面による合意がなされた場合は、それに従う。

第10条（終了事由）　　　　　　　　　　　　　　　　【Bランク】
1．甲は、乙又は丙が本合意書に定める事項に違反した場合は、乙又は丙に対する通知催告等を要せず、直ちに本合意書を解除することができるものとする。
2．甲は、理由の如何を問わず、甲乙間で最終契約を締結する可能性がなくなったときは、乙及び丙に対して本合意書の解約を書面により通知することにより、いつでも本合意書を解除することができるものとする。

第11条（秘密保持義務[i]）　　　　　　　　　　　　　【Cランク】
1．平成●年●月●日付で甲が差し入れた秘密保持契約は、本合意書の発効後も有効であることを確認する。
2．乙及び丙は、本合意書の締結及びその内容、本件取引に向けて取得した甲の情報は、下記のものを除いて、秘密情報として第三者に開示しない。

---

h　買主（甲）の立場からは、最終契約締結までの間、できる限り売主及び対象会社との独占交渉権を規定するようにしましょう。
i　基本合意書を締結するような重要案件においては、基本合意書とは別に秘密保持契約を締結することが一般的です。

(1) 開示された時点で、既に公知となっていたもの
(2) 開示された後で、自らの責に帰すべき事由によらず公知となっていたもの
(3) 開示された時点で、既に自ら適法に保有していたもの
(4) 正当な権限を有する第三者から開示されたもの
3．前項にかかわらず、最終契約を締結するために必要不可欠な範囲内で、取締役等に開示する場合は除く。

第12条（拘束性）　　　　　　　　　　　　　　　　　　　【Aランク】
甲及び乙は、本合意書締結により最終契約を締結すべく、誠実に努力することを合意するが、最終契約締結を強制されるものではない[j]ことを確認する。

第13条（準拠法及び裁判管轄）　　　　　　　　　　　　　【Cランク】
1．本合意書の準拠法は日本法とする。
2．本合意書に関する紛争等について協議により解決することができない場合、［東京］地方裁判所を第一審の専属的合意管轄裁判所[k]とするものとする。

第14条（協議条項[l]）　　　　　　　　　　　　　　　　　【Cランク】
本合意書に記載のない事項又は本合意書の内容に疑義が生じた場合の取り扱いについて、甲及び乙は、誠実に協議し、その解決を図るものとする。

---

[j] 住友信託銀行vs旧UFJ事件を踏まえ、基本合意書の法的拘束力の有無は明記することが望ましいといえます。なお、本サンプル契約とは異なり、手付を規定しておき、解約する場合には、手付放棄、手付倍返しを要件とする旨規定することにより、拘束力を与えるタイプの契約もあります。

[k] 「専属的」という文言を入れるようにしましょう。

[l] 精神的な条項ですが、トラブルが生じた場合に、本条項を根拠に修正を提案しやすくなるため、可能であれば規定しておきましょう。

*Part 3*
契約交渉開始後から契約締結までの対応（予防法務）

　本合意の成立を証するため本合意書を3通作成し、甲乙丙各記名押印の上、各1通を保有する。

平成　　年　　月　　日

　　　　　　　　　　　　　　　　　［所在地］　　〇〇〇〇
　　　　　　　　　　　　　甲 [m]　［会社名］　XXX株式会社
　　　　　　　　　　　　　　　　　［代表者氏名］●●●●


　　　　　　　　　　　　　　　　　［住所］　　　〇〇〇〇
　　　　　　　　　　　　　乙

　　　　　　　　　　　　　　　　　［氏名］　　　●●●●


　　　　　　　　　　　　　　　　　［所在地］　　〇〇〇〇
　　　　　　　　　　　　　丙　　　［会社名］　　ZZZ株式会社
　　　　　　　　　　　　　　　　　［代表者氏名］●●●●

## ア　基本的な契約条件（第1条）……【Aランク】

　基本合意書では、基本的な契約条件として、通常、買収対象や買収ストラクチャーの種類、買収金額等が規定されます。

　買収対象は、基本合意書の段階では、その中核となる事業や資産については決まっていても、それ以外の事業や資産については詳細が詰められていないこともあります。また、買収ストラクチャーについては、1つに絞らず複数のスキームを併記することがあります。買収金額については、その後行われるDDの結果により調整される可能性もあることから、一定の幅のある概算金額が示されることが多く、数字ではなく算定の考え方のみ示すこともあります。

　これらの事項については、基本合意書締結後に変更・修正される可能性があることから、法的拘束力は持たせないことがあります。

---

m　最後に当事者が入れ替わっていないか確認しましょう。

### イ　対象会社役員の処遇（第2条）……【Bランク】

実務上、対象会社役員の処遇は、最終契約締結前後の段階においても問題となることが少なくないことから、可能であれば基本合意書締結段階において、基本的な方針を盛り込んでおくことが望ましいといえます。

### ウ　表明保証（第3条）……【Aランク】

表明保証とは、一方当事者が相手方当事者に対して、一定の時点において、一定の事項が正確かつ真実であることを表明し、保証することをいいます。民法上の瑕疵担保責任のように法定責任ではなく、あくまで当事者間の合意に基づく契約上の取り決めですので、その内容・効果については契約書で明確に定めるべきといえます。

表明保証の機能としては、表明保証の内容が取引実行の前提条件となっていれば、その違反は取引の中止事由となり、取引条件の再交渉を促すこととなります。また、表明保証違反は損害賠償の対象となることが一般的であり、金銭的救済によって譲渡価格の正当性を確保する機能も有しています。さらに、表明保証違反を解除事由として規定しておき、取引の解除を求めるといった方法も考えられます。

なお、一般に、買主としては売主及び対象会社による表明保証の範囲をできる限り広げようとする一方、売主としては、できる限り表明保証の範囲を狭くしようとする傾向があります。そのため、実際にどのような内容の表明保証条項が締結されるかは、当事者間の交渉・力関係によるところが大といえます。表明保証の範囲を限定するための工夫として、個別の表明保証事項についても<u>重要性を要求することで範囲を限定したり、「知る限り」「知り得る限り」といった文言を付して当事者の認識による限定を付したりする</u>ことが行われています。

### エ　調査の実施及び協力義務（第4条）……【Bランク】

基本合意書は、通常、対象会社に対するリスクの有無の一切を調査するプロセスであるDDの開始前に締結されるものであるため、その後のDDへの協力義務が規定されるのが一般的です。

買主としては、限られた時間及び費用の下でDDを行う以上、効率的にこれを行うことを希望するのが当然ですが、そのためには、売主及び対象会社の協力が不可欠です。そこで、基本合意書においても、売主が買主によるDDに自ら協力し又は対象会社をして協力させる義務を規定する場合があります。もっとも、売主が案件の中止を決めたような場合にまでDDのための情報開示等、協力義務を定めることは不合理であることから、<u>DDへの協力義務については法的拘束力を持たせないことが一般的</u>です。

### オ　費用負担（第5条）……【Cランク】

DDや契約交渉等に関連して、弁護士、公認会計士、その他のアドバイザリー報酬を含め、各種の費用が発生するため、基本合意書では、これらの費用の分担方法を定めることが多いといえます。かかる費用分担については、後日の紛争を回避すべく、あらかじめ法的拘束力を持たせる形で規定することがあります。

### カ　誓約（第6条）……【Bランク】

**誓約条項**とは、最終契約に付随・関連して、各当事者が、相手方当事者に対して、一定の行為をなすこと、又はなさないことを約束し、当事者間の義務を定めるものをいいます。誓約は、英米の契約実務から取り入れられたものであり、"covenants"（コベナンツ）とよばれています。

基本合意書において誓約条項を規定する目的は、最終契約締結の是非を判断すべく、基本合意書締結以降に対象会社の資産状況等に変更を加えることを制約する旨の付随的な義務を規定することにあります。

### キ　誠実交渉義務（第7条）……【Cランク】

**誠実交渉義務**とは、基本合意書の締結後に最終契約締結に向けて当事者が誠実に交渉する義務を負う旨の条項をいいます。

誠実交渉義務が規定されていない場合であっても、基本合意書を締結したにもかかわらず、相手方当事者が対象案件において誠実に交渉を行わない場合は、契約締結上の過失や不法行為理論に基づき相手方に対し損害賠償を請求す

る余地がありますが、誠実交渉義務を明確に規定することによって、よりこれらの責任を追及しやすくなるものと思われます。

### ク 独占交渉権（第8条）……【Aランク】

最終契約締結を検討するには相応の費用と時間がかかりますが、多大な費用と時間を投下した時点で交渉を打ち切られた場合には、打ち切られた当事者としては不測の損害を被ることになります。かかる不測の事態に備えるべく、基本合意書には法的拘束力を持たせた独占交渉権が規定されることがあります。

独占交渉権が認められるかどうかは両当事者の力関係次第といえますが、たとえば、買主が売主にとって相当好条件の真摯な提案を行っており、売主としてもこの買主を逃がしたくないと考えているような場合であれば、独占交渉権を付与した上で交渉を続けるという判断を売主が行う可能性が高いといえます。もっとも、その場合であっても売主としては可能な限り独占交渉期間を短くすることを希望することが自然であり、その期間は3ヶ月から6ヶ月程度にとどまることが多いと思われます。

---

**Column** | 長期間の独占交渉期間と例外（Fiduciary Out）

長期間の独占交渉期間を設定する場合、売主としては他の買主候補への売却機会を逸してしまうリスクがあることから、独占交渉権に対する例外として、Fiduciary Out条項を設けることを希望することがあります。

Fiduciary Outとは、買主よりも高い買収対価を提示する第三者が現れた場合に、当該第三者との取引を進めるために対象会社の取締役会に対して認められる、買主との買収契約を解除する権利をいいます。これは、米国判例法上、対象会社が自社の株式を売りに出したら、当該対象会社の取締役会は、合理的に得られる最高の価格で会社を売却しなければならないという善管注意義務（Fiduciary Duty）を負うため、買主以外の第三者からのより良い条件での買収提案を排除するような契約を締結する権限を持たないことに由来しています。

> Fiduciary Out条項を規定する場合には、売主による安易な解除を抑止すべく、Fiduciary Out条項を適用して取引から離脱するに際して売主が買主に対して一定の金銭（Break-up Fee）を支払う義務を定める場合もあります。

### ケ　有効期間（第9条）……【Bランク】

　有効期間は、一般的には、DD、契約交渉を経て、最終契約を締結するに至るまでの交渉期間を想定し、それに多少余裕を持たせた期間となります。独占交渉権を規定する場合には、独占交渉期間との整合性も持たせる必要があります。

### コ　終了事由（第10条）……【Bランク】

　買主の立場からは、本合意書の有効期間前であっても、売主又は対象会社に表明保証違反や誓約違反があった場合には、最終契約締結に向けた交渉を打ち切ることができるよう、別途終了事由を規定しておくことが望ましいといえます。

### サ　秘密保持条項（第11条）……【Cランク】

　秘密保持契約が既に締結されていれば、別途基本合意書において秘密保持条項を設ける必要はありません。もっとも、基本合意書締結の事実自体を秘密にしておきたい場合に、基本合意書締結の事実を秘密保持契約における秘密情報の範囲に追加する場合もあります。かかる秘密保持条項については、性質上、法的拘束力を持たせることが一般的です。

### シ　法的拘束力（第12条）……【Aランク】

　<u>基本合意書は、最終契約を締結する義務がないという意味で法的拘束力を有しないとされるのが通常</u>です。

　**住友信託銀行 vs UFJホールディングスほか2社（旧UFJ 3社）事件**以降、基本合意書に法的拘束力の有無を明記することが一般的となっています。また、別途違約金の定めを入れることも検討する場合もあります。

### ス　準拠法及び管轄（第13条）……【Cランク】

日本企業同士のM&A案件等であれば、法的拘束力を有する部分については、日本法を準拠法とし、東京地方裁判所等の特定の裁判所を管轄とする旨の規定があれば十分ですが、外国企業と基本合意書を締結する場合には、当該外国企業が基本合意書に違反した場合に、どのような法的措置がとれるかどうかも念頭に入れて準拠法及び管轄を規定する必要があります。

### セ　誠実協議条項（第14条）……【Cランク】

誠実協議条項は、いわゆる精神条項であり、一種の気休めにすぎないともいえます。もっとも、契約書に規定していない事項についてトラブルが生じた場合、契約書の文言の解釈を巡って争いが生じる場合と異なり、交渉の直接の手がかりとなる条項自体が存在しないため、誠実協議条項を根拠に交渉をスタートするケースもあり、規定しておいて損はないといえます。

## Section 3
# 弁護士の役割

### 契約交渉開始後：弁護士の役割

- 「取ってはいけない法的リスク」の再検討
- 「取った上でコントロールする法的リスク」への対応
  - （1）「契約締結上の過失」に係るリスクのコントロール
  - （2）秘密漏洩のリスクのコントロール
  - （3）最終契約締結に係るリスクのコントロール

Part 3
契約交渉開始後から契約締結までの対応(予防法務)

# 1 「取ってはいけない法的リスク」の再検討

　取引相手との交渉開始に伴い、契約準備段階における「前提事実」が変更される可能性があり、契約準備段階に外部弁護士が提供したリーガルオピニオンの射程が及ばなくなったり、当初想定していなかった新たな法的リスクが顕在化したりする可能性があります。

　その場合、外部弁護士は、変更後の「前提事実」を踏まえて、「取ってはいけない法的リスク」を再検討し、リーガルオピニオンを提供し直す必要がありえます。

# 2 「取った上でコントロールする法的リスク」への対応

## (1) 「契約締結上の過失」に係るリスクのコントロール

　取引相手との交渉経過の管理は主に依頼企業の案件推進部署又は法務担当者が行っているため、外部弁護士は、基本的には当該交渉過程には直接関与することはありません。

　もっとも、交渉過程にトラブルが生じ、相手方当事者から契約締結に係る期待を害された等のクレームが寄せられた場合、「契約締結上の過失」の有無に関するリーガルオピニオンの提供を求められる場合がありえます。

## (2) 秘密漏洩のリスクのコントロール

　企業間の取引において、秘密保持契約書は最も頻繁に取り交わされる契約書の一つであり、法務担当者限りで作成されることが少なくありません。もっとも、大型M&A案件など、案件によっては秘密保持契約書のドラフトも含めたパッケージで外部弁護士に依頼されるケースもあります。その場合、外部弁護士は、法務担当者又は案件推進部署に対して、案件の目的や経緯等、事実関係をヒアリングするとともに、秘密保持義務を負う主体や「秘密情報」の範囲、有効期間等について照会する必要があります。

なお、秘密保持契約書をドラフトする際の留意事項については、96頁以下をご参照ください。

### (3) 最終契約締結に係るリスクのコントロール

基本合意書は大型M&A案件等、交渉に長期間を要する案件において締結されることが多いことから、秘密保持契約書と異なり、基本合意書の作成も含めてパッケージで外部弁護士に依頼するケースも少なくありません。その場合、外部弁護士は、法務担当者又は案件推進部署に対して、案件の目的や経緯等、事実関係をヒアリングするとともに、独占交渉義務の有無や最終契約締結に関する法的拘束力の有無、表明保証や誓約事項の内容等について協議の上、内容を規定する必要があります。

なお、基本合意書に規定する各条項の主な留意事項については、108頁以下をご参照ください。

## Section 4
# 各論　各契約類型の留意点

| 契約類型 | 紛争発生の予兆に関する留意点 |
|---|---|
| 売買契約 | ・秘密保持契約の締結<br>・基本合意書の締結<br>・チェンジ・オブ・コントロール条項 |
| 金銭消費貸借契約 | ・諾成的消費貸借契約<br>・金銭消費貸借契約における契約締結上の過失 |
| 不動産売買・賃貸借契約 | ・不動産賃貸借契約における契約締結上の過失 |
| ソフトウェア開発委託契約 | ・秘密保持契約の締結 |
| 労働契約 | ・労働契約における契約締結上の過失 |

Part 3
契約交渉開始後から契約締結までの対応（予防法務）

# 1　売買契約

　売買契約においては、売買の目的となる製品・サービスの種類・取引金額によって、秘密保持契約又は基本合意書等の締結の必要性が大きく異なります。

　たとえば、対象会社の支配権取得を目的とした株式譲渡契約を締結しようとする場合、当該契約は株式を目的物とする売買契約に分類することができます。かかる株式譲渡契約（株式売買契約）を締結しようとする場合、売主（対象会社株主）及び対象会社との間で相当の長期間にわたって交渉が継続し、相互に企業機密を取り交わすことが予想され、秘密保持契約を締結する必要性が高いといえます。また、交渉が長期間重ねられたにもかかわらず、最終的に株式譲渡契約が締結されなかった場合に生じ得る不利益を防止すべく、基本合意書も締結されることが一般的です。

　なお、株式譲渡契約が無事に締結されたとしても、対象会社が締結している契約書中にチェンジ・オブ・コントロール条項（支配株主の変更等が生じたことを、契約の解除事由等とする旨の条項）が規定されている場合、当該株式譲渡契約の履行（クロージング）が困難となります。したがって、<u>売主との交渉開始後早期に対象会社が締結している重要な契約においてチェンジ・オブ・コントロール条項がないか確認すること</u>が望ましいといえます。

# 2　金銭消費貸借契約

　借主にとって、金銭消費貸借契約が有効に成立し融資を受けられるかどうかは重大な問題であり、無事に融資が受けられなかった場合、借主が予定していた事業計画はもとより、企業経営に対しても悪影響を及ぼすことは避けられません。また、貸主との交渉中においても、借主は融資を前提として第三者との間で別途契約を交渉・締結する場合があり、たとえば、工場建設資金であれば、工場用地購入のための不動産売買契約や建設業者との請負契約締結交渉・締結が行われることもありえます。

　そのため、金銭消費貸借契約は、本来は要件事実として金銭の授受が必要と

される要物契約ですが、判例上、貸主と借主との口頭での合意をもって消費貸借契約の成立が認められています（**諾成的消費貸借契約**、最高裁昭和48年3月16日判決）。諾成的消費貸借契約が成立したにもかかわらず、貸主が借主に対して融資を行わなかった場合、借主は貸主に対して、「貸付をなすべき債務」及び「金員給付義務」違反について履行遅滞責任を追及することが可能となります。

　もっとも、<u>諾成的消費貸借契約が成立したとは認められない場合であっても、借主は別途貸主に対して契約締結上の過失に基づく不法行為責任を追及する余地があります</u>（鳥取地裁平成25年2月14日判決）。

　したがって、貸主が契約締結準備段階において、借主に対して口頭で融資を約束していながら不当に金銭消費貸借契約の締結を拒絶した場合、諾成消費貸借契約又は契約締結上の過失に基づく責任が問題となりえます。

## 3　不動産売買・賃貸借契約

　不動産賃貸借契約は諾成契約であり、契約書を締結しなくても、口頭の合意だけでも成立します。もっとも、実務上、不動産賃貸借契約においては契約書が作成されるのが通常であり、契約書を取り交わさずに口頭の合意のみで不動産賃貸借契約が締結されるのは当事者間に特別な関係がある場合などに限られること、また、宅建業者が仲介する場合には宅建業法37条書面として不動産賃貸借契約書が取り交わされることが一般的であること等から、<u>特段の事情がない限り、通常は口頭の合意だけで不動産賃貸借契約の成立は認められません</u>。

　もっとも、不動産賃貸借契約が成立するには至らない段階であっても、契約締結交渉が相当に進み、当事者間で契約成立に向けての強い期待が生じ、それが客観的にも相当と言えるような場合であれば、契約を破棄した一方当事者は、相手方当事者に対し、契約締結上の過失に基づき不法行為責任を負う場合があります（東京高裁平成20年1月31日判決参照）。

## 4　ソフトウェア開発委託契約

　ソフトウェア開発委託契約においては、受託者に委託者のインフラ・業務体

制に適したソフトウェアの開発をテーラーメードで委託するため、委託者から受託者に対して、委託者の社内インフラシステム等に係る仕様書・設計書等の機密情報を提供することが通常です。また、受託者から委託者に対しても、ソフトウェア開発に係る受託者独自のノウハウ等の機密情報を提供することが一般的です。

そのため、ソフトウェア開発委託契約においては、契約締結準備段階から委託者・受託者間でお互いの秘密情報を取り交わすことが通常であり、<u>他の契約類型以上に、ソフトウェア開発委託契約締結の前提として、秘密保持契約を締結する必要性が高い</u>といえます。

なお、秘密保持契約を締結する場合、秘密保持契約に違反した場合の制裁についても規定しておくべきといえますが、秘密保持義務に違反した場合の損害額の立証は困難であることから、あらかじめ一定の金額を損害賠償の予定として規定しておくことも一案です。

## 5　労働契約

労働契約の締結準備段階における契約締結上の過失が問題となった裁判例として、かなざわ総本舗事件（東京高裁昭和61年10月14日判決）があります。

**かなざわ総本舗事件**は、被告会社との間に雇用契約が確実に成立すると信じて勤務会社を退社したにもかかわらず、被告会社に入社を断られた原告が、被告会社に対し、債務不履行又は不法行為に基づく損害賠償を請求した事案です。結論として、裁判所は、労働契約締結準備段階であっても、当事者は誠実に相手方と交渉しなければならず、相手方が誤解し、契約が確実に成立するとの誤った認識の下に行動しようとし、その結果過大な損害を負担する結果を招く可能性があるような場合、当事者は、相手方の誤解を是正し、損害の発生を防止することに協力すべき信義誠実上の義務があり、この義務に違背したときには相手方に加えた損害を賠償すべき責任がある、と判示しました。

このように、<u>労働契約の締結準備段階においても、契約締結上の過失に基づく責任が生じうる</u>ため、雇用契約を締結しようとする場合は注意が必要です。

# 契約ドラフティング段階における留意点

## Section 1

### 総論

契約ドラフティング段階における留意点

要件事実論　　立証責任　　証拠の重要性

## 1 要件事実論

### （1）概要

契約交渉が順調に進み、契約締結段階に至ったとしても、将来の事情の変更等により、相手方当事者と紛争が生じる可能性は排除できません。不幸にして紛争に至った場合、最終的な解決方法は裁判となります。

そして、日本の民事訴訟における重要な考え方として、「要件事実論」を理解しておく必要があります。「**要件事実論**」とは、裁判において一定の法律効果を主張するためには、いずれの当事者が当該法律効果を生じさせる一定の法律要件に該当する具体的事実を主張し、立証する責任を負担するか、に関する考え方をいいます。かかる一定の法律要件に該当する具体的事実のことを「**要件事実**」といいます。

「要件事実論」の下では、要件事実の主張責任を負担する当事者が、裁判において当該要件事実の存在を主張・立証できない場合、当該要件事実は存在しないものとして扱われ、敗訴することとなります。したがって、要件事実の主

張・立証責任をどちらの当事者が負担するかは、訴訟の結果に直結する重要なポイントとなります。

そのため、各契約類型に応じた要件事実及びその証拠となる事項を契約書中に明確に規定することにより、当該契約の解釈を巡って将来紛争が生じた場合において、当該契約書は極めて有力な証拠として機能することとなります。

## (2) 要件事実論と契約書のドラフティング

以下、最もシンプルかつ典型的な契約類型の一つである売買契約を例にとって、契約書のドラフティングに際して要件事実論の考え方をどのように反映すべきか、簡単にご説明します。

買主が弁済期を過ぎても売買代金を支払ってくれず、売主が買主に対して売買代金支払請求訴訟を提起する場合、売主は、以下の要件事実を主張・立証する必要があります。

---
① 売主が買主との間で売買契約を締結したこと
② 目的物及び売買代金の特定
---

すなわち、「売主は、買主に対して、平成●年●月●日付売買契約に基づき、商品○○○○を代金●万円で売却した」旨の要件事実を主張し、当該要件事実を裏付ける証拠を提出して立証していくこととなります。そこで、売買契約書では、以下の内容の条項を規定することとなります。

---
第●条（商品の売買）
売主は、以下に定める商品（以下「本件商品」という。）を買主に対して1個●万円で売渡し、買主は、これを買い受けるものとする。
（商品名）○○○○
---

有効に作成された上記売買契約書が裁判において提出されれば、裁判所は、通常は、売主の売買代金支払請求に係る要件事実が立証されたものとして、売主の主張を認めることとなります。したがって、買主が何も反論せずにそのま

ま放置すると、買主は敗訴することとなります。

これに対して、買主からは、「売買代金の支払いは、買主が本件商品について検収を実施し、合格したと認めた場合に限られるところ、裁判の対象となっている商品については検収に合格していない」旨の抗弁を主張することが考えられます。かかる抗弁を主張する場合、買主は、以下の要件事実を主張・立証する必要があります。

---

① 当事者間で、買主による検収に合格した商品についてのみ売買代金を支払う旨の合意をしたこと
② 本件商品は、買主による検収に合格していないこと

---

買主は、かかる検収の抗弁を主張する場合、あらかじめ売買契約書に以下の条項を規定しておくことが望ましいといえます。

---

第●条（検収）
買主は、本件商品受領後、速やかにこれを検査し、検査に合格した場合はその旨を証する書面を売主に対して交付し、本件商品の瑕疵、数量不足、数量過剰、品目違い等を発見したときは、直ちに売主に書面で申し出るものとし（以下「検収」という。）、買主は、検収に合格した本件商品についてのみ、第●条に規定する売買代金を売主に対して支払うものとする。

---

買主からかかる検収の抗弁が主張され、上記条項が規定された売買契約書が裁判において提出された場合、本当に本件商品について買主による検収に合格していないかが争点となり、売主による売買代金支払請求は直ちには認められないこととなります。

そこで、売主としては、買主から検収の抗弁が主張される場合に備えて、あらかじめ売買契約書に買主がいつまでに検収を終えなければならないかを規定しておき、買主の主張は当該検収期間経過後になされたものであるから成立しない旨再反論することが考えられます。その場合、売買契約書には、たとえば以下の内容の条項を規定することとなります。

> 第●条（検収）
> 買主は、本件商品受領後、速やかにこれを検査し、検査に合格した場合はその旨を証する書面を売主に対して交付し、本件商品の瑕疵、数量不足、数量過剰、品目違い等を発見したときは、直ちに売主に書面で申し出るものとし（以下「検収」という。）、買主は、検収に合格した本件商品についてのみ、第●条に規定する売買代金を売主に対して支払うものとする。<u>ただし、買主は検収を本件商品受領後14日以内に完了させるものとし、買主が当該期間内に検収を完了しない場合は、売主は、当該期間の満了時に検収に合格したものとみなすことができる。</u>

　上記但書が売買契約書に規定されていれば、売主は、本件商品の引渡しの事実と時期、検収合格の通知が引渡後14日以内になされていないことを立証することにより、買主の検収の抗弁に対して、「既に本件商品を買主に引き渡してから14日以上経過しており、売主は検収に合格したものとみなすことができるため、買主による検収の抗弁は成立しない」旨の反論が可能となります。

　このように、実際の訴訟においては、各当事者から要件事実の主張が飛び交い、当該要件事実を契約書等によって立証することとなります。したがって、あらかじめ当事者が主張するであろう要件事実を意識して契約書をドラフトすることにより、いざ訴訟となった場合に、有利に裁判を進めることが可能となります。さらに、契約書上、要件事実に関する条項を明確に規定しておくことにより、裁判にまで至らず、当事者間の話し合いによる和解等の解決を促すことにもつながるものといえます。

## 2　立証責任

　要件事実に沿った主張を行ったとしても、当該要件事実を立証することができなければ、訴訟上、当該要件事実は存在しないものとして扱われ、当該要件事実に基づく自己に有利な法律効果も生じないこととなり、敗訴することとな

ります。そのため、要件事実を主張する当事者は、当該事実の存在を立証する証拠を自ら探し集め、提出する必要があります。

このように、ある要件事実の存在を立証することができず、真偽不明である場合に、その事実を要件とする自己に有利な法律効果が認められないこととなる一方当事者の不利益のことを「**立証責任**」といいます。そして、「立証する」とは、当事者が自己に有利な証拠を提出することにより、裁判官に対して要件事実の存在を確信する状態にさせることをいいます。

したがって、訴訟においては、争点となっている法的論点に係る要件事実の分析とともに、当該要件事実を立証するに足る十分な証拠があるかが重要なポイントとなります。

## 3 証拠の重要性

要件事実論及び立証責任の下では、いかに自社が正しいと信じる主張を重ねたとしても、かかる主張が要件事実とは無関係な事実であれば、訴訟との関係では意味のない主張として扱われてしまいます。また、たとえ要件事実に該当する事実を主張したとしても、当該事実を裏付ける客観的な証拠がなければ、裁判においてはかかる事実は存在しないものとして扱われ、やはり敗訴することとなります。すなわち、裁判とは、「社会正義に照らして、どちらの当事者の主張が正しいか」を判断する場ではなく、「当事者から提出された証拠に照らして、どちらの当事者の主張する要件事実が認められるか」を判断する場といえます。

したがって、予防法務の観点からは、紛争が発生する前の段階から、いかに要件事実を十分に満たすだけの証拠を揃えておくかが重要となります。

### (1) 証拠の種類

それでは、裁判においては、いかなる資料が証拠となるのでしょうか。結論としては、およそ訴訟の対象となっている要件事実に関する一切の資料が証拠となり得ますが、大きくは、当事者や関係者から聞き取った内容に基づく人的証拠（「**人証**」）と、契約書やメモなど、物に基づく物的証拠（「**物証**」）とに分

類することができます。

### ア　人証

「人証」とは、訴訟の原告・被告となる当事者に対する当事者尋問、及び証人に対する証人尋問から得られた供述内容をいいます。

企業間の取引においては、人証は、物証に対する補完的な証拠にとどまるのが通常です。もっとも、決定的な物証がない場合や、契約書の解釈を巡って当事者の真意や規定の主旨等が問題となっている場合などにおいては、人証が重要な証拠となる場合もあります。

### イ　物証

「物証」とは、文書や物それ自体等、物による証拠をいいます。「物証」の中でも、裁判実務上、証拠として提出されることが多いのは、文書による証拠方法である「書証」となります。

書証には、契約書のみならず、取締役会議事録や株主総会議事録、各種帳簿書類、報告書、稟議書、メモ帳など、およそ一切の書面が含まれます。また、物理的な「紙」ベースの資料に限らず、メールやFAXでのやり取り等も書証に含まれますし、自らの備忘としてチラシの裏に走り書きした手書メモであっても立派な証拠となり得ます。

書証は、当事者の主観が混じってしまう人証と比べて客観性が高く、虚偽が混入する可能性が低いことから、証明力（証拠としての価値）が高く評価される傾向にあります。また、書証の中でも、紛争が生じる前から作成されていた契約書や覚書、紛争とは無関係に定期的に作成されていた業務日誌や業務記録等は、とくに有力な証拠として認められやすいといえます。

## （2）契約書の重要性

争点となっている要件事実に関する一切の資料が証拠となり得ますが、企業間の取引において最も強い証拠力が認められるのは、やはり契約書です。

契約書には、契約締結に至るまでの当事者間の交渉の結果が各条項の文言に規定されており、当事者間の合意内容等が明確化されているだけでなく、当該

合意がなされた日付が記載され、当事者双方の記名又は署名及び代表者印が押印されているのが通常です。そして、会社の代表者印は、通常は厳格に保管されており、決済権限を有する代表者以外は自由に押印することができないことから、当事者双方の署名権限を有する者による署名押印がなされた契約書が存在すれば、裁判官は、「当事者双方が適法に契約書を作成し、契約書の作成日付時点において、当該契約書に記載された内容の合意が存在した」と判断することとなります。

したがって、契約書ドラフト段階では、契約書の証拠としての重要性に十分に配慮し、各契約類型の留意事項を踏まえ、文字通り一字一句に細心の注意を払ってドラフトする必要があります。

また、契約自由の原則の下、原則として、当事者間で合意すれば、法令以上の有利な条件を設定することが認められています（**契約内容の自由の原則**）。そのため、契約書をドラフティングする際には、法令を逸脱しない範囲で、できる限り自社に有利な内容の条項を盛り込むことが望ましいといえます。

さらに、契約書において、物的担保や人的担保を設定することによって債権回収の可能性を高めたり、強制執行認諾約款付公正証書の作成義務を盛り込むことによって、債権回収に係るリスクを低減することも考えられます。

## （3）交渉過程におけるやり取りの証拠化

書証として最も証拠価値が高いのは契約書ですが、当事者間の交渉力の優劣等によっては、契約書を取り交わすことができない場合もあります。

しかしながら、<u>契約書はあくまで証拠の中の一つに過ぎず、メールであろうと発注書・注文書であろうと、「いつ」「どこで」「誰が」「誰に対して」「何を」「どのようにして」「いくらで」提供するかが明確になっていれば、立派な証拠として認められることとなります</u>。

とくに、メールの場合、送信日時・送信者・受信者が明確に記載されることから、相手方当事者からの返信があれば、契約の申込みと承諾の意思表示も表れているものとして、実質的に契約書に準ずる証拠価値が認められる可能性があります。ただし、メールでのやり取りの場合、相手方当事者から返信がない場合、そのままでは相手方当事者の承諾の意思表示の確認が困難であることか

ら、別途、相手方当事者の担当者に架電し、通話記録を残す等の方法と併用する場合もあります。

　また、発注書・注文書は、基本的には当事者の一方が相手方に対して差し入れる書面であり、相手方の承諾の意思表示が明確ではないことから、別途、発注書・注文書と同内容を記載したメールを送信したり、相手方に架電してその通話記録を残す等の方法と併用して証拠価値を高める場合があります。

　このように、契約書以外にも、当事者間の交渉過程におけるやり取りをもって証拠とすることも可能ですが、裏を返せば、<u>不用意な交渉過程は、そのまま不利な証拠ともなりうる</u>ことに十分に注意する必要があります。

## Section 2
# 法務担当者の役割

### 契約ドラフティング段階：法務担当者の役割

- 要件事実の取り込み
- 強制執行可能性の取り込み
- 「雛形」の活用
- 契約チェックリストの活用

## 1　要件事実の取り込み

　要件事実論及び立証責任の下では、契約書の解釈等を巡って将来紛争が生じた場合、各当事者から要件事実の主張が飛び交い、当該要件事実を契約書等の

証拠によって立証することとなります。

したがって、契約書のドラフトを担当する法務担当者としては、あらかじめ当事者が主張するであろう要件事実を明確に契約書に盛り込んで各条項をドラフトすることにより、いざ訴訟となった場合に、有利に裁判を進めることが可能となります。

## 2　強制執行可能性の取り込み

いかに契約書に要件事実を取り込み、自社に有利な証拠として機能するように作成したとしても、相手方が債務不履行に陥った場合には、契約書だけでは直ちに強制執行を行うことはできません。強制執行できるようにするためには債務名義が必要となるところ、**債務名義**とは、判決、和解、執行認諾文言付公正証書など、裁判所執行官による強制執行を可能にするものをいいます（民事執行法22条各号）。そのため、将来紛争が生じた場合には、原則として訴えを提起し、勝訴判決を得た後に強制執行手続を経る必要があり、債権回収等、最終的な解決まで時間を要するとともに、その間に債務者の財産状況が悪化した場合には結局一円も回収できなかった、という結果となりかねません。

もっとも、強制執行認諾文言付公正証書がある場合には、裁判手続を経なくても直ちに強制執行することが可能となるため、債権回収までの期間を大幅に短縮することが可能となり、債務者の財産状況の悪化等による債権回収に係るリスクを低減することが可能となります。そのため、要件事実を取り込んだ契約書を作成するだけでなく、別途、公正証書を作成することにより、さらにリスクを低減することが可能となるといえます。

ただし、公正証書による強制執行が認められるのは金銭債権だけであり、物の引渡請求などについては認められません。また、金銭債権であっても、公正証書を作成しさえすれば強制執行ができるわけではなく、あくまで「強制執行認諾文言付」公正証書であることが必要である点には注意が必要です。すなわち、公正証書中に、債務者が直ちに強制執行に服する旨の陳述が記載されていることが必要となります。

このように、裁判手続によらずに直ちに強制執行を可能とするためには、要

件事実を盛り込んだ契約書とは別に、強制執行認諾文言付公正証書を作成することが望ましいといえます。そこで、たとえば、以下の内容の条項を規定し、かかる**強制執行認諾文言付公正証書**の作成を契約書上で義務づけておくことにより、債権回収に係るリスクを契約書上も軽減することが可能となります。

---
第●条（公正証書の作成）
借入人は、貸付人の請求があるときは、いつでも公証人に委託して直ちに本契約による債務の証人並びに強制執行の認諾がある公正証書を作成するために自らの負担で必要な手続をとるものとする。

---

強制執行認諾文言付公正証書の作成義務を契約書に規定することができるかは当事者間の交渉力の優劣によるところも大きいですが、法務担当者としては契約書ドラフト段階において、**強制執行認諾文言付公正証書**の作成義務を契約書に取り込むことができないか、検討することが望ましいといえます。

## 3　「雛形」の活用

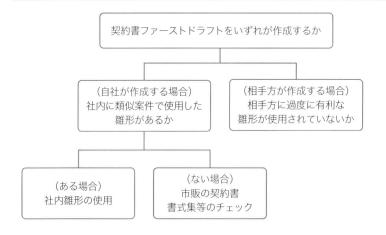

企業間の取引においては、定型的な契約については契約書の雛形を利用する場合が少なくありません。雛形を有効活用することにより、契約書のドラフトに要する時間及びコストを節約することが可能となるとともに、雛形は基本的に自社にとって有利な条項で構成・作成されていることから、相手方に提示するファーストドラフトとして有効なケースが多いといえます。

　これに対して、相手方が契約書のファーストドラフトを作成・提供する場合には、一見公平な内容に見えても、内容を詳細に分析すると相手方に過度に有利な条項がちりばめられているケースが少なくありません。

　したがって、<u>契約書のドラフトに際しては、まず契約書のファーストドラフトを自社・相手方いずれが作成するかを確認する必要があります。</u>

　そして、自社がファーストドラフトを作成する場合であれば、社内に類似案件で使用した先例（雛形）の有無を確認し、社内に雛形が存在しない場合は、市販の契約書書式集や、場合によってはインターネット上の書式集を調査し、ベースとなりうる契約書ドラフトの有無を確認することが一般的な流れとなります。

　ただし、契約締結の背景は千差万別であり、雛形が想定している状況にそのまま適合するケースは乏しく、基本的には雛形の条項を修正した上で使用する必要があることには十分に留意する必要があります。また、相手方との交渉次第で契約内容はいかようにでも変更されうることから、雛形に拘るあまり、取引の実態とかけ離れた契約書をドラフトしたり、「取ってはいけない法的リスク」を取ることがないよう注意する必要があります。

　さらに、市販の契約書書式集やインターネット上の書式集を使用する場合、いずれの当事者に有利な構成・条項となっているかが必ずしも判然としない場合があり、そのまま使用すると自社に不利な内容となる可能性があることや、いつの時点で作成された書式集であるか不明確であり、法改正等に対応していない可能性もあること、簡素な書式集では最低限の事項しか記載されておらず、それだけでは十分に契約締結の目的を達成できない場合も少なくないことに注意が必要です。

*Part 3*
契約交渉開始後から契約締結までの対応（予防法務）

> **Column** | 雛形と契約書のクオリティ

契約書雛形の利用に際してよくある誤解として、「契約書雛形をベースとする契約書は、0ベースで案件に即してテーラーメードで作成した契約書よりもクオリティが低いのではないか」というものがあります。

しかし、少なくとも社内先例としての雛形は、基本的に自社にとって最も有利な条項で構成されているとともに、当該企業が過去の類似の案件に際して交渉・締結してきた経験の集積でもあるのが通常です。

また、雛形によっては、外部弁護士にドラフト・レビューを依頼した上で作成されたものもあり、当該弁護士を通じて、他社事例も含めた専門的な知見を集積した契約書である場合もあります。

さらに、雛形によっては、相手方との交渉力の優劣等に応じて、主要な条項を適宜選択できるよう整理されたものもあり、法務担当者に頼らずとも、営業担当者限りで交渉に応じて柔軟に使用できるよう工夫されたものもあります。

これに対して、0ベースで案件ごとに作成される契約書は、参考となる契約書がないために逐一契約類型ごとの要件事実を確認する必要があるとともに、過去の実績に基づく知見が集積されておらず当該契約に係る法的リスクの検討が漏れている可能性もあるため、作成に際して多大なコストがかかる割に、先例として使用した実績がないため契約書として十分にその役割を発揮できるかは不明確な部分が少なからずあります。

したがって、**契約書雛形は、特定の案件限りで作成した契約書よりも洗練されており、かつ、柔軟な使用に耐えうる場合も多く、契約書としてのクオリティはむしろ高い**といえます。

ただし、雛形はあくまで叩き台ですので、雛形を盲信して安易に使用するのではなく、あくまで参考として使用するにとどめ、案件に応じて適宜修正しながら使用することが大切です。

## 4 契約チェックリストの活用

　法務担当者にて契約書をドラフトする場合、雛形の活用と併せて、一定のチェックリストを用意しておくと、契約書に必要な条項の漏れやケアレスミスを防ぐことができ、便宜です。

　一例として、契約類型が異なっていても共通して使用できる一般的なチェックリストを参考までに掲載しておきます。

【契約書チェックリスト】

① 当事者
  - ☐ 契約に係る権利義務者が全て契約書の当事者として規定されているか
  - ☐ 連帯保証人等、当事者に漏れがないか
  - ☐ 誰が誰に対してどのような権利を有し、又は義務を負うかが契約書上明確か
  - ☐ 署名捺印する者(部長等)に契約締結権限が社内規程上与えられているか

② 契約の重要性
  - ☐ 当該契約の戦略上の重要性・位置づけの確認
  - ☐ 秘密保持契約や基本合意書を締結する必要がないか
  - ☐ 取引額は概算月・年いくらか

③ 「取ってはいけない法的リスク」への対応
  - ☐ 想定される最大のリスク・最悪のシナリオはいかなるものか
  - ☐ リーガルチェックにより、契約の締結・履行に伴う法令リスク等は潰せているか
  - ☐ 契約類型に応じた要件事実を盛り込めているか

④ 「取った上でコントロールする法的リスク」への対応
  - ☐ リーガルチェックにより、契約の締結・履行に伴う契約リスク等

*Part 3*
契約交渉開始後から契約締結までの対応（予防法務）

　　　　は潰せているか
- [ ] 交渉結果の反映漏れがないか
- [ ] 法令に抵触しない範囲で自社にとって最大限有利な条項となるよう規定できているか

⑤ 条項の内容
- [ ] 対象製品・サービスが特定されているか
- [ ] 対価の額又は計算方法、及び支払期日等は明確か
- [ ] 対象製品・サービスの提供のプロセス及び対価の支払プロセスは明確か
- [ ] 危険負担は明確か
- [ ] 対象製品・サービスに瑕疵があった場合の対応
- [ ] 契約期間が適切か（自動更新条項の有無）
- [ ] 契約終了時の権利義務の確認（存続条項）

⑥ 社内手続の履践
- [ ] 社内稟議等、社内規程により契約締結に際して必要とされている手続を遵守しているか
- [ ] 社内手続を遵守するために必要十分なスケジュールが確保されているか

⑦ 形式面
- [ ] 甲乙など、当事者が正しく記載されているか（途中で逆に記載されていないか）
- [ ] 定義語が正確に統一して使用されているか
- [ ] 金額、支払日、引渡日などに誤記がないか
- [ ] 条項間に重複や矛盾がないか
- [ ] 引用条項に間違いがないか
- [ ] 「及び」「並びに」「又は」「若しくは」等、基本的な契約用語の使い方が間違っていないか
- [ ] 誤字脱字がないか
- [ ] 別紙の作成漏れ・添付漏れがないか
- [ ] 印紙税が必要か

## Section 3
## 弁護士の役割

> 契約ドラフティング段階：弁護士の役割

- 中立的な立場からの契約書ドラフト・レビュー

- 契約書ドラフト・レビューの依頼を受ける場合の留意点

- 契約書ドラフト・レビューにおけるテクニック

## 1　中立的な立場からの契約書ドラフト・レビュー

　外部弁護士は、法務担当者と異なりあくまで外部の第三者であるため、いかに法務担当者や案件推進部署等から案件の背景事情等をヒアリングしても、具体的な契約内容に係る決定事項の多くは会社のビジネスジャッジに属する事項といえ、最終的な決定権がないという意味では、外部弁護士によるアドバイスには一定の限界があります。

　もっとも、法務担当者は、会社内部の社員であるため、社内事情に精通している反面、経営陣の意向に反した意見を進言しにくい立場にあるといえます。そのため、中立的な立場にある外部弁護士としては、安易に「ビジネスジャッジだから」として判断を回避するのではなく、大局的な視点から契約書をドラフト・レビューし、真に依頼者に必要なアドバイスを提供することが望まれます。たとえば、製造業等の事業会社において、売買契約書の作成に際して、案件推進部署から法務担当者に対して、「本件商品は当社の今後のコア商品として打ち出しており、常務からも、『今回の取引は絶対に成功させるように』との指示をいただいている。契約締結に至ることはもちろんだが、当社のマーケッ

Part 3
契約交渉開始後から契約締結までの対応（予防法務）

トにおける優位性を確保するために、取引先がさらに第三者に転売する場合、その価格については、一個10万円で販売するよう契約で明確に規定して欲しい。」といった注文が入る場合があります。

　しかしながら、契約書でそのような条項を規定することは、取引先との力関係等によっては、独占禁止法上、禁止されている「再販売価格の維持」に抵触する可能性があります。もっとも、社員である法務担当者の立場からは、役員が関与するほどに案件が重要であればあるほど、自らの責任で案件にストップをかけることは相当の覚悟が求められ、法令違反の可能性を指摘すること自体が困難であったり、指摘したとしても役員まで説得しなければストップがかけられず、相当にハードルが高い場面がありえます。

　このような場面においてこそ、外部弁護士は、当該リスクは「取ってはいけない法的リスク」に該当しないか、該当するとして、契約書の条項を修正する必要がないか、中立的な立場から判断し、アドバイスを提供する必要があります。そして、ときに法務担当者に代わって、案件推進部署、場合によっては役員を説得する役割も担う必要があります。

　また、「取ってはいけない法的リスク」については処理できていても、過度に依頼者に有利な条項となっており、かえって訴訟リスクやレピュテーショナルリスク等の「取った上でコントロールする法的リスク」を誘発していないか、チェックする必要があります。

## 2　契約書ドラフト・レビューの依頼を受ける場合の留意点

　締結しようとしている契約書に類似した雛形が見つからない場合や、案件の重要性に鑑み、社内で契約書を作成することに相応の法的リスクが伴う場合等においては、外部弁護士に対して契約書のドラフト・レビューを依頼される場合があります。

　もっとも、契約書には、契約締結の目的・背景事情、相手方当事者との交渉力の優劣、契約に係る法的リスクの有無及び程度等を考慮した上で、最悪シナリオを想定し、当該リスクをコントロールする手段（危険負担、瑕疵担保責任、損害賠償条項、表明保証・誓約条項等）を盛り込む必要があります。

そのため、外部弁護士が契約書ドラフト・レビューの依頼を受けるに際して、抽象的に「当社の保有する資産をX社に10億円で売却するので、売買契約書が欲しい」としか伝えられなかったのでは、外部弁護士も当該契約に係る法的リスクの有無・程度等を十分に把握することができず、不十分な契約書しか作成できないおそれがあります。

したがって、外部弁護士が契約書のドラフト・レビューの依頼を受ける場合、窓口となっている法務担当者等を通じて、最低限、以下の事項を確認する必要があります。

## (1) 予定している取引の詳細

まず、依頼者が予定している取引の詳細について把握する必要があります。

契約書は、各当事者の合意内容を書面に盛り込んだものであるため、予定している取引の内容が曖昧であれば、契約書の規定ぶりも抽象的なものとならざるを得ず、また、取引の実態から外れた内容となるおそれもあります。そのため、正確な法的リスクの分析及び当該リスクに対処した契約書となるようドラフト・レビューするためには、依頼者と契約相手方の二者だけでなく、当該取引に関与する関連当事者・利害関係者についての情報も提供してもらう必要があるとともに、時系列に沿って取引に係る事実関係をできる限り詳細に確認する必要があります。

また、ドラフト・レビューすべき契約が、どの典型契約に該当するかを判断する上でも、予定している取引の詳細を把握する必要があります。たとえば、ソフトウェア開発委託契約等の業務委託契約においては、その実質が「請負」か「委任（準委任）」かによって、受託者の報酬債権の発生時期が大きく異なることになるため、いずれの契約類型に該当するか判断する必要があります。そして、契約がどの典型契約に該当するかは、契約書のタイトルではなく、契約書の各条項の内容に従って判断されることから、予定している取引の詳細を把握する必要があります。

なお、民法上、典型契約として、以下の13種類の契約類型が定められています。製造物供給契約等の混合契約においては、原材料の購入部分については売買契約の規定が、当該原材料を用いて製品を製造する部分には請負契約の規

定が適用されることになるなど、複数の典型契約の規定が適用される場合がありうることに注意が必要です。

【民法上の典型契約】

| 契約類型 | 特徴 |
| --- | --- |
| 贈与契約（民法549条〜） | ・物を無償で譲渡する契約 |
| 売買契約（民法555条〜） | ・一方が財産を移転し、他方がその対価を支払う契約 |
| 交換契約（民法586条） | ・物と物とを交換する契約 |
| 消費貸借契約（民法587条〜） | ・物を借用して消費し、同種同僚の物を返還する契約<br>・要物契約<br>・有償と無償の場合あり |
| 使用貸借契約（民法593条〜） | ・無償で物を借用し、返還する旨の契約<br>・要物契約 |
| 賃貸借契約（民法601条〜） | ・物件を使用する代わりに対価を支払う契約<br>・不動産を対象とする場合、借地借家法の適用あり |
| 雇用契約（民法623条〜） | ・被用者が使用者に対して労務を提供し、その対価を支払う契約<br>・労働契約法、労働基準法等の適用あり |
| 請負契約（民法632条〜） | ・報酬を受けて仕事の完成を約束する契約 |
| 委任契約（民法643条〜） | ・他人に事務処理を委託する契約<br>・請負契約とは、仕事の完成が目的か、事務処理の委託そのものが目的かで異なる |
| 寄託契約（民法657条〜） | ・物の保管を依頼し、その物の返還を約する契約<br>・要物契約 |
| 組合契約（民法667条〜） | ・複数の者が集まって事業を行うための契約 |
| 終身定期金契約（民法689条〜） | ・相手方が死亡するまでの間、一定の金銭等を相手方に提供することを約する契約 |
| 和解契約（民法695条〜） | ・協議による紛争解決のための契約 |

## (2) 依頼企業の資産規模や業態等

　また、予定している取引の背景情報として、依頼者の資産規模や業態、商流についても把握する必要があります。

　たとえば、依頼者の資産規模や取引の内容によっては下請法や、消費者契約法・特定商取引法等の適用を検討する必要が生じる場合もありえます。

　また、依頼者の業態や商流についても正確に把握しておかなければ、実態にそぐわない条項等が混入するおそれがあります。たとえば、契約書において検収条項を規定したとしても、当該企業において検収業務に従事する部門・担当者がそもそもいない場合もあり、実態と一致しない契約書になってしまう可能性があります。

## (3) 相手方当事者との交渉力の優劣

　契約書は当事者間の合意内容が反映された書面であるため、両当事者間の交渉力の優劣が如実に各条項の内容にも反映されます。

　そのため、外部弁護士が契約書をドラフト・レビューするに際して、依頼企業と相手方との交渉力の優劣についてできる限り正確に把握していないと、およそ相手方が受け入れることのできない条項が規定されかねず、交渉が長期化・難航するおそれ等、かえってトラブルを誘発する可能性があります。

　したがって、契約書のドラフト・レビューを行う前に、外部弁護士は法務担当者等から、できる限り正確に相手方との交渉力の優劣を確認する必要があります。

## 3　契約書のレベルアップ

　外部弁護士が契約書のドラフト・レビューを行うにあたり、法令リスク等の「取ってはいけない法的リスク」を契約書上も手当することはもちろんですが、それと同時に、契約書全体としてリスクとリターンのバランスが取れた内容となっているかチェックする必要があります。

　契約類型ごとに留意すべき具体的な条項は異なりますし、また、個別具体的

*Part 3*
契約交渉開始後から契約締結までの対応（予防法務）

な取引の内容・相手方との交渉力の優劣によってもそのポイントは異なりますが、契約書上の相互の権利義務関係のバランスを取り、内容のレベルアップを図る上で有効なテクニックとして、以下の8つが挙げられます。

【契約書ドラフト・レビューにおけるテクニック】

| No. | テクニック |
| --- | --- |
| ① | 「合理的」の追記 |
| ② | 「知る限り」の追記 |
| ③ | 「別途協議の上」の追記 |
| ④ | 「書面による通知により」の追記 |
| ⑤ | 損害賠償額の上限の設定 |
| ⑥ | 法的義務から努力義務へ |
| ⑦ | 片務的な義務から双務的な義務へ |
| ⑧ | 通知方法の明確化 |

## (1)「合理的」の追記

売買契約等において、

> 第●条（保証）
> 売主は、買主に対して、本件商品について、個別契約に定める性能、機能及び品質を有することを保証する。

といった保証条項が規定されることがあります。

この場合、少なくとも契約書の文言上は、売主は本件商品が個別契約に定める品質を100％有することを保証していることとなり、わずかでも品質が劣っていれば、当該保証条項に違反することになりかねません。

そこで、売主の立場からは、以下のように修正することが考えられます。

> 第●条（保証）
> 売主は、買主に対して、本件商品について、個別契約に定める性能、機能及び品質を合理的な範囲で有することを保証する。

このように、「合理的」の文言を追記することにより、わずかな品質のズレであれば、「合理的な範囲」内のズレであるとして、売主は保証条項違反とはならない旨主張することが可能となります。

もちろん、このような修正を加えた場合であっても、どこまでが「合理的」なのか、その意義が問題とはなりますが、当事者の義務についてある程度の幅を許容する際には、有用なテクニックといえます。

## （2）「知る限り」の追記

金銭消費貸借契約等において、

> 第●条（表明保証）
> 借主は、貸主に対して、本契約締結日及び貸付日において、本契約上の義務の履行に重大な影響を及ぼす訴訟・係争・簿外債務等も存在しないことを表明し、保証する。

といった表明保証条項が規定されることがあります。

貸主の立場からすれば、無限定に一定の事項を表明保証してもらうべきですが、借主の立場からすると、すべての事項について精査した上で表明保証することは困難な場合があることも否定できません。

そこで、表明保証の範囲を限定すべく、以下のように修正することが考えられます。

> 第●条（表明保証）
> 借主は、貸主に対して、借主の知る限り、本契約締結日及び貸付日において、本契約上の義務の履行に重大な影響を及ぼす訴訟・係争・簿外債務等

> も存在しないことを表明し、保証する。

　このように、「知る限り」の文言を追記することにより、表明保証の範囲を借主の知っている範囲に限定することが可能となります。ただし、事後的に表明した内容に齟齬があったことが判明した場合、借主が実際に知っていたかどうかが別途問題となりますので、完全に売主が免責されるわけではありませんので注意が必要です。

　また、応用として、「知り得る限り」「合理的に知り得る限り」の文言を追記する場合も考えられます。これらの場合、借主にとっては、「知る限り」よりも表明保証の範囲が広がってしまう（すなわち、限定としての効力は弱くなる）ことになりますが、貸主と借主の交渉力の優劣等に鑑み、バランスを取る際に「知る限り」ではなく、「知り得る限り」「合理的に知り得る限り」の文言を使用する場合もあります。

## (3)「別途協議の上」の追記

　ライセンス契約等において、

> 第●条（補償）
> ライセンシーは、本件商品に関して第三者から知的財産権侵害を理由とするクレームを受け、若しくは提訴されたときは、ライセンサーに対して何ら損害を与えず、ライセンシーの費用及び責任において解決するものとする。また、当該クレーム等に関してライセンサーに損害が生じた場合、ライセンシーは、ライセンサーに対して直ちに損害額を支払うものとする。

といった補償条項が規定される場合があります。

　基本的には、補償条項は当事者間の交渉力の優劣に応じて規定されることとなりますが、ライセンシーの立場からすれば、第三者からクレームが寄せられた場合、一切の例外の余地なく、常に自らの費用と責任でクレーム等を解決するとともに、損害をライセンサーに対して補償しなければならないというのはかなりの負担となります。

そこで、以下のように修正することが考えられます。

> 第●条（補償）
> ライセンシーは、本件商品に関して第三者から知的財産権侵害を理由とするクレームを受け、若しくは提訴されたときは、ライセンサーに対して何ら損害を与えず、<u>ライセンサーと別途協議の上</u>、解決するものとする。また、当該クレーム等に関してライセンサーに損害が生じた場合、ライセンシーは、<u>ライセンサーと別途協議の上</u>、ライセンサーに対して直ちに損害額を支払うものとする。

　ライセンシーが一次的に補償義務を負っているという本質的な内容に変更はありませんが、「別途協議の上」との文言を追記することにより、クレーム等の解決に際して、まず当事者間での協議の場を設けること義務づけられ、ワンクッション挟むことが可能となります。これにより、補償条項の本質部分はそのままに、ライセンシーの手続的保障を図ることができるとともに、協議の結果次第ではライセンシーの責任を軽減できる場合もあります。

## （4）「書面による通知により」の追記

　金銭消費貸借契約等において、

> 第●条（期限の利益喪失条項）
> 借主について、以下の各号に掲げる事由が生じた場合には、借主は当然に期限の利益を失い、直ちに元利金を返済するものとする。

といった、当然の期限の利益喪失条項が規定される場合が少なからずあります。かかる条項が規定されている場合、契約書上の一定の事由が発生した場合、借主は抗弁の余地なく、自動的に期限の利益が失われ、直ちに借入金全額を返済しなければならないという大きな不利益を負担することとなります。したがって、借主としては、真っ先に当該条項それ自体の削除又は喪失事由の限定・修正を希望することになりますが、貸主にとっても期限の利益喪失条項は

貸主の利益を保護する上で重要な条項であり、容易には削除・修正には応じないのが通常です。

そこで、以下のように修正することで、期限の利益喪失条項はそのままに、当該条項を利用するための手続的負担を課すことで一定の絞り込みをかける方法が考えられます。

> 第●条（期限の利益喪失条項）
> 借主について、以下の各号に掲げる事由が生じた場合には、<u>貸主の書面による通知により</u>、借主は当然に期限の利益を失い、直ちに元利金を返済するものとする。

このように、一方当事者が権利を失う、又は義務を負担する条項について、当該規定を利用するために必要な手続的負担を課すことにより、当該条項が実際に機能する場面を限定することが可能となります。期限の利益喪失条項以外でも応用が利くテクニックですので、相手方と契約書の文言の調整を巡って交渉する際に、頭の片隅においておくと役に立つ場面があるかと思います。

## （5）損害賠償額の上限の設定

業務委託契約等において、

> 第●条（損害賠償）
> 受託者は、受託者の故意又は過失により委託者に損害を及ぼした場合、受託者は当該損害を賠償する責任を負う。

といった損害賠償条項が規定されている場合があります。

かかる損害賠償条項は、テンプレートとして一般的に規定されている場合が多いですが、これでは民法416条で法定されている損害賠償責任の範囲をオウム返ししているだけであり、契約書であえて規定する意味はありません。また、損害賠償責任を負う受託者にとって、現実に損害が発生した場合に、具体的にいくらを損害賠償として委託者に支払わなければならないかが不明確であ

り、リスクコントロール手段としても十分に機能していません。

そこで、以下のように修正することが考えられます。

> 第●条（損害賠償）
> 受託者は、受託者の故意又は過失により委託者に損害を及ぼした場合、受託者は当該損害を賠償する責任を負う。<u>ただし、受託者による損害賠償責任は、本契約に基づき受託者が委託者から現実に受領した毎月の報酬の３ヶ月分を上限とする。</u>

このように、但書で賠償額の上限を設定することにより、損害賠償責任が生じたとしても、あらかじめその上限を把握でき、損害賠償責任に係るリスクをコントロールすることが可能となります。

## （6）法的義務から努力義務へ

ライセンス契約等において、

> 第●条（ライセンシーの義務）
> ライセンシーは、ユーザーがライセンサーの権利を侵害することを防止しなければならない。

といった、法的拘束力のある義務が規定される場合があります。

契約上、一方当事者が必ず遵守しなければならない義務については法的拘束力のある義務が設定される場合もありますが、抽象的な義務についてまで100％遵守することは現実的に困難な場合もあります。それにもかかわらず、法的な拘束力ある義務として規定されてしまうと、わずかでも権利侵害が生じた場合にはライセンシーは契約違反による債務不履行責任を負担することとなり、非常に不利な立場に置かれることとなります。

このような場合、以下のように修正することが考えられます。

> 第●条（ライセンシーの義務）
> ライセンシーは、ユーザーがライセンサーの権利を侵害することを防止するよう努めなければならない。

このように、法的拘束力のある義務を努力義務にとどめることで、仮にライセンシーの義務履行に不十分な点があったとしても、直ちに契約違反とならないこととなります。

また、以下のように、「合理的」な範囲による限定を追加することも考えられます。

> 第●条（ライセンシーの義務）
> ライセンシーは、ユーザーがライセンサーの権利を侵害することを防止するよう、合理的な努力を尽くさなければならない。

## （7）片務的な義務から双務的な義務へ

秘密保持契約等において、

> 第●条（秘密保持義務）
> 乙は、甲の事前の書面による承諾を得ずに、甲の秘密情報を第三者に開示してはならない。

といった、乙だけが秘密保持義務を負う旨の契約が締結される場合があります。

このように一方当事者だけが義務を負う場合、当事者間で不公平感が生じることは避けられませんが、以下のように修正することにより、両者の立場を公平なものにすることが可能となります。

> 第●条（秘密保持義務）
> 甲及び乙は、相手方当事者の事前の書面による承諾を得ずに、相手方当事

者の秘密情報を第三者に開示してはならない。

　もちろん、相手方当事者も自社と同様の義務を負ったからといって、自社の契約上の権利が拡大するものではありませんが、このように両当事者が公平に義務を負う内容へ修正することにより、両者のバランスを確保することが可能となります。

　また、応用として、自社が交渉力を有する立場において、自社も公平に義務を負ったとしても大きな法的リスクを負うものではない条項について、いったんは相手方当事者のみが義務を負う規定にして提示した上で、相手方から両者が義務を負う内容へと修正するよう提案があった場合に、当該修正を受け入れた上で、より自社にとって重要な条項について、自社に有利な修正を受け入れるよう申し入れるというテクニックもあります。

## (8) 通知方法の明確化

　金銭消費貸借契約等において、

第●条（通知方法）
本契約に基づく通知、要請、要求、放棄、承認、同意又はその他の通信は、個別の条項に別途規定する場合をのぞき、すべて書面によって別紙記載の通先に宛てて郵送することによってなされるものとする。

として、通知方法に関する条項が規定される場合があります。
　この場合、緊急に相手方に契約上の通知を行う必要が生じた場合に、「書面」の「郵送」の中に電子メールが含まれるのかが明確でなく、書面の郵送が間に合わなかったために契約上の手続に違反してしまう可能性があります。
　とくに、海外の取引先に対して通知を行う場合、国内の取引先と異なり、書面の郵送には相応の時間を要するため、通知方法が重要な争点となる場合があります。
　そのため、このような事態に備えて、以下のように修正し、「書面」による通知方法の中に、電子メールによる通知も含まれる旨明記しておくことが望まし

いといえます。

> 第●条（通知方法）
> 本契約に基づく通知、要請、要求、放棄、承認、同意又はその他の通信は、個別の条項に別途規定する場合をのぞき、すべて書面（電子メールを含む。）によって別紙記載の通先に宛てて郵送することによってなされるものとする。

## Section 4
## 各論　各契約類型の留意点

　以下、企業法務において頻繁に取り交わされる代表的な契約類型である、売買契約（基本契約及び個別契約）、金銭消費貸借契約、不動産賃貸借・売買契約、ソフトウェア開発委託契約契約（業務委託契約）、及び労働契約について、それぞれサンプル契約を掲載するとともに、各条項の重要性及び留意点を概説します。

　なお、当該条項に係る法的リスクの重大性・当該条項の契約上の重要性等に応じて「Aランク」・「Bランク」・「Cランク」の3種類に区分しています。その内容は以下のとおりです。

【Aランク・Bランク・Cランクの意義】

| ランク | 意　義 |
|---|---|
| Aランク | 「取ってはいけない法的リスク」に係る条項、契約の要件事実・法定記載事項に係る条項、当該契約締結の目的に直接影響する重要な条項など、契約を有効・適法に成立させ、契約締結の目的を達成するために必要な条項 |
| Bランク | 重要な「取った上でコントロールすべき法的リスク」に係る条項、自社の立場を有利にする上で重要な条項など、規定しておくべき条項 |
| Cランク | 「取った上でコントロールすべき法的リスク」に係る条項、規定していなくてもとくに問題はないが、可能であれば規定しておいた方がよい条項 |

あくまでサンプル契約は雛形ですので、実際の案件等に利用される際は個別具体的な事実関係に応じて調整が必要ですのでご留意ください。

また、平成27年2月10日、民法（債権関係）部会第99回会議において、「民法（債権関係）の改正に関する要綱案」が決定され、その後、平成27年3月31日、「民法の一部を改正する法律案」及び整備法が提出され、2017年3月現在、衆議院法務委員会において審議されており、売買契約等、本書記載の契約類型についても改正事項の対象となっています。もっとも、「公布の日から起算して3年を超えない範囲において政令で定める日」に改正法案が施行されることとされているため、民法改正による影響が生じるのは当面先の問題です。

本書掲載のサンプル契約及び各条項の内容は現行民法を前提に説明することとし、改正事項のポイントについてはColumnにて簡単に紹介することとします。

## 1　売買契約

売買契約とは、売主が買主に財物を移転することを約束し、買主がその代金を支払うことを約する合意をいいます（民法555条）。

売買契約の要件事実として、売買の合意と、目的物及び代金の特定が必要となります。

また、企業間の取引においては、1回限りの取引だけではなく、複数回にわたる継続的取引を行う場合が通常ですが、その場合、毎回の売買に共通して適用される基本的なルールを定める基本契約書と、個別の売買ごとに設定した取引の条件を定める個別契約書の2つを組み合わせることが一般的です。

【売買基本契約サンプル】

### 売買基本契約書[a]

［XXX株式会社］（以下「甲」という。）及び［YYY株式会社］（以下「乙」という。）は、乙が取り扱う商品（以下「本件商品」という。）の売買に関

*Part 3*
契約交渉開始後から契約締結までの対応（予防法務）

し、基本的事項を定めるため、以下のとおり契約（以下「本契約」という。）を締結する。

第1条（基本契約性）　　　　　　　　　　　　　【Aランク】
本契約に定める事項は、本契約の有効期間中、甲乙間に締結される本件商品の個別契約（以下「個別契約」という。）一切について、共通に適用される。ただし、個別契約において、本契約と異なる事項を定めたときは、当該個別契約の定めが優先して適用される[b]。

第2条（本件商品）　　　　　　　　　　　　　　【Aランク】
乙は、以下に定める商品[c]を継続的に甲に対して売渡し、甲はこれを買い受けるものとする。
（商品名）　〇〇〇〇〇

第3条（個別契約の成立）　　　　　　　　　　　【Aランク】
1．個別契約は、甲所定の注文書[d]（以下「本件注文書」という。）を乙に送付し、乙がこれを承諾する書面を発送することにより成立する。なお、甲が乙に対して本件注文書を送付してから［5］営業日以内に乙が何らの意思表示をしない場合は、同期間の満了をもって乙が本件注文書の内容を承諾したものとみなす。
2．個別契約にかかる発注は、甲が納入を希望する日の［30］日以上前までに本件注文書を乙に送付して行う。
3．本件注文書には、発行年月日、本件商品名、単価、数量、納入期日、納入場所、納入方法等を記載する。

---
a　タイトルは契約書の効力に影響しないため、「売買基本契約に関する覚書」でも構いません。
b　基本契約と個別契約の優劣関係についても明確に規定しておきましょう。
c　売買の目的物である商品については具体的に特定しましょう。
d　注文書をもって「個別契約」書とする建て付けとしています。

第4条（引渡し）　　　　　　　　　　　　　　　　　【Bランク】
1．乙から甲への引渡しは、甲が本件注文書で指定した納入期日までに、甲が指定した納入場所に本件商品が納入されたときに完了する。
2．納入費用は乙の負担[e]とする。

第5条（検収）　　　　　　　　　　　　　　　　　【Bランク】
1．甲は、本件商品受領後速やかにこれを検査し、検査に合格した場合はその旨を証する書面を乙に対して交付し、本件商品の瑕疵、数量不足、数量過剰、品目違い等を発見したときは、直ちに乙に書面で申し出るものとする（以下「検収」という。）。なお、甲は検収を本件商品受領後［14］日以内に完了させるものとし、甲が当該期間内に検収を完了しない場合は、乙は、当該期間の満了時に検査に合格したものとみなすことができる[f]。
2．乙は、前項の申し出があった場合には、甲の指示に基づき、速やかに乙の費用負担により不足品または代品の納入、過納品の引き取り等を行う。

第6条（支払方法）　　　　　　　　　　　　　　　　【Aランク】
1．乙は、毎月末日、当月1日から末日までに甲の発注に基づき納入した本件商品の数量等を集計し、翌月［10］日までに、甲に対し、明細書を添付した請求書を送付する。
2．甲は、前項の請求書を受領した日から起算して［7］日内に何ら異議を述べないときは、請求内容を了承したものとみなす。
3．甲は、毎月末日限り（当日が土日祝日の場合はその直前の営業日）までに、乙の指定する銀行口座に振込送金する方法により本件商品の代金を支払う。なお、振込手数料は甲の負担[g]とする。

--------

e　費用負担についても明確に規定しておきましょう。
f　売主の立場からは、買主による検収に期限を設け、期限を徒過した場合は検収に合格したものとみなす旨の条項を規定するようにしましょう。

第7条（所有権の移転）　　　　　　　　　　　　　　【Bランク】
本件商品の所有権は、第5条に定める検収が完了したとき[h]に乙から甲に移転する。

第8条（危険負担）　　　　　　　　　　　　　　　　【Bランク】
第4条に定める本件商品の引渡し[i]前に生じた本件商品の滅失、毀損その他一切の損害は、甲の責めに帰すべきものを除き乙の負担とし、本件商品の引渡し後に生じたそれらの損害は、乙の責めに帰すべきものを除き甲の負担とする。

第9条（瑕疵担保責任）　　　　　　　　　　　　　　【Bランク】
1．甲は、検収後6ヶ月以内[j]に本件商品について汚損、毀損、数量不足、品質不良その他の瑕疵を発見した場合、遅滞なく乙に対して通知し、乙は、その責めに任ずる。
2．前項の場合、甲は以下に定める権利を行使することができる。
　（1）本件商品の修補又は補充の請求
　（2）代品との取替請求
　（3）代金の減額請求
　（4）個別契約の全部又は一部の解除
　（5）損害賠償請求

第10条（保証[k]）　　　　　　　　　　　　　　　　【Bランク】

---

g　手数料を誰が負担するかも忘れずに規定しましょう。
h　所有権の移転時期も明確にしておきましょう。
i　本サンプルでは「引渡し」をもって危険が買主に移転するものとしていますが、検収時に移転する、としている契約もあります。
j　法律上、企業間の取引では目的物の受領から6ヶ月以内に瑕疵を発見した場合に限って瑕疵担保責任を追及できるものとされていますが、当事者間の合意によって修正することが可能です。
k　サンプル契約では、商品の品質以外の事項についても売主に表明保証させる内容としています。

1．乙は、甲に対し、本件商品について、次の各号を保証する。
　（1）検収から［3］年間、個別契約に定める性能、機能及び品質を合理的に[l]有すること
　（2）第三者の有する工業所有権、著作権、肖像権、プライバシーの権利及びその他一切の知的財産権を侵害していないこと
　（3）不正競争防止法の規定する不正競争に該当する行為をしていないこと
　（4）甲が、本件商品の品質に関し、若しくは真正品でないとして、甲の顧客または第三者から苦情・クレーム等（訴訟を含むがこれに限られない。以下「苦情等」という。）を受けた場合、乙は、乙の費用負担で苦情等に対処し、甲が、甲の顧客または第三者に対し損害賠償金を負担した場合、乙は、甲に対し、甲の負担額と同額を支払う。
2．乙が前項に定める保証事項に違反した場合[m]、甲は乙に対して、前条第2項各号に定める権利を行使することができる。

第11条（秘密保持[n]）　　　　　　　　　　　　　　　　【Cランク】
1．甲及び乙は、本契約又は個別契約に関連して相手方が秘密であることを明示の上開示した技術上、業務上その他一切の情報（以下「秘密情報」という。）の秘密を保持し、第三者に開示、提供又は漏洩せず、また、本契約及び個別契約の遂行以外の目的に利用しないものとする。ただし、次の各号の一に該当するものについては、秘密情報から除外する。
　（1）開示を受け又は知得した際、既に自己が所有していたもの

---

l　品質を100％保証することは困難であるため、「合理的」の文言を追記することが妥当といえます。

m　保証条項違反の場合の効果についても規定しましょう。

n　本契約の前提として、別途秘密保持契約を締結する場合もありますが、その場合でも「秘密情報」の定義・範囲や有効期間等が異なりうることから、本契約中でも改めて規定しておいた方がよいでしょう。

*Part 3*
契約交渉開始後から契約締結までの対応（予防法務）

　（2）開示を受け又は知得した際、既に公知となっていたもの
　（3）開示を受け又は知得した後、自己の責によらないで公知となったもの
　（4）開示を受け又は知得した後、正当な権原を有する第三者から秘密保持義務を負うことなく適法に入手したもの
　（5）甲の秘密情報に接することなく独自に開発、創作したことによるもの
2．前項にかかわらず、甲及び乙は、以下の各号の一に該当する場合は秘密情報を開示することができる。
　（1）相手方の事前の書面による承諾を得て第三者に開示する場合
　（2）本契約及び個別契約に関わる自らの役員及び従業員に対して開示する場合
　（3）本契約及び個別契約の遂行に必要な限度で、法令上守秘義務を負う弁護士その他の専門家に対して開示する場合
　（4）甲又は乙の監査法人へ開示する必要がある場合
　（5）適用ある法令・規則等を遵守するために必要な場合、又は政府、所轄官庁規制当局（日本国外における同様の規制当局を含む。）若しくは裁判所による要請に応じて秘密情報を開示することが必要な場合
3．本条第1項の義務は、本契約又は個別契約終了後も［2］年間存続する[o]ものとする。

第12条（知的財産権）　　　　　　　　　　　　　　　　　【Bランク】
1．乙は、本件商品が第三者の知的財産権を侵害しないことを保証する[p]。
2．乙が本件商品に関して第三者から知的財産権侵害を理由とするクレー

---

o　契約終了後も秘密保持義務を負わせるのであれば、その旨明記しておきましょう。
p　買主にとっては留保なしで保証してもらうべきですが、売主の立場からは、たとえば「売主が合理的に調査を尽くした範囲で、本件商品が第三者の知的財産権を侵害しないことを保証する」といった、一定の限定を付すことが望ましいといえます。

ムを受け、若しくは提訴されたとき（以下、総称して「クレーム等」という。）は、乙は遅滞なく甲に対して通知するものとする。
3．乙は、前項に定めるクレーム等に関して、甲に対して何ら損害を与えず、乙の費用及び責任において解決する[q]ものとする。また、当該クレーム等に関して甲に損害が生じた場合、乙は、甲に対して直ちに損害額を支払うものとする。

第13条（製造物責任[r]）　　　　　　　　　　　　　　　【Bランク】
1．本件商品又は本件商品の加工物の欠陥等に起因して、人の生命、身体、財産等に係る損害が発生し、又はそのおそれがあると甲において判断した場合、甲は、乙に対して次の各号のいずれかを請求することができる。
　（1）乙が、自己の費用と責任で損害防止のために適切な措置を取ること
　（2）本契約及び個別契約の全部又は一部について、履行を停止し、又は解除すること
2．前項に定める損害が発生し、又はそのおそれがある場合、乙は甲に対して、直ちにその詳細を書面で通知しなければならない。
3．本件商品又は本件商品の加工物の欠陥等に起因して、人の生命、身体、又は財産等に係る損害が発生し、甲が内外の第三者又はその販売先からクレーム等を受けたときは、乙は、自己の費用と責任で当該クレーム等を解決し、甲に対して何ら負担をかけないものとし、甲に損害が生じた場合、乙は直ちにこれを賠償するものとする。

第14条（権利義務の譲渡禁止）　　　　　　　　　　　　【Cランク】
甲及び乙は、相手方の書面による事前の同意のない限り[s]、本契約又は個別契約の契約上の地位を第三者に譲渡し、又は承継させてはならない。また、本契約又は個別契約から生ずる権利の全部又は一部を第三者に譲渡し若しくは担保の用に供し、又は本契約又は個別契約から生ずる義務の全部又は一部を第三者に引き受けさせてはならない。

*Part 3*
契約交渉開始後から契約締結までの対応(予防法務)

第15条(解除事由)　　　　　　　　　　　　　　　　【Bランク】
甲又は乙に、次の各号のいずれかに該当する事由が生じた場合、相手方は、本契約及び個別契約を解除することができる。
　(1) 本契約又は個別契約に違反し、相当期間を定めて催告しても是正されないとき
　(2) 関係官庁から営業許可の取消、停止等の処分を受けたとき
　(3) 手形、小切手の不渡りを発生させたとき
　(4) 仮差押、仮処分、強制執行、競売等の申立又は破産、民事再生、会社更生の申立があったとき若しくは清算のとき
　(5) 営業の譲渡又は廃止をしたとき

第16条(期限の利益喪失事由)　　　　　　　　　　　【Bランク】
甲又は乙に前条各号に該当する事由が生じたときは、当該当事者は、本契約又は個別契約に基づき相手方に対し負担する一切の債務につき、期限の利益を失い、直ちに債務の全額を相手方に弁済しなければならない。

第17条(反社会的勢力の排除)　　　　　　　　　　　【Cランク】
1. 甲及び乙は、相手方に対し、現在、暴力団、暴力団員、暴力団員でなくなったときから5年を経過しない者、暴力団準構成員、暴力団関係企業、総会屋等、社会運動標ぼうゴロ又は特殊知能暴力集団等、その他これらに準ずる者(以下、これらを「暴力団員等」という。)に該当しないこと、及び次の各号のいずれか一にも該当しないことを表明し、かつ将来にわたっても該当しないことを表明し、保証する。

---
q　実務上、売主の取り扱う商品が第三者の知的財産権を侵害しているか否か事前に把握することは困難であるため、トラブルが生じた場合、「乙(売主)の費用及び責任において解決する」旨の条項は重要となります。
r　トラブルが生じた場合に備えて、あらかじめ対応方法等を明確に定めておくことが望ましいといえます。
s　例外的に第三者へ権利譲渡できる場合を想定しているのであれば、明確に定めておきましょう。

（1）暴力団員等が経営を支配していると認められる関係を有すること
　　　（2）暴力団員等が経営に実質的に関与していると認められる関係を有すること
　　　（3）自己、自社若しくは第三者の不正の利益を図る目的又は第三者に損害を加える目的をもってするなど、不当に暴力団員等を利用していると認められる関係を有すること
　　　（4）暴力団員等に対して資金等を提供し、又は便宜を供与するなどの関与をしていると認められる関係を有すること
　　　（5）役員又は経営に実質的に関与している者が暴力団員等と社会的に非難されるべき関係を有すること
2．甲及び乙は、自ら又は第三者を利用して次の各号のいずれか一にでも該当する行為を行ってはならない。
　　　（1）暴力的な要求行為
　　　（2）法的な責任を超えた不当な要求行為
　　　（3）取引に関して、脅迫的な言動をし、又は暴力を用いる行為
　　　（4）風説を流布し、偽計を用い若しくは威力を用いて相手方の信用を毀損し、又は相手方の業務を妨害する行為
　　　（5）その他前各号に準ずる行為
3．甲及び乙は、相手方が前二項のいずれか一にでも違反した場合、通知又は催告等何らの手続を要しないで直ちに本契約及び個別契約を解除することができるものとする。
4．甲及び乙は、前項に基づく解除等により相手方が被った損害につき、一切の義務ないし責任を負わないものとする。

第18条（損害賠償）　　　　　　　　　　　　　　　　　　　　【Bランク】
1．甲又は乙が本契約に違反したことにより相手方が損害を被った場合には、甲又は乙は、かかる損害を相手方に対して請求をすることができる。ただし、請求額は、甲又は乙の故意又は重過失の場合を除き、通常損害の範囲内に限定される。
2．甲及び乙は、本契約に基づく自己の義務の不履行又は履行遅滞が暴

*Part 3*
契約交渉開始後から契約締結までの対応(予防法務)

動、戦争、天災、疫病の蔓延又は政府若しくは政府機関による行為等の不可抗力[u]により生じた場合、その不履行又は遅滞につき相手方に対し責任を負わない。

第19条(有効期間) 　　　　　　　　　　　　　　　【Bランク】
1．本契約の有効期間は、本契約締結の日から[1]年間とする。ただし、期間満了の[2]か月前までに甲乙いずれからも書面による申出がないときは、更に[1]年間延長されるものとし、以後も同様とする。
2．本契約の有効期間満了後も、第10条乃至第13条、第20条は効力を有するものとする[v]。

第20条(準拠法及び管轄裁判所) 　　　　　　　　　【Cランク】
1．本契約は、日本法を準拠法とし、同法に従って解釈されるものとする。
2．本契約に関する紛争については、[東京]地方裁判所を第一審の専属的[w]合意管轄裁判所とする。

第21条(協議) 　　　　　　　　　　　　　　　　　【Cランク】
本契約及び個別契約に定められていない事項又は解釈上疑義が生じた事項については、その都度、甲乙誠意をもって協議決定する。

---

t 　軽過失の場合も例外に含める場合もありえますが、いずれにせよトラブルが生じた場合には当事者間の過失の有無の認定が問題となります。
u 　いかなる事由が「不可抗力」に該当するかは判然としないため、具体例を列挙しておくようにしましょう。
v 　品質保証や秘密保持義務等については、契約終了後も効力を有する旨規定しておきましょう(存続条項)。
w 　「専属的」の文言を規定するようにしましょう。

本契約の成立を証するため本契約書を２通作成し、甲乙各記名押印の上、各１通を保有する。

平成　　年　　月　　日

　　　　　　　　　　　　　　　　［所在地］　　〇〇〇〇
　　　　　　　　　　　　甲ˣ　　［会社名］ＸＸＸ株式会社
　　　　　　　　　　　　　　　　［代表者氏名］●●●●


　　　　　　　　　　　　　　　　［所在地］　　〇〇〇〇
　　　　　　　　　　　　乙　　　［会社名］ＹＹＹ株式会社
　　　　　　　　　　　　　　　　［代表者氏名］●●●●

---

x　最後に当事者が入れ替わっていないか、注意しましょう。

*Part 3*
契約交渉開始後から契約締結までの対応（予防法務）

(別紙)

---

平成●年●月●日

YYY株式会社
●部　●●●●　様

XXX株式会社
東京都●区●ー●ー●
（ア）　部　●●●●
TEL/FAX 03-1234-5678

## 注　文　書

拝啓

時下益々ご清栄のこととお慶び申し上げます。平素より格別のご愛顧を賜り、お礼申し上げます。

貴社との平成●年●月●日付売買基本契約書第3条[a]にしたがい、本注文書をもって個別契約を締結するとともに、下記のとおり貴社製品を注文いたしますので、何卒よろしくお願い申し上げます。

敬具

記

1. 品名・数量・単価

| 商品名 | 数　量 | 単　価 | 備　考 |
|---|---|---|---|
|  |  |  |  |
|  |  |  |  |
|  |  |  |  |

---

[a] 売買基本契約書第3条に基づき、注文書をもって個別契約が成立していることを明示しておきましょう。

```
    2．合計金額      ●円
    3．納入期日      平成●年●月●日
    4．納入場所      ●●●●
    5．納入方法      ●●●●

                                            以上
```

## (1) 基本契約と個別契約の関係（第1条及び第3条）……【Aランク】

　継続的な売買契約の場合、実務上、取引関係が継続する間、一般的に適用される条項を定めた「**基本契約**」と、個別の注文ごとに適用される条項を定めた「**個別契約**」とに分けて締結されることが通常といえます。

　基本契約には、継続的な売買取引に共通に適用される基本的な事項（品質保証や瑕疵担保責任、解除事由や管轄条項など）を定めるとともに、基本契約と個別契約との関係性（両者で重複が生じる場合、個別契約の内容が優先するなど）について規定しておきます。

　これに対して、個別契約には、品名、数量、単価、納期、支払期日など、個々の売買に必要な事項が具体的に定められることとなります。なお、個別契約は、「●●契約書」というタイトルや形式を取るとは限らず、むしろ、注文書と注文請書のやり取りや、メールでのやり取り等によって成立させることが一般的といえます。また、会社によっては発注書等も取り交わさず、電話等による口頭でのやり取りをもって個別の取引を行っているケースもあるかと思いますが、予防法務の見地より、最低限、FAXかメールでのやり取りを行い、将来のトラブルに備えて証跡を残すようにしましょう。

## (2) 本件商品の特定（第2条）……【Aランク】

　契約の対象となる商品は、具体的かつ明確に特定する必要があります。なお、サンプル契約では基本契約書本文中に「本件商品」として規定していますが、大量の製品があったり、頻繁に商品が改良・変更される場合には、別紙で特定する形式を採用した方が、商品に変更があっても別紙を差し替えるだけで

## (3) 引渡し（第4条）……【Bランク】

　検収条項等を規定する場合、いつから買主による検収義務が発生するかは「引渡し」と連動して規定されることが多いため、「引渡し」の意義を明確に規定することは実務上重要といえます。

　また、引渡し費用については、特段の規定がない場合、原則として売主の負担となる（民法485条）ため、買主に負担させたい場合はその旨規定する必要があります。

## (4) 検収（第5条）……【Bランク】

　**検収条項**は、買主による納入された商品の検査方法や、検査の結果瑕疵が発見された場合の対応について規定しています。

　検収の結果、購入した商品が予定していた品質を備えていなかったためにトラブルとなるケースは実務上散見されるため、できる限り検収条項は明確かつ具体的に規定しておくべきといえます。

　「検収」条項においては、検収の期間、合格の決定方法、不合格の場合の措置、合否の通知期間等を規定することが一般的です。買主保護の見地から要請される「検収」条項ですから、自社が買主の立場である場合には、本件商品の性能を検査するために必要十分な期間を確保し、不合格の場合の措置もできる限り具体的に規定する必要があります。

## (5) 支払方法（第6条）……【Aランク】

　売買契約において、商品の代金の特定は要件事実の一つであり、重要かつ根本的な要素であるため、金額又は算定方法を基本契約書中で明確に規定しておく必要があります。

　また、代金支払債務と商品引渡債務は、契約上とくに規定がない場合、同時履行の関係に立つ（民法533条）ため、相手方の債務が弁済期にあれば、相手方がその債務の履行をしなくてもよいこととなります。

　そのため、契約上、売主・買主それぞれの弁済期が明確でないとトラブルの

原因となることから、実務上重要な条項といえます。

## (6) 所有権の移転（第7条）……【Bランク】

　民法上、所有権の移転時期は、当事者の意思表示による旨規定されていることから（民法176条）、法律上は、たとえ買主が売買代金を支払っていなくても、売買契約締結の時点で商品の所有権が移転することになります。

　しかし、これでは買主が売買代金の支払を踏み倒すおそれがあることから、契約によって所有権の移転時期を修正することが一般的です。

　主な所有権の移転時期としては、①売買契約締結時、②引渡時、③検収合格時、④代金支払時、の４つの時点のいずれかが考えられますが、売主としては移転時期をできる限り遅く、買主としてはできる限り早く設定することを希望するのが通常です。

　サンプル契約では、③検収合格時に売主から買主へ所有権が移転することとしています。

## (7) 危険負担（第8条）……【Bランク】

　**危険負担**条項とは、当事者の帰責事由なく一方当事者の債務が履行不能となった場合に、当該履行不能によるリスク（危険）を、当事者のいずれが負担するかを定めた条項をいいます。

　民法上、特定物売買において、契約締結後に当事者の帰責性なく目的物が滅失した場合には、当該危険は買主が負担する旨規定されています（民法534条１項、債権者主義）。すなわち、売買契約締結後、たとえば洪水や大規模火災等によって商品が滅失した場合であっても、買主は売主に対して当該商品の売買代金を支払わなければならないこととなり、非常に重いリスクを背負うこととなります。

　かかる危険負担については契約で修正することが認められているため、売買契約においては、危険負担の時期を売買契約締結時ではなく、商品の引渡時や検収合格時に遅らせる旨の修正を加えることが一般的です。

## (8) 瑕疵担保責任（第9条）……【Bランク】

　**瑕疵担保責任**とは、商品に容易に気がつくことのできない瑕疵があった場合に、売主が負担する責任をいい、かかる瑕疵があった場合、買主は瑕疵担保責任として売主に対して契約の解除や損害賠償請求を行うことができます。

　瑕疵担保責任は法定責任であり、あえて契約書で規定しなくても売主に対して責任追及することは可能ですが、契約により、法律以上の責任を規定する場合もあります。

## (9) 品質保証（第10条）……【Bランク】

　瑕疵担保責任とは別に、売買契約においては、本件商品が一定の品質を備えていることを売主に表明保証させる条項（**品質保証条項**）を規定することも少なくありません。かかる品質保証条項においては、瑕疵担保責任のように契約の解除か損害賠償請求か、といった硬直的な取扱いではなく、無償で補修させたり、代替品を無償で提供させるなど、当該売買契約の実態に即した効果を規定することが可能となります。

## (10) 守秘義務（第11条）……【Cランク】

　単純な売買契約であれば秘密保持条項を規定しない場合も少なくありませんが、特許を利用した製品に係る売買契約のように、重大な企業機密を伴う場合は、秘密保持条項を規定する場合があります。

　また、継続的売買契約においては、契約期間が長期間に及ぶことから、当該契約期間中に商品の原料コストや調達ルート等の機密情報を相互に取得する可能性があります。そのため、これら機密情報を無断で第三者に開示されないよう、守秘義務を規定しておくことが望ましいといえます。

　なお、案件の重大性や秘密情報の重要性によっては、売買契約の前提として別途、秘密保持契約を締結する場合もありますが、その場合、当該秘密保持契約と、本契約における秘密保持条項との間で「秘密情報」の定義や管理方法等について齟齬が生じないよう、注意が必要です。

### (11) 知的財産権（第12条）……【Bランク】

　特許法上、侵害行為によって得られた侵害者の利益を権利者の損害と推定する規定がある（特許法102条2項等）ため、本件商品が第三者の知的財産権を侵害していた場合、知らずに当該商品を購入した買主も、第三者から多額の損害賠償請求を追及されるおそれがあります。また、損害賠償請求だけでなく、本件商品の販売差止が認められた場合、買主のレピュテーショナルダメージも含め、その損害は深刻なものとなりかねません。

　そのため、買主の立場からは、売主に本件商品が第三者の知的財産権等の権利を侵害していないことを表明保証させるとともに、仮に第三者の権利を侵害していた場合、売主自身の費用と責任で解決させることとし、買主に一切の損害を被らせない旨規定することが実務上は重要となります。

　これに対して、売主の立場からは、第三者の知的財産権を一切侵害していないかの把握は困難であるため、表明保証せざるを得ないとしても、たとえば、「売主は、<u>売主が合理的に調査を尽くした範囲で</u>、本件商品が第三者の知的財産権を侵害しないことを保証する。」といった、一定の限定を付すことが望ましいといえます。

### (12) 製造物責任（第13条）……【Bランク】

　本件商品に瑕疵があり、消費者が被害を被った場合、製造物責任法上、「製造業者等」に該当する者が当該消費者に対して責任を負うこととなりますが、契約上、売主と買主とでその帰責事由に応じて責任を分担する旨規定することが可能です。

　もっとも、買主にとっては、自らが設計・製造に関与していないにもかかわらず、本件商品の欠陥に起因して消費者に対する損害賠償責任を負担しなければならないとされることは不公平であることから、サンプル契約では買主は一切責任を負わず、売主（製造業者）が自身の費用と責任で解決する旨規定しています。

## (13) 権利義務の譲渡禁止（第14条）……【Cランク】

　債権の譲渡は原則として自由に行うことができます（民法466条1項）が、債権がそれまで取引関係のなかった第三者に譲渡され、第三者から請求されるような事態に陥ると、徒らに権利関係が複雑化し、トラブルを誘発するおそれがあります。

　そこで、権利の譲渡禁止特約を設けておけば、当該特約を知っている者又は重過失により知らなかった者に対しては、債権譲渡は無効である旨対抗できるようになります。

　これに対して、義務の譲渡については、権利者が不当に害されないよう、原則として契約の相手方の承諾なしには譲渡できないこととされています。したがって、サンプル契約では権利のみならず、義務についても承諾なしには譲渡できない旨規定していますが、あくまで注意的な規定にとどまるものといえます。

## (14) 解除事由（第15条）……【Bランク】

　民法上、当事者の一方に債務不履行がある場合、相手方当事者には法定解除権が発生しますが、それ以外にも、解除事由を契約上で規定しておくことにより、約定解除を行うことが可能です。

　約定解除には、契約違反の場合、（ⅰ）無催告で直ちに解除できる旨規定する場合と、（ⅱ）相当な催告期間を設けて、その間に治癒されない場合に初めて解除できるとする規定の2パターンがあります。

　契約違反全般について（ⅰ）無催告解除を規定する契約もありますが、その場合、いかに軽微な契約違反であっても直ちに相手方から解除されるおそれが生じてしまうため、解除事由の重大性に応じて使い分けができるよう規定しておいた方が、当事者双方にとって契約の安定性が増すものと思われます。

　具体的には、（ⅰ）無催告解除事由としては、相手方の破産申立て等、重大かつ緊急性の高い事由に限定し、その他の軽微な契約違反等については（ⅱ）催告期間を設けた解除事由として規定することが望ましいと思われます。

## (15) 期限の利益の喪失（第16条）……【Bランク】

　売買代金支払債務は、期限の定めがある場合はその期限の到来により、期限の定めがない場合は催告後相当期間経過後に、履行遅滞となります。そのため、買主が本件商品の一部について代金の支払いを怠った場合であっても、売主は直ちに残りの本件商品に係る売買代金全額を支払うよう、当然には請求できないこととなります。

　そのため、期限の利益喪失条項を規定し、相手方に一部でも債務不履行があれば、直ちに期限の利益を喪失し、残債務全部についても債務不履行となる旨規定しておくことで、債務不履行を抑止するとともに、仮に生じた場合であっても直ちに全額を請求できるよう対処しておくことが望ましいといえます。

　なお、本契約の違反だけでなく、他の契約の違反があった場合にも、連動して本契約の期限の利益を喪失させる旨の条項（**クロスデフォルト条項**）が規定されている場合があるため、本契約以外の契約についてもかかる条項が規定されていないか注意する必要があります。

## (16) 反社会的勢力の排除（第17条）……【Cランク】

　暴力団排除条例が各都道府県で施行されたことに伴い、実務上、テンプレートとして反社会的勢力の排除に関する条項を契約書に規定する必要があります。このような暴排条項を規定することにより、（ⅰ）取引の相手方が反社会的勢力であった場合に、契約を解除する根拠となること、（ⅱ）会社として反社会的勢力との取引に応じることができない旨の根拠となり、反社会的勢力との取引を未然に防ぐ効果が期待できるものといえます。

　なお、契約締結後に相手方が反社会的勢力であることが判明した場合、当該暴排条項違反を理由に契約の解除を主張することはもちろん可能ですが、その場合であっても、相手方の反発を招き、自社がレピュテーショナルダメージを被る可能性がある（たとえば、実際は反社会的勢力であった相手方から「不当に当社を反社会的勢力とのレッテルを貼って取引を突然解約するような商業倫理に欠ける企業だ」等の風評を喧伝されるなど）ことから、解除の主張を持ち出す場合には慎重な対応が求められます。

## (17) 損害賠償（第18条）……【Bランク】

　損害賠償の範囲は、実務上非常に論点になりやすく、その取扱いを巡ってドラフティング段階で交渉のタネとなることは非常に多く、しばしば当該条項の規定ぶりを巡って交渉が数ヶ月以上の長期にわたって頓挫することも珍しくありません。

　民法上、契約違反により損害が発生した場合、相手方に対して損害賠償請求を行うことが可能です（民法545条3項）が、その範囲は、民法416条より、債務不履行によって通常生ずべき損害と、特別な事情によって生じた損害のうち当事者がその事情を予見し又は予見できたもの、とされています。「直接かつ現実に生じた損害に限る」と規定したり、「故意又は重過失の場合を除き、通常損害の範囲内に限定される」と規定したりすることにより、損害の範囲に限定を加えようとすることが一般的ですが、このような制限を加える場合でも、実際に紛争に発展した場合、どこまでが「直接かつ現実に生じた損害」なのか、また、当事者に「重過失」があったのではないか、が問題とされることが多く、結局、損害賠償の範囲が争点となることは回避できない場合も少なくありません。

　このような解釈上の争いを回避すべく、<u>損害賠償の予定としてあらかじめ当事者間で明確に損害賠償額を定めておく場合もあります</u>が、この場合、裁判所は実際の損害額にかかわらず、金額を増減することはできないとされていることに注意が必要です（民法420条1項）。

---

> **Column** ｜ 損害賠償額の二重の限定
>
> 　実務上、「買主は、<u>故意又は重過失の場合を除き、損害賠償責任を負わない。また、買主が責任を負う場合であっても、その責任は1ヶ月分の売買代金に限られる</u>」等として、故意又は重過失の場合にのみ責任を負うこととしつつ、さらにその場合の損害賠償額に上限を設けて二重のハードルを規定する契約も見受けられます。
>
> 　このように二重のハードルを設けた条項について、仮に訴訟にまで発展

した場合にその有効性が認められるかは判然としません。

　もっとも、交渉の手段として、いったんは相手方に高めのボールとして上記二重のハードルを設けたドラフトを提示し、相手方から「せめて故意又は重過失の場合の限定だけにして欲しい。その代わり、他の条項で御社の希望に添った内容を呑む」といった譲歩を引き出すことができる場合があります。

　逆に、相手方から上記二重のハードルを設定した条項が主張された場合は、交渉の手段としてあえて高めのボールが投げられたものと理解し、サンプル契約のように、「故意又は重過失の場合を除き、通常損害の範囲内に限定される」といった一つの限定条項に修正するよう提案することが望ましいと思われます。

## (18) 不可抗力 (第18条第2項) ……【Cランク】

　**不可抗力**とは、天災地変や戦争等のように、当事者のコントロールを超えた事象をいい、**Force Majeure**とも呼ばれます。

　不可抗力に該当する場合、金銭債務の不履行を除いて債務者は責任を免れることとなります（民法419条3項参照）が、いかなる事由が不可抗力に該当するかは判然としないため、具体的に想定される事象がある場合は、契約書上に明確に規定しておくことが望ましいといえます。

### *Column* ｜ Brexitと「不可抗力」

「不可抗力」に該当するかどうかが問題となった事例として、2016年に生じたBrexit（英国の欧州（EU）離脱）が挙げられます。

　Brexitが「不可抗力」に該当するかは個別の契約書の解釈の問題であり、一意的な正解というものはありません。

　もっとも、「不可抗力」事由としては、通常は大規模な天災、戦争等を想定しており、Brexitのような事象は含まれないことが多いと思われ、実務上、一般的には、Brexitは「不可抗力」には該当しない、との整理で落ち

> 着いているように思われます。
>
> 　今後、Brexitが取引内容に影響を及ぼすような契約を締結する場合、不可抗力条項の解釈を巡って争いが生じないよう、あらかじめBrexit（及びそのような国際情勢の変動）が「不可抗力」に該当するか否か、明確に規定しておくことが望ましいといえます。
>
> 　契約書のリスクコントロール手段としての役割に鑑み、「想定し得る最悪シナリオ」を前提とした契約書の作成が重要ですが、Brexitのように、契約締結当時には想定しがたい**「想定を超えたシナリオ」**が生じる可能性も否定できません。
>
> 　契約書ドラフティング段階において十分に想像力を働かせて各条項を規定することはもちろんですが、このような契約書に規定のない「想定を超えたシナリオ」が生じた場合であっても、当事者間で解決に向けて協議し、取引が円滑に実施できるよう、誠実協議条項を規定しておくべきといえます。

## (19) 契約期間（第19条）……【Bランク】

　契約の有効期間については無期限とすることも可能ですが、契約締結後の当事者の事情や経済情勢の変更等に応じて柔軟に対応できるよう、有効期間を一定期間（通常は1年間〜5年間程度）に設定しつつ、契約を更新する建て付けとすることが一般的です。

　契約の更新については、期間満了の1〜6ヶ月等の一定期間内にいずれの当事者からも申し出がない場合は、自動的に一定期間（通常は1年間）延長する旨の**自動更新条項**を規定する契約が多く見られます。

---

**Column** ｜ 契約管理の重要性と自動更新条項

　自動更新条項を規定する場合、契約の管理を適切に行わないと、更新拒絶通知期間を徒過したことにより、取引の実態を伴わない契約が継続され、本来不要だった契約維持費用が発生する場合があることに注意

が必要です。

　たとえば、契約書上、「自動更新を拒絶する場合には90日以上前の書面による合意が必要」と規定されていたにもかかわらず、担当者同士の信頼関係に漫然と依拠した結果、当該更新拒絶期間を徒過してしまい、自動更新の直前1ヶ月前に解約の申入れを行ったところ、相手方から契約書の文言を盾に当該申入れを拒絶されてしまったケースがあります。

　このケースにおいては、最終的に相手方の主張が認められ、必要のない契約を1年間更新せざるを得なくなり、1年間分の費用を支払うこととなりました。

　このように、自動更新条項は継続的契約において実務上頻繁に利用される条項ですが、契約の管理態勢が十分に整っていないと、不要なコストを発生させるおそれがあるため、注意が必要です。

## (20) 裁判管轄・準拠法（第20条）……【Cランク】

　訴訟になった場合に、どの裁判所が事件を担当するかを定めた規定が合意管轄条項です。遠方の裁判所が管轄裁判所とされていた場合、弁護士の日当や証人尋問の費用・負担等が重くのしかかってくるため、自らの所在地とかけ離れた裁判所が専属的合意管轄として規定されていないか注意が必要です。

　なお、「○○裁判所を合意管轄裁判所とする」とだけ記載していると、それ以外の管轄を認めない専属的合意管轄であることが否定されかねないため、「○○裁判所を専属的合意管轄裁判所とする」として、「専属的」という文言を記載するように注意しましょう。

　また、日本企業同士の契約であれば、準拠法が問題となることはあまりありませんが、海外企業と取引をする際には、できる限り準拠法は日本法とするよう交渉することが重要となります。海外現地法が準拠法とされると、契約書の解釈も海外現地法に従うこととなり、予測可能性が著しく低下するとともに、実際にトラブルが発生し訴訟となった場合に、当該海外現地法に精通した現地弁護士を選任する必要が生じ、多大な手間と費用を負担することとなりかねません。

## (21) 誠実協議条項（21条）……【Cランク】

　誠実協議条項は、いわゆる精神条項であり、一種の気休めにすぎないともいえます。もっとも、契約書に規定していない事項についてトラブルが生じた場合、契約書の文言の解釈を巡って争いが生じる場合と異なり、交渉の直接の手がかりとなる条項自体が存在しないため、誠実協議条項を根拠に交渉をスタートするケースもあり、規定しておいて損はないといえます。

> ### *Column* ｜ 債権法改正と売買契約
>
> 　平成27年2月10日、民法（債権関係）部会第99回会議において、「民法（債権関係）の改正に関する要綱案」が決定されました。その後、平成27年3月31日、「民法の一部を改正する法律案」及び整備法が提出され、2017年3月現在、衆議院法務委員会において審議されています。
>
> 　改正事項は多岐に亘っていますが、売買契約についても改正事項の対象となっています。
>
> 　売買契約に係る改正案のポイントは概要以下のとおりです。
>
> - 瑕疵担保責任の法的性質について、契約責任説（売主は、特定物か不特定物売買かにかかわらず、契約で合意された目的物を給付する債務を負うため、瑕疵のある物を給付すれば債務不履行になり、瑕疵担保責任はその場合の売買における債務不履行の特則を定めたものと解する見解）を前提とした規定を整理するとともに、<u>「瑕疵」という文言を、目的物の品質等が「契約の内容に適合していない」に改正</u>。また、<u>「隠れた」との要件を削除</u>。
> - 目的物の品質等が「契約の内容に適合していない」ときに、買主は、売主に対して、<u>①修補等の履行の追完、②代金減額請求、③損害賠償請求、④契約の解除ができることを明記</u>（改正案562条〜564条）。
> - 上記責任追及の期間制限について、目的物の種類・品質に関する契約不適合がある場合には買主がその事実を知った時から1年以内にその事実

を売主に通知することを要することとして改正（ただし、権利行使までは不要）（改正案566条）。
- 手付について、判例を踏まえて、相手方が履行に着手した後について、解除をすることができないことを明文化（改正案557条）。

「公布の日から起算して3年を超えない範囲において政令で定める日」に改正法案が施行されることとされておりますので、当面先の問題であり、最終的に施行されるまでに変更される可能性はありますが、改正の方向性について把握しておくことが望ましいといえます。

## 2　金銭消費貸借契約

　金銭消費貸借契約とは、金銭を目的物とする消費貸借契約（民法587条）をいいます。
　同条は、「消費貸借は、当事者の一方が種類、品質及び数量の同じ物をもって返還をすることを約して相手方から金銭その他の物を受け取ることによって、その効力を生ずる。」と規定していることから、消費貸借契約の要件事実として、売買契約と異なり、金銭の返還約束だけでなく、実際に借主が金銭を受け取ることが必要となります（要物契約）。

【金銭消費貸借契約サンプル】

---

### 金銭消費貸借契約書[a]

貸主　[XXX株式会社]（以下「甲」という。）、借主　[YYY]（以下「乙」という。）及び連帯保証人［ZZZ株式会社］（以下「丙」という。）は、甲が乙に対し以下の条件で金員を貸し付ける旨の契約（以下「本契約」という。）を締結する。

*Part 3*
契約交渉開始後から契約締結までの対応（予防法務）

第1条（消費貸借の合意[b]）　　　　　　　　　　【Aランク】
甲は、下記約定により乙に対し貸し渡し、乙はこれを借り受けた[c]。

- （1）金額　　　　　　金●万円
- （2）弁済期限　　　　平成●年●月●日
- （3）弁済方法　　　　平成●年●月から平成●年●月まで毎月末日限り金●万円を合計●回の元金均等分割弁済
- （4）利率　　　　　　年●％[d]（年365日日割計算）
- （5）利息の支払日　　毎月末日
- （6）遅延損害金利率　年●％[e]
- （7）支払方法　　　　甲の指定する下記銀行口座に振り込む方法により支払う（振込手数料は乙の負担とする[f]）
　　　　　　　　　　　［振込先口座］
　　　　　　　　　　　●銀行●支店
　　　　　　　　　　　普通預金
　　　　　　　　　　　口座番号　●●●●
　　　　　　　　　　　口座名義　●●●●

第2条（期限の利益喪失）　　　　　　　　　　　【Aランク】
乙又は丙に本条各号の事項の一つにでも該当する事由が生じたときは、何らの通知、催告がなくとも当然に、乙は一切の債務について期限の利益を喪失するものとし、直ちにその債務を弁済する。

　　（1）本契約に基づく債務の一つについてでも、その履行を遅滞し、

---

- [a] サンプル契約は、貸主甲が、借主乙（丙社の取締役）に対して、丙社（会社）を連帯保証人として、金員を貸し付ける状況を想定しています。なお、タイトルは「借用書」でも構いません。
- [b] 金銭消費貸借契約において最も重要な条項です。
- [c] 要物契約であるため、「貸し渡し」「借り受けた」と表現する必要があります。
- [d] 利息制限法上の上限利息に抵触しないよう注意しましょう。
- [e] 利息制限法に抵触しないよう注意しましょう。
- [f] 些細な点ですが、忘れずに明記しましょう。

又は違反したとき

(2) 支払の停止又は破産、民事再生、会社更生手続若しくは特別清算の申立てがあったとき

(3) 手形交換所の取引停止処分を受けたとき

(4) 仮差押、仮処分、強制執行若しくは任意競売の申立て又は滞納処分のあったとき

(5) 合併による消滅、資本の減少、営業の廃止・変更又は解散決議がなされたとき

(6) その他、資産、信用又は支払能力に重大な変更を生じたとき

(7) 相手方に対する詐術その他の背信的行為があったとき

第3条(使途) 【Bランク】

乙は、本契約に基づく借入金を、平成●年●月●日付業務提携契約に基づく本件設備投資[g](同契約に定義する。)を実施するための資金としてのみ使用するものとし、他の目的には使用しないものとする。

第4条(表明及び保証) 【Bランク】

乙及び丙は、甲のために、以下の各事項が本契約締結日において[h]真実かつ正確であることを表明し、保証するとともに、後日そのいずれかが本契約締結日において真実又は正確でなかったことが判明したときは、直ちに甲に書面によりその旨を通知するとともに、それにより甲に生じた損失、経費その他の一切の損害を負担する。

(1) 乙及び丙による本契約の締結及び履行は、(ⅰ)乙及び丙が負担する本契約以外のいかなる契約上の義務にも違反する結果とならず、かつ、(ⅱ)その財産を拘束するいかなる日本国の法令等にも違反する結果とならないこと

---

g 使用目的を限定することによって貸付金が浪費されないようにすべく、目的は明確に規定しましょう。

h いつの時点における一定の事項の正確性を表明保証させるか、明確に規定しましょう。

(2) 丙は、日本法上有効に設立された法人であり、本契約を締結し、本契約に基づく一切の債務を負担する法律上の完全な権利能力及び本契約に定められている規定を遵守・履行するのに必要な法律上の完全な権利能力を有しており、本契約が有効に丙を拘束すること

(3) 乙及び丙は、本契約の締結・交付及び本契約に基づく一切の債務を遵守・履行するために必要となる日本法並びに丙の社内の承認手続をすべて適法に完了していること

(4) 乙及び丙による本契約上の義務の履行に重大な影響を及ぼす訴訟・係争等が発生していないこと

(5) 乙及び丙は、現在、暴力団、暴力団員、暴力団員でなくなったときから5年を経過しない者、暴力団準構成員、暴力団関係企業、総会屋等、社会運動標ぼうゴロ又は特殊知能暴力集団等、その他これらに準ずる者(以下、これらを「暴力団員等」という。)に該当しないこと、及び次の各号のいずれか一にも該当しないことを表明し、かつ将来にわたっても該当しないことを表明し、保証する。

① 暴力団員等が経営を支配していると認められる関係を有すること

② 暴力団員等が経営に実質的に関与していると認められる関係を有すること

③ 自己、自社若しくは第三者の不正の利益を図る目的又は第三者に損害を加える目的をもってするなど、不当に暴力団員等を利用していると認められる関係を有すること

④ 暴力団員等に対して資金等を提供し、又は便宜を供与するなどの関与をしていると認められる関係を有すること

⑤ 役員又は経営に実質的に関与している者が暴力団員等と社会的に非難されるべき関係を有すること

第5条（届出事項の変更） 　　　　　　　　　　【Cランク】
1．乙及び丙は、自己の名称、商号、代表者、住所その他届出事項に変更があったときは、直ちに書面によって甲に届け出るものとする。
2．前項の届出を怠ったため、通知又は送付された書類等が延着し又は到達しなかった場合には、通常到達すべき時に到達したものとみなす。

第6条（公正証書の作成[i]） 　　　　　　　　　　【Bランク】
1．乙及び丙は、本契約締結後［14］日以内に、本契約と同一の約定による執行認諾文言付公正証書を作成する。
2．前項の公正証書作成に要する費用は乙及び丙の負担とする。

第7条（連帯保証） 　　　　　　　　　　【Bランク】
1．丙は、本契約に基づき、乙が甲に対して負担する一切の債務について連帯して[j]保証する。
2．丙は、乙が丙の取締役であり、前項に定める連帯保証に関して、丙の取締役会において会社法第356条第1項に定める承認[k]を得たことを約し、その旨が記載された取締役会議事録を本契約書に添付するものとする。

第8条（債権譲渡禁止） 　　　　　　　　　　【Cランク】
甲は、本契約上の権利について、乙の事前の書面による承諾なく、第三者に対して譲渡してはならない。

第9条（費用負担） 　　　　　　　　　　【Cランク】
本契約の締結に要するすべての印紙税、登録税その他これらに類する税

---

[i] 貸主の債権回収リスクを軽減する観点からは、できる限り借主の公正証書作成義務を規定するようにしましょう。
[j] 連帯保証人を付ける場合は、「連帯して」の文言を規定しましょう。
[k] 借主が会社の取締役等であり、会社が当該取締役等の債務を保証する場合、会社法上の利益相反取引に係る取締役会の承認を得ていることを担保させましょう。

金、料金若しくは手数料は乙の負担とする。

第10条（通知）　　　　　　　　　　　　　　　　　【Cランク】
本契約に基づく通知、要請、要求、放棄、承認、同意又はその他の通信は、個別の条項に別途規定する場合を除き、すべて書面（電子メールを含む[l]。本契約書において同じ。）によって別紙記載の通知先に宛てて郵送することによってなされるものとする。

第11条（準拠法及び管轄裁判所）　　　　　　　　　【Cランク】
1．本契約は、日本法を準拠法とし、同法に従って解釈されるものとする。
2．本契約に関する紛争については、［東京］地方裁判所を第一審の専属的[m]合意管轄裁判所とする。

第12条（誠実協議）　　　　　　　　　　　　　　　【Cランク】
本契約に定められていない事項又は解釈上疑義が生じた事項については、その都度、甲乙丙誠意をもって協議決定する。

　本契約の成立を証するため本契約書を３通作成し、甲乙丙[n]各記名押印の上、各１通を保有する。

平成　　年　　月　　日

　　　　　　　　　　　　　　　　　　　　［所在地］　　〇〇〇〇
　　　　　　　　（貸　　　主）甲[o]　　［会社名］XXX株式会社
　　　　　　　　　　　　　　　　　　　　［代表者氏名］●●●●

---

l 「書面」に電子メールが含まれるかは実務上争点となる場合がありますので、あらかじめ明確化しておきましょう。
m 「専属的」の文言を忘れずに規定しましょう。
n 連帯保証人も忘れずに当事者に含め、契約書も３通作成しましょう。
o 最後に当事者が入れ替わっていないか、確認しましょう。

|  |  | [住所] | ○○○○ |
|---|---|---|---|
| （借　　主）乙 |  |  |  |
|  |  | [氏名] | YYY |
|  |  |  |  |
|  |  | [所在地] | ○○○○ |
| （連帯保証人）丙 |  | [会社名] | ZZZ株式会社 |
|  |  | [代表者氏名] | ●●●● |

## （1）消費貸借の合意（第1条）……【Aランク】

　金銭消費貸借契約は要物契約であるため、要件事実として、金員の交付が必要となります。

　したがって、実際に金員の「受渡し」が必要となるため、<u>消費貸借契約書上も、「貸し渡し」「借り受けた」と表記する必要があります。</u>

## （2）元本・利息及び弁済期（第1条）……【Aランク】

　元本を一括返済する場合は満期日に返済する旨を、分割返済する場合は返済スケジュールに従って返済する旨を規定することとなります。また、利息についても、計算方法や弁済期を明確に規定するとともに、利息制限法上の上限利息に抵触しないよう注意する必要があります。上限利息を超える利息を定めていたとしても、上限利息を超える部分については無効となり、上限利息を超えて支払がなされたときは、当然に残元本に充当されることとなります。

　なお、金銭の貸付けを行う者が年109.5％を超える割合による利息の約定をしたときには、5年以下の懲役若しくは1000万円以下の罰金に処し、又は併科するとされている（出資法5条1項）とともに、金銭の貸付けを業として行う者が年20％を超える割合による利息の約定をしたときには、5年以下の懲役若しくは1000万円以下の罰金に処し、又は併科することとされています（出資法5条2項）。

## （3）遅延損害金（第1条）……【Aランク】

遅延損害金は、借主が弁済期までに元本及び利息を支払わない場合に、それによって貸主が被る損害を賠償するために規定されることから、通常の利息より高い利率が定められることとなります。そして、利息制限法上は、上限利息の1.46倍までとされています（利息制限法4条1項）。

【利息制限法上の上限利息と遅延損害金】

|  |  | 上限利息 | 遅延損害金 |
|---|---|---|---|
| 利息制限法 | 元本10万円未満 | 20% | 29.2% |
|  | 元本10万円以上100万円未満 | 18% | 26.28% |
|  | 元本100万円以上 | 15% | 21.9% |

## （4）期限の利益喪失（第2条）……【Aランク】

**期限の利益**とは、借主が、弁済期が到来するまでは貸主から返済請求を受けないという利益をいいます。

そして、**期限の利益喪失条項**とは、借主（又は契約の内容によっては連帯保証人）に一定の事由が生じた場合に、かかる期限の利益を失わせ、貸主が直ちに貸付金全額の弁済を求めることができるようにする条項をいいます。貸主にとって有利な条項であり、期限の利益喪失事由ができる限り多数列挙されている方が、より貸主にとって有利な内容といえます。

これに対して、借主の立場からは、期限の利益喪失条項がないことがベストといえ、仮に規定されているとしても、できる限り当該事由は少なく、かつ、限定されている方が有利といえます。また、借主に有利な内容へと修正する場合には、期限の利益喪失事由を限定するだけでなく、期限の利益喪失条項に係る手続を厳格に規定する（たとえば、貸主から借主に対する書面による通知を必要とする、等）ことによって、実際に当該条項が機能する場面を絞り込ませる、という方法も考えられます。

【期限の利益喪失条項に係る手続の厳格化】

> 第●条（期限の利益喪失）
> 借主について、以下に掲げる各号の一に該当する事態が生じた場合には、<u>貸主の書面による通知により</u>、借主は期限の利益を失い、直ちに元利金を返済するものとする。

その他、仮に借主について期限の利益喪失事由に該当する事態が生じたとしても、一定の場合には治癒を認める旨の条項を追記することにより、借主に期限の利益を取り戻すチャンスを認めるという方法も考えられます。

【期限の利益喪失事由に該当する場合の治癒】

> 第●条（期限の利益喪失）
> 借主について、以下に掲げる各号の一に該当する事態が生じた場合には、貸主からの何らの通知催告がなくても借主は当然に期限の利益を失い、直ちに元利金を返済するものとする。<u>ただし、第1号に規定する事由については、貸主の書面による通知により、借主に対して当該事由の治癒を促したにもかかわらず、借主が当該通知を受領した日から5営業日以内に治癒しない場合に限り、借主は期限の利益を失うものとする。</u>

## （5）資金使途（第3条）……【Bランク】

　貸主側の立場からすると、債権の保全及び回収を確実なものとすべく、資金使途を契約上明確にし、それ以外の目的で借主が資金を使用した場合、債務不履行に該当するよう規定しておくことが望ましいといえます。

　実際の使途や返済計画はできる限り具体的に当事者間で協議しておくことが望ましいですが、契約書の文言上は、「運転資金」、「設備資金」などと、ある程度概括的に規定されることが通常です。

## (6) 表明保証 (第4条) ……【Bランク】

　多額の貸付けを行う場合には、事前に貸付けの判断を慎重に検討すべく、借主から提出される決算書等の資料に誤りがないことや、簿外債務が存在しないこと、借主（及び連帯保証人）が反社会的勢力に該当しないこと等を表明させ、保証させることが望ましいといえます。

　貸主にとって有利な規定であるため、自社が貸主となる場合には、可能な限り規定するようにしましょう。

## (7) 届出事項の変更 (第5条) ……【Cランク】

　借主が貸付金の返済を怠ったにもかかわらず、住所等が無断で変更されており連絡が取れなくなる事態に備えて、予防法務の観点から、借主及び連帯保証人の住所・商号等、基本的な情報について随時把握できるよう、一定の事項を届け出させるとともに、変更があった場合には直ちに書面で通知するよう規定しておくべきといえます。

## (8) 公正証書の作成 (第6条) ……【Bランク】

　公正証書とは、公証人が契約当事者の嘱託により、その前面で陳述した契約内容を録取して作成した証書をいいます。公正証書を作成した場合、<u>金銭の一定の額の支払、又はその他の代替物若しくは有価証券の一定の数量の給付を目的とする請求については、判決を得なくても直ちに強制執行を行うことができるようになる</u>、という効果が認められています。

　したがって、強制執行認諾文言付公正証書を作成することにより、原則として裁判手続によらずに、金銭支払債務について強制執行を行うことができるようになるため、本条項を規定することにより、貸主は大きく有利な立場になるといえます。

## (9) 連帯保証 (第7条) ……【Bランク】

　連帯保証とは、主たる債務者である借主と同じ立場で連帯保証人が債務を負担することをいい、貸主は、借主が払ってくれない場合、直ちに連帯保証人に

対して貸付金全額の支払請求を行うことができます。したがって、連帯保証人がいるということは、貸主からすれば、借主があたかも二人いるかのような状況になるといえ、非常に有利な条項といえます。

　なお、<u>保証契約は、例外的に書面で締結する必要がある契約類型</u>とされています（民法446条2項）ので、忘れずに連帯保証人も当事者として規定するとともに、きちんと署名押印を受領する必要があることに留意しましょう。また、稀に、会社に対して貸し付ける場合には、自動的に当該会社の代表取締役に対しても貸付金の返済請求ができると誤解されている場合がありますが、<u>あくまで会社と代表取締役とは法的には別の人格ですので、代表取締役自身が保証人とならなければ、代表取締役個人から債権回収を図ることはできない</u>ので注意が必要です。

　なお、会社の取締役等が借主となり、当該会社がその連帯保証人となる場合は、当該取締役等による金銭消費貸借契約の締結は会社との利益相反取引となるため、取締役会設置会社であれば取締役会の承認が必要となります（会社法365条・356条1項）。当該承認が行われない場合、会社との連帯保証契約が無効となる可能性があるため、貸主としては当該社内手続がきちんと履行されたことを確認できるよう、契約書で担保することが望ましいといえます（サンプル契約第7条2項参照）。

## (10) 債権譲渡禁止（第8条）……【Cランク】

　債権は自由に譲渡できるのが原則です（民法466条1項）ですが、予防法務の観点から、借主にとっては貸主以外の第三者から突然貸付金の返済を求められることがないよう、債権譲渡禁止特約を規定しておくことが望ましいといえます。

## (11) 費用負担（第9条）……【Cランク】

　金銭消費貸借契約の本質に影響する条項ではありませんが、無用なトラブルを防止する予防法務の観点から、費用の負担者についても明記しておきましょう。

## (12) 通知（第10条）……【Cランク】

　予防法務・臨床法務の観点から、通知方法についてもあらかじめ規定しておくことが望ましいといえます。とくに、履行期直前になって緊急に相手方当事者に連絡を取る必要が生じた場合、電子メールによる通知であっても契約書上の「通知」方法に含まれるかは、あらかじめ明記しておくべきでしょう。

## (13) 裁判管轄・準拠法（第11条）……【Cランク】

　裁判管轄・準拠法に関する留意点については、176頁をご参照ください。

## (14) 誠実協議条項（第12条）……【Cランク】

　誠実協議条項に関する留意点については、177頁をご参照ください。

---

**Column** | **債権法改正と諾成的消費貸借契約**

　現在、債権法改正が審議されていますが、消費貸借契約についても改正の対象となっています。

　消費貸借契約に係る改正案のポイントは概要以下のとおりです。

- 書面によってする諾成的な消費貸借契約が有効であることを明文化し、借主は目的物を受け取るまでは諾成的消費貸借契約を解除することができるものの、貸主が当該解除によって損害を受けたときは、損害賠償請求をすることができる（改正案587条の2）。
- 利息について、特約がなければ借主に対して利息を請求することができない旨の規定の新設（改正案589条）。
- 借主が期限前弁済をした場合において、貸主が損害を受けたときは、借主に対して損害賠償請求をすることができる旨を明文化（改正案591条）。

## 3 不動産賃貸借・売買契約

### (1) 不動産賃貸借契約

不動産賃貸借契約とは、当事者の一方が相手方に不動産を使用させる対価として、賃料を受け取る契約をいいます。

当該不動産賃貸借契約に借地借家法が適用される場合、契約書の規定よりも、借地借家法上の規制が優先的に適用されるため、不動産賃貸借契約をドラフト・レビューする際には、常に借地借家法を考慮する必要があります。

---

### 建物貸借契約書[a]

賃貸人［XXX株式会社］（以下「甲」という。）、賃借人［YYY株式会社］（以下「乙」という。）及び連帯保証人[b]［ZZZ］（以下「丙」という。）は、後記物件目録記載の建物（以下「本件建物」という。）について、本日、以下のとおり賃貸借契約（以下「本契約」という。）を締結する。

第1条（目的）　　　　　　　　　　　　　　　　　　　【Aランク】
甲は、乙に対し、以下の約定に従い、乙によるテナント用施設として利用[c]することを目的として本件建物を賃貸し、乙はこれを賃借した。

第2条（賃貸借期間）　　　　　　　　　　　　　　　　【Aランク】
1．本契約の期間は、平成●年●月●日から平成●年●月●日までとする。

---

[a] サンプル契約では「建物」賃貸借契約としていますが、たとえば「本件建物」を「本件土地」に修正する等していただければ、「土地」賃貸借契約として利用することも可能です。
[b] 連帯保証人をつける場合であれば、明確化の観点から、前文の当事者にも連帯保証人を含めておいた方がよいでしょう。
[c] 賃貸借の目的についても明確に規定しておきましょう。

2．第1項に規定する契約期間の満了の［1］月前までに双方から契約を更新しない旨の書面による意思表示がない場合には、契約期間満了の翌日からさらに［1］年間、同一の条件をもって本契約が更新されたものとし、以後も同様とする。

第3条（賃料等）　　　　　　　　　　　　　　　　　　　【Aランク】
1．本件建物の賃料等は、月額●万円（消費税別[d]）とする。
2．本件建物の共益費は、月額●万円（消費税別）とする。
3．乙は、甲に対し、毎月●日限り、翌月分の賃料及び共益費に消費税及び地方消費税を付加した金額を、甲の指定する銀行口座に振り込む方法により支払う。なお、振込手数料は乙の負担[e]とする。
4．1ヶ月に満たない期間の賃料は、1月を30日とした日割計算とする。
5．甲及び乙は、本契約の契約期間中であっても、本件建物の敷地若しくは本件建物に対する租税その他の負担の増減、本件建物の敷地若しくは本件建物の価格の上昇若しくは低下その他経済事情の変動又は近傍同種の建物の賃料との比較により、本件建物の賃料が不相当となった場合には、双方協議の上、第1項の賃料及び第2項の共益費の額を増減することができる。

第4条（保証金[f]）　　　　　　　　　　　　　　　　　【Bランク】
1．乙は、本契約から生じる債務の担保のため、保証金として●万円を本契約締結と同時に甲に預託する。なお、保証金に利息は付さない[g]。
2．甲は、乙に賃料その他本契約に基づく債務の不履行又は損害賠償債務がある場合には、当該債務の額を保証金から差し引くことができる。
3．前項の規定により保証金を乙の債務に充当した場合には、乙は、甲に

---

**d**　消費税分をどちらが負担するかも明記しておきましょう。
**e**　振込手数料を誰が負担するかも明記しておきましょう。
**f**　「敷金」と「保証金」は、名称が異なるだけであり、法的な違いはありません。
**g**　トラブルを防止すべく、保証金に対する利息の有無も明記しましょう。

対し、速やかに保証金不足額を追加して預託しなければならない。
4．乙は、本件建物を明け渡すまでの間、保証金をもって賃料その他の債務と相殺することができない。
5．乙は、保証金に関する債権を第三者に譲渡し、又は債務の担保に供してはならない。

第5条（保険）　　　　　　　　　　　　　　　　　　　　【Ｃランク】
乙は、自己の負担において、本件建物内に保管する物品に関し、火災保険、責任保険その他必要な保険を付保しなければならない。

第6条（反社会的勢力の排除[h]）　　　　　　　　　　　　【Ｂランク】
1．乙は、甲に対し、自らが、次の各号に該当する者（以下「反社会的勢力」という。）ではないことを表明し、これを保証するとともに、将来にわたって反社会的勢力とならないことを確約する。
　（1）暴力団
　（2）暴力団員（暴力団員でなくなった日から5年を経過しない者を含む）
　（3）暴力団準構成員
　（4）暴力団関係企業
　（5）総会屋等、社会運動等標榜ゴロ又は特殊知能暴力集団等
　（6）その他前各号に準ずる者
2．乙は、甲に対し、自ら又は第三者を利用して、次の各号に該当する行為を行わないことを確約する。
　（1）暴力的な要求行為
　（2）法的な責任を超えた不当な要求行為
　（3）取引に関して、脅迫的な言動をし、又は暴力を用いる行為
　（4）偽計又は威力を用いて甲の信用を毀損し、又はその業務を妨害

---

[h] 賃貸借契約においては、借主が実際は反社会的勢力であったことが事後に判明するケースが少なくないため、他の契約類型に比して重要といえます。

する行為
（5）反社会的勢力に対して資金等を提供し、又は便宜を供与する行為
（6）反社会的勢力を不当に利用する行為
（7）反社会的勢力を自らの運営、経営に関与させる行為
（8）反社会的勢力と社会的に非難されるべき関係を持つ行為
（9）その他前各号に準ずる行為

第7条（物件の管理義務）　　　　　　　　　　　　　　　【Bランク】
1．乙は、甲の注意に従い、本件建物を善良なる管理者としての注意をもって管理し、使用しなければならない。
2．乙は、本件建物が損傷又はそのおそれのあるときは直ちに甲に通知するとともに、甲乙別途協議の上、乙の修繕部分と定められた部分については、乙の負担において、直ちに修繕を行わなければならない。
3．甲は、乙の退去時、本件建物等の検査をするものとし、その結果に基づき、破損、滅失、原状回復を要する箇所のある場合、乙は直ちに修復するものとする。

第8条（設備造作等）　　　　　　　　　　　　　　　　　【Bランク】
1．乙が造作、設備の新設、除去、変更等、本件建物の原状を変更しようとするときあるいは敷地内に工作物を築造しようとするとき、または敷地の原状を変更しようとするときは、あらかじめ甲の承諾を受けなければならない。看板、宣伝文書類の取り付けもこれに準ずるものとする。
2．乙がなしたる造作、設備、築造した造作物、変更した敷地等は、退去時にすべて撤去し、原状に復さなければならない。ただし、乙が無償のまま甲にこれら造作物等を譲渡することを甲が承諾したものについてはこの限りではない。
3．甲が乙に対して貸与する造作、設備、備品等は、本件建物の一部として、乙の責任において管理使用するものとする。甲は、その修繕費用等を負担しない。

4．乙は、前各項の造作、設備、備品等を第三者に譲渡することはできない。

5．乙は、甲に対し、乙のなしたる造作等の買取請求はできない[i]。


第9条（水道光熱費）　　　　　　　　　　　　　　　　　【Cランク】

乙は、以下の費用について、自らの負担で支払うこととする。

　　（1）電気及び水道料金等の水道光熱費等
　　（2）衛生清掃費
　　（3）冷暖房費


第10条（禁止事項）　　　　　　　　　　　　　　　　　【Bランク】

乙は次の行為をしてはならない。

　　（1）賃借権を譲渡し又は担保の用に供すること（内装・什器・備品等の譲渡を含む）
　　（2）不潔、悪臭その他、他人の迷惑となる物品の搬入
　　（3）乙は、本件建物において、発火物その他の危険物を搬入し、又は保管してはならない
　　（4）近隣住民の迷惑となる行為又は物件に損害を及ぼすような一切の行為


第11条（立入検査[j]）　　　　　　　　　　　　　　　　【Cランク】

1．甲は、本件建物の維持管理上必要がある場合には、本件建物に立ち入り、点検を行い、適宜の措置を講ずることができる。

2．甲が前項の点検及び修繕等を行う場合には、事前に乙に通知するものとする。ただし、緊急の場合であって乙に対して事前に通知することができない場合は、乙に事前に通知することなく、本件建物内に立ち入り、点検、修繕等を行うことができる。この場合においては、甲

---

[i] 造作買取請求権の有無についても明記しておきましょう。

[j] 管理上、貸主が立入検査を行う必要が生じるケースがありうるため、トラブル防止のために規定しておくことが望ましいといえます。

は、乙に対し、事後速やかに点検、修繕等のため本件建物内に立ち入った旨通知するものとする。

第12条（延滞損害金）　　　　　　　　　　　　　　　　【Bランク】
乙は、本件建物の賃料等の全部又は一部の支払を遅延したときは、遅延に対し、年利6％の割合による遅延損害金を甲に支払うものとする。

第13条（損害賠償責任）　　　　　　　　　　　　　　　【Bランク】
1．乙は、乙の故意又は過失により、本件建物を滅失又は毀損した場合その他甲に損害を与えた場合には、甲に対し、これによって生じた一切の損害を賠償しなければならない。ただし、乙による損害賠償責任は、第3条第1項に規定する毎月の賃料の［3］ヶ月分を上限とする[k]。
2．乙は、乙の故意又は過失により第三者に損害を与えた場合には、これによる一切の責任を負担しなければならない。
3．第1項及び前項の規定の適用にあたっては、乙の役員、使用人、代理人、請負人等の故意又は過失により生じた損害は、乙の故意又は過失により生じた損害とみなす。

第14条（当然終了[l]）　　　　　　　　　　　　　　　　【Cランク】
天災地変、火災等により本件建物が滅失又は毀損し、本契約の目的を達することが不可能となった場合には、本契約は当然に終了する。

第15条（契約の解除[m]）　　　　　　　　　　　　　　　【Aランク】
乙が次の各号のいずれかに該当するときは、甲は催告によらずに本契約を解除することができる。この場合、乙は、一切の権利を放棄して直ちに本

---

k　損害賠償責任の範囲を巡って争いになることが多いため、あらかじめ上限を明記しておきます。
l　契約期間中に建物が滅失した場合の処理についても規定しておきましょう。
m　判例により、解除の要件が厳格化されていることに注意が必要です。

件建物を退去し明け渡さなければならない。また、甲が強制的にこの措置を講じたとしても、乙は異議を申し立てない[n]。

 （1）本件建物を乙の責により滅失または毀損しながら、甲の原状回復、損害賠償の要求に応じないとき
 （2）乙が本件建物又は共同施設において火災を発生させたとき
 （3）乙が正当な事由なく第11条に基づく甲の本件建物の立ち入りや検査等を拒んだとき
 （4）乙が暴力団等の反社会的勢力の関係者であると判明したとき、または協同の秩序を乱す行為があったとき
 （5）乙が賃料等の支払を遅延したとき
 （6）乙が本件建物を無断で第三者に転貸し、または賃借権を譲渡したとき
 （7）乙につき破産、民事再生、会社更生、特別清算その他の倒産手続の申し立てがあった場合又は乙の財産に対して差押え、仮差押え若しくは滞納処分がなされた場合
 （8）乙が本契約の各条項のいずれかに違反した場合[o]。

## 第16条（原状回復） 【Bランク】

期間満了、当然終了、解約、解除その他の理由によって本契約が終了した場合には、乙は、甲に対し、本件建物を引渡時の原状に復して返還しなければならない。

## 第17条（連帯保証人） 【Bランク】

1．丙は、甲に対し、本契約に基づき乙が甲に対して負う一切の債務につき、連帯して[p]保証する。

---

[n] 賃貸借契約においては、物理的に借主を不動産から追い出す必要があるため、借主には異議申立権がない旨を規定しておきましょう。
[o] 第1条の使用目的に違反した場合も、本号により解除することが可能です。
[p] 連帯保証を行う場合、「連帯して」の文言を規定する必要があります。

2．丙の死亡、解散等の事由により連帯保証人が欠けた場合又は丙に破産、民事再生その他その信用を失わせる事情が生じた場合には、乙は、遅滞なく、他の連帯保証人に保証を依頼し、甲との間で本契約に係る連帯保証契約を締結させなければならない。

第18条（準拠法及び管轄裁判所）　　　　　　　　　　　　【Cランク】
1．本契約は、日本法を準拠法とし、同法に従って解釈されるものとする。
2．本契約に関する紛争については、［東京］地方裁判所を第一審の専属的[q]合意管轄裁判所とする。

第19条（協議）
本契約に定められていない事項又は解釈上疑義が生じた事項については、その都度、甲乙丙誠意をもって協議決定する。

　本契約の成立を証するため本契約書を3通作成し、甲乙丙各記名押印の上、各1通を保有する。

平成　　年　　月　　日

　　　　　　　　　　　　　　　　　　［所在地］　　〇〇〇〇
　　　　　　　　　　　　　甲[r]　　［会社名］XXX株式会社
　　　　　　　　　　　　　　　　　　［代表者氏名］●●●●

　　　　　　　　　　　　　　　　　　［所在地］　　〇〇〇〇
　　　　　　　　　　　　　乙　　　［会社名］YYY株式会社
　　　　　　　　　　　　　　　　　　［代表者氏名］●●●●

---

q　「専属的」の文言を忘れずに規定しましょう。
r　最後に当事者が入れ替わっていないか確認しましょう。

|  |  | [住所] | ○○○○ |
|---|---|---|---|
|  | 丙[s] |  |  |
|  |  | [氏名] | ZZZ |

### ア　目的（第1条）……【Aランク】

不動産賃貸借契約では、使用目的を明確に規定することが一般的です。

使用目的が明確に定められていないと、たとえば、貸主としては住居用に貸したつもりで、借主に店舗用に使用されてしまうと、周囲の住民から苦情を寄せられる可能性があるとともに、賃貸物件に原状回復が困難な改築等を加えられるおそれがあり、予想外の不利益を被る可能性があります。

借主が目的外使用を行った場合、解除事由とすることが一般的であり、サンプル契約では、第15条第8号により解除することが可能となるように規定しています。

### イ　賃貸借期間（第2条）……【Aランク】

賃貸借期間は不動産賃貸借契約において最も重要な条項のひとつです。借地借家法の適用のある建物賃貸借契約では、契約期間は最低1年間とされ、1年未満の契約期間を定めた場合、期間の定めのない契約とみなされてしまいます（借地借家法29条）。また、借地借家法の適用のある建物賃貸借契約については、期間満了の1年前から6ヶ月前までの間に更新拒絶の通知を行っていなければ、更新前の契約と同一条件で更新されたものとみなされます（借地借家法26条1項）。その場合、契約期間は、期間の定めのないものとされてしまうことに注意が必要です。また、更新拒絶には、更新を拒絶するだけの正当事由が必要とされ、正当事由が存在しなければ更新拒絶は認められません（借地借家法28条）。これらの規定は、賃借人保護のための規定であることから、契約書の規定よりも優先して適用されることとされており、借地借家法に反する契約書の規定は無効となります（借地借家法30条）。

---

s　連帯保証人も忘れずに当事者欄に署名押印をしましょう。

なお、借地借家法の適用のある土地賃貸借契約では、契約期間は最低30年間とされており、これより短い契約期間を定めたとしても、30年間の契約とみなされます（借地借家法3条）。

したがって、不動産賃貸借契約を締結する際には、これら借地借家法上の規定に十分に留意する必要があります。

### ウ 賃料等（第3条）……【Aランク】

賃料は不動産賃貸借契約における最も重要な関心事のひとつであるため、明確に規定しましょう。

また、共益費を設定する場合も、同様に明確に規定しましょう。

### エ 保証金（第4条）……【Bランク】

「保証金」、「敷金」はいずれも名称こそ異なりますが、その法的性質は同様のものとされています。

もっとも、契約ごとにその内容は個別に規定されることから、不動産賃貸借契約を締結する場合はその内容を具体的かつ明確に定めておく必要があります。

なお、「保証金」、「敷金」と異なり、「礼金」は、通常返還されることが予定されていない金銭をいい、「権利金」などと呼称されることもあります。

### オ 保険（第5条）……【Cランク】

不動産賃貸借契約において、火災保険等に加入させる場合、貸主・借主いずれの負担で加入するかも明確に規定しておきましょう。

### カ 反社会的勢力の排除（第6条）……【Bランク】

反社会的勢力の排除に関する留意点については、172頁をご参照ください。

なお、不動産賃貸借契約においては、契約期間が長期間に及ぶことが通常であり、契約締結後に借主が実は反社会的勢力であったことが判明するケースが少なからずあることから、一回限りの売買契約などに比して、当該条項の重要性は高いといえます。

キ　物件の管理（第7条）……【Bランク】

　不動産賃貸借契約においては、借主の使用により賃貸物件の価値が減損することは避けられませんが、他方で借主の使用にも一定の注意義務を課す必要があります。

　そこで、契約書上も借主に一定の注意義務を課すとともに、物件に損傷等が生じた場合の処理をあらかじめ明確化しておくことが望ましいといえます。

ク　設備造作等（第8条）……【Bランク】

　とくに店舗用物件等の賃貸借において、借主が造作を行うことがあります。

　造作によって不動産の価値が高まるとは限らず、むしろ減少する可能性があることから、貸主に無断で行われることがないよう、借主による造作等の可否及び方法についてはあらかじめ契約書で明記しておきましょう。

ケ　水道光熱費（第9条）……【Cランク】

　不動産賃貸借契約における本質的な部分ではありませんが、予防法務の見地から、水道光熱費等、借主が負担すべき費用項目についてもあらかじめ明確化しておきましょう。

コ　（借主の）禁止事項（第10条）……【Bランク】

　不動産賃貸借契約は、契約期間が長期間にわたることが通常であることから、契約期間中に周囲の住民や他の借主に迷惑をかけ、想定外のトラブルが生じないよう、あらかじめ借主の禁止行為を明確に規定しておきましょう。

　サンプル契約では、賃借権の無断譲渡も禁止事項の一つに含めて規定していますが、別途「権利の譲渡禁止」等として、独立の条項を設けて規定しても構いません。

サ　立入検査（第11条）……【Cランク】

　不動産賃貸借契約においては、契約期間が長期間に及ぶとともに、借主の使用に伴って配水管の詰まりや冷暖房器具の故障、共用通路の破損等、様々なトラブルが生じる事態が想定されます。

かかる事態においては、貸主に賃貸物件への立入を認める必要が生じ得ることから、あらかじめ一定の場合には貸主による立入検査を実施する場合があることを明記しておくとよいでしょう。

### シ　延滞損害金（第12条）……【Bランク】

賃料の不払いがあった場合、借主に対して債務不履行責任を追及できるのはもちろんですが、賃料の支払を促すべく、遅延損害金についても規定しておくことが望ましいといえます。

### ス　損害賠償（第13条）……【Bランク】

損害賠償の範囲は、実務上非常に論点となりやすく、その取扱いを巡ってドラフティング段階で交渉のタネとなることは非常に多いため、損害賠償の予定としてあらかじめ当事者間で明確に損害賠償額を定めておく場合があります。

この場合、裁判所は実際の損害額にかかわらず、金額を増減することはできないとされている（民法420条1項）ことに注意が必要です。

### セ　当然終了（第14条）……【Cランク】

賃貸物件が火災等により滅失した場合、不動産賃貸借契約の目的物である建物の自体が消失してしまうことから、当然に契約を維持することはできなくなります。

東日本大震災等の予期できない天変地異が生じた場合に備えて、予防法務の見地からは、あらかじめ契約書に明記しておくとよいでしょう。

### ソ　解除（第15条）……【Aランク】

賃貸借契約における解除は、通常の売買契約等と異なり、判例により解除事由の解釈が厳格化されているため注意が必要です。

不動産賃貸借契約は、借主の生活又は営業の基盤となっているため、解除事由に形式的に該当するからといって容易に解除されてしまうと、借主の生計の基盤を奪うことになりかねないため、判例において、解除が認められるための要件が厳格化されています。

具体的には、原則として、賃貸人と賃借人との間の信頼関係が破壊された場合に限って解除が認められるものとされています（**信頼関係破壊の法理**）。

そのため、契約書上は、「本契約の各条項のいずれかに違反したとき」を解除事由として規定することが通常ですが、たとえ契約違反に該当したとしても、上記判例法理に基づき、貸主・借主間の信頼関係が破壊されたと評価されるに至らない程度の違反であれば、貸主は解除できないこととなります。

具体的には、一ヶ月分程度の賃料不払いであれば、信頼関係が破壊されたとまではいえず、解除は認められないこととされています。

したがって、とくに不動産賃貸借契約における解除事由の解釈について争いとなった場合は、当該分野に詳しい外部弁護士に相談するなど、慎重な検討を要することに注意が必要です。

### タ　原状回復（第16条）……【Bランク】

本条項では、契約が終了した際の明渡義務について規定しています。

なお、実務上、借主が、契約は終了しているにもかかわらず、賃貸物件に居座り続け、立退料の支払を要求する場合があります。その場合に備えて、契約書上、「借主は、明渡に際して、事由のいかんを問わず、立退料を請求してはならない」旨の規定を追記することも考えられます。

### チ　連帯保証人（第17条）……【Bランク】

連帯保証人に関する留意点については、187頁をご参照ください。

### ツ　裁判管轄・準拠法（第18条）……【Cランク】

裁判管轄・準拠法に関する留意点については、176頁をご参照ください。

### テ　誠実協議条項（第19条）……【Cランク】

誠実協議条項に関する留意点については、177頁をご参照ください。

## （2）不動産売買契約

　不動産売買契約は、売買契約の一種ですが、一般に高額な財産を対象とし、多くの場合、生活又は営業の拠点となるという土地又は建物を取引の対象とする契約であることを特徴の一つとしています。

　したがって、基本的には売買契約の項目における説明が妥当しますが、生計の基盤となる資産に係る契約という点で、不動産賃貸借契約と同様の視点が妥当することから、不動産賃貸借契約とともに概説することとします。

---

### 土地売買契約書[a]

売主［XXX株式会社］（以下「甲」という。）と買主［YYY株式会社］（以下「乙」という。）は、後記物件目録記載の土地（以下「本件土地」という。）について、本日、以下のとおり売買契約（以下「本契約」という。）を締結する。

第1条（売買）　　　　　　　　　　　　　　　　　　　　【Aランク】
甲は、乙に対し、本件土地を以下の約定で売り渡し、乙はこれを買い受ける。
　（1）平成●年●月●日限り、中間金として金●万円
　（2）平成●年●月●日限り、第4条に定める所有権移転登記手続及び第5条に定める本件土地の引き渡しを受けるのと引き換えに、売買残代金として金●万円（うち金●万円は第3条により交付された手付金を充当する）

第2条（本件土地の実測等）　　　　　　　　　　　　　　【Bランク】

---

　[a]　サンプル契約では「土地」売買契約書として作成していますが、契約書中の「本件土地」を「本件建物」に修正する等の修正をしていただければ、「建物」売買契約書としても利用することができます。

1．甲は本契約締結後直ちに本件土地を実測する。なお、測量費用は甲の負担[b]とする。
2．本件土地の面積は実測によるものとし、実測された面積が登記簿記載の面積と異なるときは、1㎡当たり金●万円の単価にて売買代金を増減修正[c]する。

第3条（手付[d]）　　　　　　　　　　　　　　　　　　　　【Bランク】
1．乙は甲に対し本契約締結と同時に手付金として金●万円を支払うものとする。
2．手付金は、第1条に定める売買代金の支払いにおいて、無利息にて売買代金の一部に充当される。
3．手付金は解約手付[e]とし、相手方が本契約の履行に着手する前[f]において、甲は手付金を倍返しすることにより、乙はこれを放棄することにより、本契約を解除できる。

第4条（所有権移転登記）　　　　　　　　　　　　　　　　【Bランク】
1．甲は、乙に対し、平成●年●月●日限り、第1条2号に定める売買残代金の支払いと引き換えに、本件土地について所有権移転登記手続を行う。
2．所有権移転登記に要する登記費用は乙の負担[g]とする。
3．第1項に定める登記手続については、その登記手続に必要な書類一式を交付することをもってこれに代えることができる。

---

[b]　測量費用をどちらが負担するかも明記しておきましょう。
[c]　実際の数量よりも少なかった場合については、民法565条より減額請求が法律上も認められています。
[d]　高額な不動産売買においては、手付を取り交わすのが一般的です。
[e]　手付の趣旨についても明記しておきましょう。
[f]　解約手付により解約できるのは、「履行に着手する前」とされており、その意義が問題になる場合があります。
[g]　登記費用をどちらが負担するかも明記しておきましょう。

*Part 3*
契約交渉開始後から契約締結までの対応（予防法務）

第5条（引き渡し）　　　　　　　　　　　　　　　　　【Bランク】
甲は、乙に対し、第1条第2号に定める売買残代金の支払いと引き換えに、本件土地を現状有姿のまま引き渡す。

第6条（完全な所有権[h]）　　　　　　　　　　　　　　【Bランク】
甲は、本物件につき引渡しまでに賃借権、質権、抵当権、その他乙の所有権行使を阻害する一切の負担を消除した完全な所有権として乙に移転する。

第7条（危険負担）　　　　　　　　　　　　　　　　　【Bランク】
本契約成立後本件土地引き渡しまでの間に、本件土地の一部又は全部が甲又は乙の責めに帰すことのできない事由により滅失又は毀損したときは、その滅失又は毀損による危険は甲が負担する[i]。

第8条（公租公課等の負担[j]）　　　　　　　　　　　　【Cランク】
本件土地に関する公租公課その他の負担については、本契約の成立する日の属する年の●月●日を基準とし、第5条に定める引渡日までを甲の負担とし、その翌日以降分を乙の負担とする。

第9条（瑕疵担保責任[k]）　　　　　　　　　　　　　　【Bランク】
1．乙は、本件土地に隠れた瑕疵があり、この契約を締結した目的が達せられない場合は契約の解除を、その他の場合は損害賠償の請求を、甲に対してすることができる。
2．本条による解除又は請求は、本件土地の引渡し後［2］年を経過した

---

[h] 不動産には抵当権等の担保が設定されている場合が多いことから、担保の有無等は明確にしておくことが重要です。
[i] 当事者のいずれが滅失時の危険を負担するか、あらかじめ明確にしておきましょう。サンプル契約では、売主である甲の負担としています。
[j] 税金等についても、誰が、いつまで負担するか、明確にしておきましょう。
[k] 高額な不動産取引においては、瑕疵があった場合の処理についても明記しておきましょう。

ときはできない。

第10条（解除） 【Bランク】
1．甲又は乙が本契約に違反した場合、その相手方は相当の期限を定めその履行を催告しなければならない。
2．前項の場合において、本契約に違反した当事者が催告に従った履行をしないときは、相手方は本契約を解除できる。

第11条（反社会的勢力の排除[1]） 【Bランク】
1．乙は、甲に対し、自らが、次の各号に該当する者（以下「反社会的勢力」という。）ではないことを表明し、これを保証するとともに、将来にわたって反社会的勢力とならないことを確約する。
　（1）暴力団
　（2）暴力団員（暴力団員でなくなった日から5年を経過しない者を含む）
　（3）暴力団準構成員
　（4）暴力団関係企業
　（5）総会屋等、社会運動等標榜ゴロ又は特殊知能暴力集団等
　（6）その他前各号に準ずる者
2．乙は、甲に対し、自ら又は第三者を利用して、次の各号に該当する行為を行わないことを確約する。
　（1）暴力的な要求行為
　（2）法的な責任を超えた不当な要求行為
　（3）取引に関して、脅迫的な言動をし、又は暴力を用いる行為
　（4）偽計又は威力を用いて甲の信用を毀損し、又はその業務を妨害する行為
　（5）反社会的勢力に対して資金等を提供し、又は便宜を供与する行為

---

1　高額な不動産売買においては、反社会的勢力が関与することが少なくないため、実務上重要となります。

*Part 3*
契約交渉開始後から契約締結までの対応（予防法務）

（6）反社会的勢力を不当に利用する行為
（7）反社会的勢力を自らの運営、経営に関与させる行為
（8）反社会的勢力と社会的に非難されるべき関係を持つ行為
（9）その他前各号に準ずる行為

第12条（準拠法及び管轄裁判所）　　　　　　　　　　【Cランク】
1．本契約は、日本法を準拠法とし、同法に従って解釈されるものとする。
2．本契約に関する紛争については、［東京］地方裁判所を第一審の専属的ｍ合意管轄裁判所とする。

第13条（協議）　　　　　　　　　　　　　　　　　　【Cランク】
本契約及び個別契約に定められていない事項又は解釈上疑義が生じた事項については、その都度、甲乙誠意をもって協議決定する。

　本契約の成立を証するため本契約書を2通作成し、甲乙各記名押印の上、各1通を保有する。

平成　　年　　月　　日

　　　　　　　　　　　　　　　　［所在地］　　〇〇〇〇
　　　　　　　　　　　甲ｎ　　　［会社名］XXX株式会社
　　　　　　　　　　　　　　　　［代表者氏名］●●●●

　　　　　　　　　　　　　　　　［所在地］　　〇〇〇〇
　　　　　　　　　　　乙　　　　［会社名］YYY株式会社
　　　　　　　　　　　　　　　　［代表者氏名］●●●●

---

ｍ　「専属的」の文言を忘れずに規定しましょう。
ｎ　最後に当事者が入れ替わっていないか確認しましょう。

### ア 売買（第1条）……【Aランク】

不動産売買契約も売買契約の一種であることから、要件事実として、売買の合意及び目的物の特定が必要となります。

また、内金等を規定する場合は、併せてその旨規定しておきましょう。

### イ 土地の実測等（第2条）……【Bランク】

不動産売買においては、登記簿上の面積と、実際に測量した面積とが一致していない場合が少なくありません。

そこで、売買代金の決定方法について、登記簿上の面積を基準に決定する公簿売買と、契約時に土地を実際に測量してその面積に基づき売買代金を決定する実測売買とに分けられます。

サンプル契約では、第2条2項により実測売買方式で売買代金を決定することとし、登記簿記載の面積と齟齬が生じている場合には増減修正することとしています。

### ウ 手付（第3条）……【Bランク】

高額な不動産売買契約においては、買主が売主に対して手付金を支払うことが通常です。

**手付**とは、売買契約の締結の際に、当事者の一方から他方に対して交付される金銭その他の付加物のことをいいます。

手付は、①証約手付、②違約手付、③解約手付、3つの性質を有するところ、不動産売買契約においては、③<u>解約手付</u>として交付されることが一般的です。

手付は、特約がない限り、③解約手付と推定され（民法557条1項）、③解約手付は、両当事者が解除権を留保し、それを行使した場合の損害賠償額となるものをいい、手付の金額だけの損失で、債務不履行がなくても解除できることになります。

ただし、解約手付であるとしても、当事者の一方が契約の履行に着手した場合には解除できないとされており（民法557条1項）、履行の着手時期も問題となります。

### エ 所有権移転登記（第4条）……【Bランク】

　所有権移転登記申請手続とは、不動産の登記名義人を変更する手続をいいます。

　①所有権の移転時期と、②物件の引渡時期、③所有権移転登記の時期は、3つを同日に設定することが一般的ですが、法律上は、必ずしも同日に行わなければならないわけではありません。①所有権の移転時期については、民法上は、特約がない限り、売買契約締結時（当事者間での合意成立時）に移転するのが原則です（民法176条）。もっとも、契約締結時に買主に移転すると、売主としては、買主から代金全額の支払を受ける前に所有権を失うことになるため、通常は契約により「売買代金全額の支払時」に修正することが多いかと思われます。また、②物件の引渡時期についても法律上は特段の規制はないため、①所有権の移転時期と合わせて、「売買代金全額の支払時」と規定することが通常です。

　③所有権移転登記は、売買契約の存在を知らない第三者に対して、買主が所有者であることを主張できるようにするための対抗要件であるため、①所有権を得た後は、速やかに所有権移転登記申請手続を取ることが重要となります。そのため、③所有権移転登記の時期も、①所有権の移転時期と合わせて、「売買代金全額の支払時」と規定することが通常です。

### オ 引渡し（第5条）……【Bランク】

　前述のとおり、物件の引渡時期については、所有権の移転時期、所有権移転登記申請の時期と合わせて、「売買代金全額の支払時」と規定することが通常です。

### カ 完全な所有権（第6条）……【Bランク】

　不動産には抵当権、質権等の物的担保がつけられている場合が少なくありません。

　したがって、物的担保の負担のない、きれいな状態の物件の取得を前提として不動産売買契約を締結したのであれば、その旨契約に明記しておくことが望ましいといえます。

### キ　危険負担（第7条）……【Bランク】

危険負担に関する留意点については、168頁をご参照ください。

なお、高額な不動産売買契約においては、危険負担の債権者主義（民法534条）を修正し、売主が危険を負担することが一般的です。

### ク　公租公課等の負担（第8条）……【Cランク】

売買の目的物である物件には、その保有について固定資産税等の様々な公租公課の負担がかかります。

そのため、当事者のいずれが、いつの時点までの税金等を負担するか、あらかじめ明確にしておくことが望ましいといえます。

### ケ　瑕疵担保責任（第9条）……【Bランク】

瑕疵担保責任に関する留意点については、169頁をご参照ください。

なお、民法上の瑕疵担保責任の追及期間は、瑕疵の存在を知ってから1年以内とされています（民法570条・566条3項）が、不動産売買契約においては、「住宅の品質確保の促進等に関する法律（品確法）」により、新築住宅の売主の瑕疵担保責任の特例が規定されていることに注意が必要です。

具体的には、新築住宅の売買契約において、当該新築住宅の基本構造部分に瑕疵があった場合、買主は売主に対して、建物の完成引渡から10年間、瑕疵担保責任を追及することができる旨修正されています（品確法95条1項）。

また、同条項に反する内容を契約で定めたとしても、無効とされます（同条2項）。

### コ　解除（第10条）……【Bランク】

解除条項に関する留意点については、171頁をご参照ください。

### サ　反社会的勢力の排除（第11条）……【Bランク】

反社会的勢力の排除に関する留意点については、172頁をご参照ください。

なお、不動産売買契約においては、一般に動産売買契約に比して高額な取引であることが多く、反社会的勢力が関与することが少なくないことから、低額

な動産売買契約などに比して、当該条項の重要性は高いといえます。

**シ　裁判管轄・準拠法（第12条）……【Cランク】**

裁判管轄・準拠法に関する留意点については、176頁をご参照ください。

**ス　誠実協議条項（第13条）……【Cランク】**

誠実協議条項に関する留意点については、177頁をご参照ください。

---

> *Column* ｜ 債権法改正と不動産賃貸借契約
>
> 現在、債権法改正が審議されていますが、賃貸借契約についても改正事項の対象となっています。
>
> 賃貸借契約に係る改正案のポイントは概要以下のとおりです。
>
> - 賃貸借の存続期間の制限を20年から50年に長期化（改正案604条）。
> - 判例を踏まえ、不動産の賃貸人たる地位の移転に関するルールを新設（改正案605条の2、605条の3）。
> - 賃借物が一部滅失等によって使用収益することができなくなった場合において、賃借人に帰責事由がないときは、賃料は、使用収益することができなくなった部分の割合に応じて、当然に減額される（改正案611条）。
> - 通常損耗・経年劣化について、賃借人が原状回復義務を負わない旨を明文化（改正案621条）
> - 判例を踏まえ、敷金についての定義及び返還義務の範囲等についての規定を新設（改正案622条の2）。

## 4　ソフトウェア開発委託契約

ソフトウェア開発委託契約とは、委託者の指示に基づき、受託者が特定のソフトウェアを開発・作成する契約をいい、業務委託契約の一種とされています。

ソフトウェア開発委託契約は、請負契約又は委任契約（準委任）、いずれに該当するかを巡ってトラブルが生じることの多い契約です。

　具体的には、ソフトウェアの開発が中途で終了してしまった場合に、請負契約であれば、受託者は「仕事の完成」、すなわち、ソフトウェアの完成に対して対価の支払を受けられる（民法632条）ことから、仕事が未完成である以上、報酬債権は発生しないこととなる一方、委任契約であれば、仕事の完成に関わらず、履行の割合に応じて報酬を請求できる（民法648条）こととされているため、受託者の報酬債権を巡って争われるケースが非常に多く見受けられます。

　一般的には、ソフトウェア開発委託契約は、委託者の要求したソフトウェアの納品が契約の目的であり、それをもって仕事の完成とするのが当事者の合理的な意思と考えられ、契約書等でとくに定めのない限り、請負契約とみなされるのが通常であるため、サンプル契約でも請負契約に該当することを前提として作成しています。

---

**ソフトウェア開発委託契約書**[a]

　[XXX株式会社]（以下「甲」という。）及び[YYY株式会社]（以下「乙」という。）は、甲がソフトウェア（以下「本件ソフトウェア」という。）の開発を乙に委託することに関して、以下のとおり契約（以下「本契約」という。）を締結する。

第1条（目的）　　　　　　　　　　　　　　　　　　　【Aランク】
甲は、本契約に定める条件で、本件ソフトウェアの開発に係る業務を乙に委託し、乙はこれを請負として[b]受託するものとする。

---

**a**　タイトルは契約の内容に影響しないため、「業務委託契約」といったタイトルでも構いません。

**b**　ソフトウェア開発委託契約では、事後に「委任（準委任）」か「請負」かの解釈を巡ってトラブルになるケースが多いため、どちらの類型か明示しておくとよいでしょう。

*Part 3*
契約交渉開始後から契約締結までの対応(予防法務)

第2条(本件ソフトウェア) 【Aランク】
1. 本件ソフトウェアの概要は、別紙に定めるとおりとする。
2. 本件ソフトウェアを構成するハードウェア及びプログラム・プロダクトに関し、当該ハードウェアの供給及び当該プログラム・プロダクトの使用許諾又は供給については、別途甲乙間で契約を締結するものとする。
3. 甲の従業員に対する本件ソフトウェアの運用に関する教育及び本件ソフトウェアの運用・保守[c]については、別途甲乙間で契約を締結するものとする。

第3条(委託料金) 【Aランク】
1. 本契約に基づく委託料金及び支払期日は、別紙に定めるとおりとする。
2. 乙は、甲に対し、毎月末日までに、前月分の委託料の請求書を発行するものとする。甲は、当該請求書を受領した日の属する月の翌月末日までに、乙の下記銀行口座に振り込む方法により、乙に対し、前項に定める委託料を支払うものとする。当該振込にかかる手数料は甲の負担[d]とする。なお、当該支払に限らず本契約に係る甲より乙への金銭の支払は、下記銀行口座(ただし、本契約期間中に乙が別途指定した場合は、当該指定された口座)に振り込む方法によりなされるものとする。

記

金融機関名:●●●●
店名:●●●●
口座番号:[普通]●●●●
口座名義人:●●●●

---
c ソフトウェアの保守・運用についても規定しておきましょう。
d 振込手数料を誰が負担するかも明記しておきましょう。

第4条（報告[e]）　　　　　　　　　　　　　　　　　【Bランク】
甲は、乙による業務の遂行過程で甲が必要と判断した場合には、業務の進捗状況等について乙に報告を求めることができるものとする。この場合、乙は当該業務の進捗状況を速やかに甲に報告しなければならないものとする。

第5条（所有権）　　　　　　　　　　　　　　　　　【Bランク】
1．乙は甲に対し、第11条第3項に規定する成果物を、別途甲乙協議の上定める方法により納入する。
2．前項に定める成果物の所有権及び危険負担[f]は、第6条に定める検収の完了をもって甲に移転するものとする。

第6条（検収）　　　　　　　　　　　　　　　　　　【Bランク】
1．乙は、対象ソフトウェアの開発作業の前提となる開発設計書を作成し、甲に対して提出し確認を得るものとする。
2．甲は、納入物品の納入後［30］日以内に、甲が示した業務要件との整合性を検査し当該業務要件を満たしていることを確認した場合には、甲乙協議の上定める検査合格書に甲が記名押印を行った上で、これを乙に交付するものとする。甲が検査合格書を交付しない場合であっても、検査期間内に甲から書面による異議の申出がない場合は、当該期間満了をもって検査に合格したものとする。なお、検査合格をもって、甲の検収は完了したものとする[g]。
3．前項に定める検収が完了した場合、検収された開発設計書は確定したものとし、甲及び乙が当該開発設計書に記名押印することをもって、その確定を確認するものとする。

--------

e　ソフトウェアの開発には年単位の時間を要する場合もあることから、適宜契約途中で受託者の業務の進捗状況を求めることができるよう、受託者の報告義務についても規定しておきましょう。

f　成果物に係る著作権の移転については第11条第3項で規定しています。

g　どの時点で「検収」が完了したかを明記しましょう。

<u>*Part 3*</u>
契約交渉開始後から契約締結までの対応（予防法務）

### 第7条（権利侵害等） 　　　　　　　　　　　　　　【Bランク】

1. 乙は、本件ソフトウェアの開発に際し、第三者の著作権等の知的財産権等の権利を侵害しないことを保証するものとし、甲に対し第三者から権利を侵害したとして何らかの請求若しくは異議の申立てがなされ、又は訴訟が提起される等の紛争が生じた場合は、乙は自己の責任と費用において[h]処理解決し甲に損害を及ぼさない。
2. 第三者が納入物品について、甲又は乙の知的財産権を侵害した場合又はそのおそれがある場合には、甲又は乙がかかる第三者に対して必要と認める措置をとるに際して、甲又は乙は協力するものとする。

### 第8条（乙の義務） 　　　　　　　　　　　　　　【Bランク】

1. 乙は、本件ソフトウェアの開発作業を実施するために甲の事業所に立ち入る場合には、安全管理、秩序維持等に関する甲の諸規則を遵守するものとする。
2. 乙は、本件ソフトウェアの開発作業を実施するために甲から借り受けた技術資料、業務資料等及び甲保有のソフトウェア等の開発設備、開発環境、各種資料その他甲の管理物を利用する場合には、善良な管理者の注意をもってこれらを利用するものとする。
3. 乙は、本契約に基づき甲から借り受けた技術資料、業務資料等を、当該資料の利用目的の終了後すみやかに甲に返却するか、甲の指示に従った処置を行うものとする。
4. 乙は、本件ソフトウェア構築に従事する乙の従業員について、労働法規その他関係法令に基づく雇用主としての一切の義務を負うものとする。

### 第9条（甲の義務） 　　　　　　　　　　　　　　【Bランク】

1. 甲は、乙が本件ソフトウェアの開発作業を実施するために必要となる技術資料、業務資料等、各種資料その他甲の管理物を適宜乙に無償

---

h　いずれの当事者の責任で解決するか、明記しておきましょう。

で[i]提供するものとする。
2. 甲は、乙が本件ソフトウェアの開発作業を実施するために必要となる甲保有のソフトウェア等の開発設備、開発環境を甲及び乙の合意の範囲内で乙に無償で貸与するものとする。
3. 乙が本件ソフトウェア構築を甲の事務所等で実施する必要がある場合、甲は当該作業実施場所を無償で乙に貸与するものとする。
4. 前項に基づき、乙が甲から借り受けた作業実施場所、開発設備、開発環境を利用することに伴い発生する光熱費は、甲の負担とする。

第10条（再委託）　　　　　　　　　　　　　　　　　　　　　【Bランク】
1. 乙は、本契約に基づき受託した本件ソフトウェア開発に係る業務の全部又は一部を、事前に甲の書面による承諾がある場合を除き[j]、第三者に再委託することができないものとする。
2. 前項に基づき、乙が第三者に対して本件ソフトウェア開発に係る業務の全部又は一部を再委託する場合には、乙は当該再委託先に対して、本契約に基づき乙が負う義務と同等の義務を課すものとし、当該第三者の全ての行為及びその結果について、甲に対して責任を負うものとする。

第11条（知的財産権）　　　　　　　　　　　　　　　　　　　【Aランク】
1. 本件ソフトウェアの開発過程で生じた特許権、実用新案権（特許、実用新案を受ける権利を含み、以下「特許権等」という。）の帰属については、本契約に別段の定めのない限り、以下のとおりとする。
　　（1）甲が単独で行った発明、考案（以下「発明等」という。）から生じた特許権等については、甲単独に帰属するものとする。

---

i　開発に必要な資料の提供を無償で行うか、有償で行うかはあらかじめ明確に規定しておきましょう。

j　ソフトウェアの開発は、受託者の能力を重視して委託する場合が少なくないため、受託者が再委託するためには委託者の事前の承認を必要とすることが一般的です。

(2) 乙が単独で行った発明等から生じた特許権等については、第3条に定める委託料金の支払完了時に乙から甲に移転するものとする。

(3) 甲及び乙が共同で行った発明等から生じた特許権等については、乙の持分は第3条に定める委託料金の支払完了時に乙から甲に移転するものとする。

2. 乙が従前より保有する特許権等を本件ソフトウェアに適用した場合には、乙は甲に対し、当該特許権等について、甲が自ら本件ソフトウェアを使用するために必要な範囲で、通常実施権を無償で実施許諾するものとする。

3. 本件ソフトウェアの開発により乙から甲に納入された納入物品（以下「成果物」という。）に関する著作権（著作権法第27条及び第28条に規定する権利を含むものとする[k]。以下同様。）の帰属については、以下のとおりとする。

(1) 新規に乙により作成された成果物の著作物については、第3条に定める委託料金の支払完了時[l]に乙から甲に移転するものとする。

(2) 甲又は乙が従前から有していた成果物の著作権については、それぞれ甲又は乙に帰属するものとする。この場合、乙は甲に対し、当該成果物について、甲が本件ソフトウェアを使用するために必要な範囲内で、著作権法に基づく利用を無償で許諾するものとする。

4. 乙は、前項に基づき甲に著作権を譲渡し、あるいは甲に無償で著作権法に基づく利用が許諾された成果物に関し、著作者人格権を行使しない[m]ものとする。

---

k 著作権法61条2項より、翻案権（著作権法27条）、二次的著作物の利用に関する権利（著作権法28条）を契約書で明記しないと受託者に留保されたものと推定されるため注意が必要です。

l 著作権の移転時期についても明記しておきましょう。

m 著作者人格権の行使の可否についても規定しておきましょう。

第12条（秘密保持）　　　　　　　　　　　　　　　　　【Bランク】

1. 甲及び乙は、本契約に関連して相手方が秘密であることを明示の上開示した技術上、業務上その他一切の情報（以下「秘密情報」という。）の秘密を保持し、第三者に開示、提供又は漏洩せず、また、本契約の遂行以外の目的に利用しないものとする。ただし、次の各号の一に該当するものについては、秘密情報から除外する。
   (1) 開示を受け又は知得した際、既に自己が所有していたもの
   (2) 開示を受け又は知得した際、既に公知となっていたもの
   (3) 開示を受け又は知得した後、自己の責によらないで公知となったもの
   (4) 開示を受け又は知得した後、正当な権原を有する第三者から秘密保持義務を負うことなく適法に入手したもの
   (5) 甲の秘密情報に接することなく独自に開発、創作したことによるもの

2. 前項にかかわらず、甲及び乙は、以下の各号の一に該当する場合は秘密情報を開示することができる。
   (1) 相手方の事前の書面による承諾を得て第三者に開示する場合
   (2) 本契約に関わる自らの役員及び従業員に対して開示する場合
   (3) 本契約の遂行に必要な限度で、法令上守秘義務を負う弁護士その他の専門家に対して開示する場合
   (4) 甲又は乙の監査法人へ開示する必要がある場合
   (5) 適用ある法令・規則等を遵守するために必要な場合、又は政府、所轄官庁規制当局（日本国外における同様の規制当局を含む。）若しくは裁判所による要請に応じて秘密情報を開示することが必要な場合

3. 本条第1項の義務は、本契約終了後も［2］年間存続する[n]ものとする。

---

[n] 契約終了後も秘密保持義務を存続させる場合にはこのように規定しておきましょう。

*Part 3*
契約交渉開始後から契約締結までの対応（予防法務）

第13条（解除）　　　　　　　　　　　　　　　　　　　　【Bランク】
1. 甲及び乙は、相手方が次の各号のいずれかに該当した場合、あらかじめ何らの通知催告なく本契約の全部又は一部を解除することができるものとする。
   （1）金銭債権保全のための差押、仮差押、仮処分、競売の申立又は租税公課の滞納処分若しくは滞納による保全差押を受けたとき（ただし、第三債務者として差押又は仮差押を受けた場合を除く）
   （2）支払停止があったとき又は破産、特別清算、民事再生、会社更生若しくはこれらに類する手続の手続開始の申立てがあったとき
   （3）手形交換所から不渡り報告又は取引停止処分を受けたとき
   （4）監督官庁から事業の取消、停止等の命令を受けたとき
   （5）本契約条項に対して重大な違反があったとき
   （6）重要な事業の譲渡又は会社の解散を決議したとき
   （7）事前の連絡なく重要な組織変更を行ったとき
   （8）信用状況、財産状態が著しく悪化し、本契約の履行が困難であると認められるとき
2. 事前に定める本契約の解除は、相手方に対する損害賠償の請求を妨げない。

第14条（反社会的勢力の排除）　　　　　　　　　　　　【Cランク】
1. 甲及び乙は、相手方に対し、現在、暴力団、暴力団員、暴力団員でなくなったときから5年を経過しない者、暴力団準構成員、暴力団関係企業、総会屋等、社会運動標ぼうゴロ又は特殊知能暴力集団等、その他これらに準ずる者（以下、これらを「暴力団員等」という。）に該当しないこと、及び次の各号のいずれか一にも該当しないことを表明し、かつ将来にわたっても該当しないことを表明し、保証する。
   （1）暴力団員等が経営を支配していると認められる関係を有すること
   （2）暴力団員等が経営に実質的に関与していると認められる関係を有すること
   （3）自己、自社若しくは第三者の不正の利益を図る目的又は第三者

に損害を加える目的をもってするなど、不当に暴力団員等を利用していると認められる関係を有すること
    （４）暴力団員等に対して資金等を提供し、又は便宜を供与するなどの関与をしていると認められる関係を有すること
    （５）役員又は経営に実質的に関与している者が暴力団員等と社会的に非難されるべき関係を有すること
2．甲及び乙は、自ら又は第三者を利用して次の各号のいずれか一にでも該当する行為を行ってはならない。
    （１）暴力的な要求行為
    （２）法的な責任を超えた不当な要求行為
    （３）取引に関して、脅迫的な言動をし、又は暴力を用いる行為
    （４）風説を流布し、偽計を用い若しくは威力を用いて相手方の信用を毀損し、又は相手方の業務を妨害する行為
    （５）その他前各号に準ずる行為
3．甲及び乙は、相手方が前二項のいずれか一にでも違反した場合、通知又は催告等何らの手続を要しないで直ちに本契約を解除することができるものとする。
4．甲及び乙は、前項に基づく解除等により相手方が被った損害につき、一切の義務ないし責任を負わないものとする。

第15条（損害賠償）　　　　　　　　　　　　　　　　　　【Ｂランク】
1．甲又は乙が本契約に違反したことにより相手方が損害を被った場合には、甲又は乙は、かかる損害を相手方に対して請求をすることができる。ただし、請求額は、甲又は乙の故意又は重過失の場合を除き、第３条に規定する委託金額の範囲内に限定 ͦ される。
2．甲及び乙は、本契約に基づく自己の義務の不履行又は履行遅滞が暴動、戦争、天災、疫病の蔓延又は政府若しくは政府機関による行為等の不可抗力により生じた場合、その不履行又は遅滞につき相手方に対

---
ͦ　損害賠償額の上限を規定しています。

し責任を負わない。

第16条（瑕疵担保責任）　　　　　　　　　　　　　　　【Bランク】
第6条に定める検収終了後、論理的誤り、開発設計書との不一致等が発見された場合には、甲及び乙は原因について協議を行い、その結果、当該誤りが乙の責に帰すべきものと判断された場合には、乙は無償で当該誤りを修正するものとする。なお、本条により乙が責任を負う期間は、第6条に定める検収終了日から［6］ヶ月とする。

第17条（有効期間）　　　　　　　　　　　　　　　　　【Bランク】
1．本契約の有効期間は、2017年●月●日から［1］年間とする。
2．本契約の期間満了の1ヶ月前までに当事者の一方又は双方が本契約の更新拒絶を申し入れない限り、本契約と同一の条件でさらに［1］年間継続し、以後も同様とする。
3．本契約の有効期間満了後も、第10条、第11条、第15条、第17条、第18条は効力を有する[p]ものとする。

第18条（準拠法及び管轄裁判所）　　　　　　　　　　　【Cランク】
1．本契約は、日本法を準拠法とし、同法に従って解釈されるものとする。
2．本契約に関する紛争については、［東京］地方裁判所を第一審の専属的[q]合意管轄裁判所とする。

第19条（協議）
甲及び乙は、本契約に定めのない事項又は本契約に関する解釈上の疑義については、甲乙協議の上解決するものとする。

---

p 　一部の条項について契約終了後も存続させるのであれば、具体的に当該条項を明示しましょう。
q 　「専属的」の文言を忘れずに規定しましょう。

本契約の成立を証するため本契約書を2通作成し、甲乙各記名押印の上、各1通を保有する。

　平成　　年　　月　　日

　　　　　　　　　　　　　　　　　［所在地］　　〇〇〇〇
　　　　　　　　　　　　　　甲ｒ　［会社名］XXX株式会社
　　　　　　　　　　　　　　　　　［代表者氏名］●●●●


　　　　　　　　　　　　　　　　　［所在地］　　〇〇〇〇
　　　　　　　　　　　　　　乙　　［会社名］YYY株式会社
　　　　　　　　　　　　　　　　　［代表者氏名］●●●●

## （1）目的（第1条）……【Aランク】

　本条項では、契約締結の目的を規定するとともに、事後的に請負か委任（準委任）かの解釈を巡ってトラブルが生じないよう、契約書上で「請負」契約に該当する旨明記しています。

　これに対して、「委任（準委任）」の主旨で契約するのであれば、たとえば、「民法644条以下に定める委任として」受託する旨、規定しておくとよいでしょう。また、基本契約では「請負」か「委任（準委任）」かを個別契約で選択できるよう規定し、各個別契約においてそれぞれ「請負」か「委任（準委任）」か選べるよう規定する方法も取り得ます。

## （2）目的物の特定（第2条）……【Aランク】

　ソフトウェアは、商品や機械のように目に見える資産ではないため、その特定方法には留意する必要があります。

　サンプル契約では、別紙でその概要を特定する方法を採用していますが、契約書本文で明記してももちろん構いません。

--------

ｒ　最後に当事者が入れ替わっていないか確認しましょう。

## (3) 委託料金 (第3条) ……【Aランク】

　委託料金の金額及び支払い方法等は、当事者の主要な関心事となるため、詳細かつ明確に規定する必要があります。

　サンプル契約では別紙で詳細を規定する方式を採用しています。

## (4) 報告 (第4条) ……【Bランク】

　ソフトウェア開発には相応の時間がかかることが通常ですので、委託者にとって、進捗状況を把握することは重大な関心事の一つです。

　したがって、途中で設計に不備があった場合等に中間報告を受けることができるよう、契約で報告に関する条項を明記しておくことが望ましいといえます。

## (5) 所有権及び危険負担 (第5条) ……【Bランク】

　ソフトウェア開発委託契約に基づき、無体物であるソフトウェアそれ自体だけでなく、当該ソフトウェアを記録した情報媒体等の有体物（「成果物」）が作成されることが通常です。

　そのため、かかる成果物の所有権の帰属及びその危険負担についても、あらかじめ契約で明記しておきましょう。

　なお、危険負担に関する留意点については、168頁をご参照ください。

## (6) 検収 (第6条) ……【Bランク】

　検収条項では、受託者の作成した成果物が必要な要件、条件等を満たしているか否かを判断するための合否基準等を定めることとなります。そして、受託者の作成した成果物が必要な要件、条件等を満たしていない場合には、受託者に再度、成果物を納入させ、委託者は再度それが必要な要件、条件等を満たしているかを確認する手続も定めておく必要があります。

　このように、検収条項は契約締結の目的を達成できるかどうかを確認するための重要な規定であるとともに、実際には予定していたとおりに成果物の作成・納入が間に合わない場合も多々あるため、現実にワークするか想像力を働かせ、合理的に幅を持った検収期間等を設定することが大切となります。

## (7) 権利侵害等（第7条）……【Bランク】

　ソフトウェアの開発の過程で、受託者が第三者のソフトウェア等を無断使用しており、当該第三者の著作権等の知的財産権を侵害しているケースが少なからずあります。

　かかる事態に備えて、第三者の権利侵害が生じている場合には、受託者の費用と責任で当該権利侵害を解決するよう規定しておくことが望ましいといえます。

　また、併せて、第三者が委託者・受託者の権利を侵害した場合についても、対応方法を規定しておくとよいでしょう。

## (8) 当事者の義務及び資料の管理（第8条及び第9条）……【Bランク】

　ソフトウェアの開発は、基本的には委託者の既存のシステム等との整合性を図る必要があり、委託者ごとにテーラーメードで作成することとなります。

　そのため、委託者から、委託者の企業機密やノウハウ等が含まれている可能性のある資料等も提供してもらう場合が通常であり、当該資料を提供する委託者において、その提供方法や使用料の要否、委託者の施設への立入の可否等を定めておく必要があります。

　また、併せて、当該資料等を受領した受託者における管理方法等についても明記しておく必要があります。

## (9) 再委託（第10条）……【Bランク】

　ソフトウェア開発委託契約においては、委託者としては、受託者自身による業務遂行を期待している場合も多く、受託者が第三者に業務の遂行を第三者に再委託する場合には、委託者の事前の書面による同意が必要である旨を明記しておく必要があります。

　また、再委託を許容する場合においても、再委託先の一切の行為について受託者が責任を負う旨を契約書に明記しておく必要があります。

## (10) 知的財産権（第11条）……【Aランク】

　ソフトウェア開発委託契約においてよくある誤解として、「委託者は、契約書で『受託者は、成果物に係る著作権一切を委託者に譲渡する。』とだけ規定しておけば、当然に二次的著作物の利用権等を含めた著作権全部を取得する」、というものがあります。委託者が受託者に対してお金を払って「すべての著作権を譲渡する」旨契約書に明記していることから生じる誤解かと思いますが、法令上、翻案権及び二次的著作物の利用に関する権利については、これらの権利を委託者に譲渡する旨明確に記載しなければ受託者に留保されたものと推定されてしまいます。

　すなわち、著作権法61条2項は、「著作権を譲渡する契約において、第二十七条又は第二十八条に規定する権利が譲渡の目的として**特掲**されていないときは、これらの権利は、譲渡した者に留保されたものと推定する。」と規定しており、翻案権（著作権法27条）及び二次的著作物の利用に関する権利（著作権法28条）を譲渡する場合、これらの権利を譲渡することを「特掲」する必要があります。そして、「特掲」したといえるためには、契約書で単に「すべての著作権を譲渡する」と規定するだけでは足りず、たとえば「**別紙目録記載の著作物に関するすべての著作権（著作権法27条及び28条に規定する権利を含む。）を譲渡する。**」などと、具体的に著作権法27条及び28条の権利も譲渡対象である著作権に含まれていることを明記する必要があります（東京地裁平成15年12月26日判決（**記念樹JASRAC事件**）、東京地裁平成18年12月27日判決（**パチンコゲーム機等映像事件**）参照）。

　したがって、契約書中に、単に「すべての著作権を委託者に譲渡する」としか規定しておらず、**翻案権**（著作権法27条）、二次的著作物の利用に関する権利（著作権法28条）の取扱いについて何も規定していない場合には、受託者が作成した成果物に係る翻案権、**二次的著作物の利用権**は受託者に留保したものと推定され、委託者に移転しないこととなります。

　その結果、委託者は、成果物の著作権は保有しているため継続して当該成果物自体を利用することは可能ですが、翻案権の行使となるプログラムの改変を受託者に無断で行うことができなくなってしまうという重大な制約を受けるこ

ととなります。

　それゆえ、著作権の譲渡・帰属に関する規定ぶりについては慎重に対応する必要があります。

　なお、**著作者人格権**については、契約によっても移転しない（著作権法59条）ため、原著作者である受託者のもとにとどまり続けることとなります。もっとも、何も手当てしないと、受託者は、委託者が買い取った成果物について、受託者の名義を表示して欲しいといった主張を受けるおそれがあります。したがって、委託者としては、<u>「受託者は成果物に係る著作者人格権を行使しない」</u>旨も併せて明記しておくことが望ましいといえます。

---

## Column｜著作権の「共有」に関する誤解

　著作権の譲渡に関して実務上よくある誤解についてご紹介しましたが、**著作権の共有についても大きな誤解が見受けられます。**

　たとえば、ソフトウェア開発委託契約において、早急にシステムの改修等が必要であるにもかかわらず、成果物の著作権の帰属について双方の主張が対立し、なかなかまとまらない事態がまま見受けられます。かかる事態において、成果物の著作権を委託者・受託者の「共有」にするという妥協案が提案・採用されることがあります。

　しかし、<u>著作権法上の「共有」は、民法の「共有」以上に、各共有権者による処分・権利行使を制約するものであり、安易に共有著作権とすると、委託者・受託者ともに何も著作権の処分・行使ができないという事態になりかねません。</u>

　すなわち、著作権法65条1項は、「共同著作物の著作権その他共有に係る著作権（以下この条において「共有著作権」という。）については、各共有者は、他の共有者の同意を得なければ、その持分を譲渡し、又は質権の目的とすることができない。」と規定しており、共有著作権は各共有者が単独で処分することができないこととされています。したがって、たとえば委託者が受託者と契約して開発したソフトウェアを第三者に販売又はライセンスすることを希望したとしても、他の共有著作権者である受託者の

同意が得られない限り、実施できないこととなります。

　また、著作権法65条2項は、「共有著作権は、その共有者全員の合意によらなければ、行使することができない。」と規定しているところ、権利の行使には複製等の著作権の利用が含まれるため、共有著作権とされた場合、共有者全員の同意がなければ原則として複製を作成することもできないということとなりかねません。

　このように、著作権が共有とされた場合、その扱いには大きな制約が科されるため、成果物に係る著作権を安易に共有とすることは慎重に考える必要があります。

　ただし、著作権法65条1項2項の規定は任意規定であり、契約によって排除することが可能ですので、委託者・受託者双方が自由に著作権の権利行使を行うことを希望するのであれば、その旨契約書に明記することが望ましいといえます。

## (11) 秘密保持（第12条）……【Bランク】

　単純な売買契約と異なり、著作権等の知的財産権が不可避的に飛び交うソフトウェア開発委託契約においては、秘密保持条項を規定することが一般的です。

　なお、案件の重大性や秘密情報の重要性によっては、ソフトウェア開発委託契約の前提として、別途秘密保持契約を締結する場合もありますが、その場合、当該秘密保持契約と、本契約における秘密保持条項との間で「秘密情報」の定義や管理方法等について齟齬が生じないよう、留意が必要です。

## (12) 解除（第13条）……【Bランク】

　解除条項に関する留意点については、171頁をご参照ください。

## (13) 反社会的勢力の排除（第14条）……【Cランク】

　反社会的勢力の排除に関する留意点については、172頁をご参照ください。

## (14) 損害賠償（第15条）……【Bランク】

　損害賠償に関する留意点については、173頁をご参照ください。

　なお、損害賠償の範囲は実務上非常に論点になりやすく、その取扱いを巡ってドラフティング段階で交渉のタネとなる場合が少なくありません。そこで、サンプル契約では、本契約に基づく委託金額を損害賠償額の上限として、あらかじめ損害賠償の予定を定めています。

## (15) 瑕疵担保責任（第16条）……【Bランク】

　委託業務の内容が、一定の成果物の作成・納入を目的とする場合において、検収完了後に成果物が必要な要件、条件等を満たしていないことが判明したときの受託者の責任を規定しておく必要があります。

　受託者の責任としては、不具合の修正等、不具合のある目的物を委託者に納入したことに伴う損害賠償等がありえますが、瑕疵担保責任を追及することができる期間については、成果物の内容から、合理的な期間を設定することが一般的です。

## (16) 有効期間（第17条）……【Bランク】

　契約の有効期間については無期限とすることも可能ですが、契約締結後の当事者の事情や経済情勢の変更等に応じて柔軟に対応できるよう、有効期間を一定期間（通常は1年間～5年間程度）に設定しつつ、契約を更新する建て付けとすることが一般的です。

　なお、ソフトウェアの開発に長期間を要し、契約の更新を予定する場合には、期間満了の1～6ヶ月等の一定期間内にいずれの当事者からも申し出がない場合は、自動的に一定期間（通常は1年間）延長する旨の自動更新条項を規定する契約が多く見られます。

## (17) 裁判管轄・準拠法（第18条）……【Cランク】

　裁判管轄・準拠法に関する留意点については、176頁をご参照ください。

## (18) 誠実協議条項（第19条）……【Cランク】

誠実協議条項に関する留意点については、177頁をご参照ください。

---

**Column** │ 債権法改正と請負契約

現在、債権法改正が審議されていますが、請負契約についても改正事項の対象となっています。

請負契約に係る改正案のポイントは概要以下のとおりです。

- 売買の規定が準用されることで、目的物が契約の内容に適合していない場合に、注文者は、請負人に対して、①修補等の追完、②損害賠償請求、③契約の解除、④代金減額請求ができることが明確化。
- 土地工作物（建物等）の建築請負では、瑕疵があっても注文者は契約解除ができないとする現行民法635条但書について、建替費用相当額の損害賠償を認める判例を踏まえて削除し、解除を可能とする。
- 請負の目的物が契約に適合しない場合の責任の期間制限について、目的物の引渡等から1年以内の権利行使が必要とされていたが、契約に適合しないことを知ってから1年以内にその旨の通知が必要として改正（改正案637条）。

# 5　労働契約

　労働契約とは、当事者の一方（労働者・被用者）が、相手方（使用者）に対して、労務を提供することを約束し、使用者が労働者に対して報酬を支払うことを約束する旨の契約をいいます。

　労働契約については、歴史的に労働者が使用者に対して劣位に立たされてきたことから、労働契約法、労働基準法等の労働関連法令において様々な規律が設けられています。

　したがって、雇用契約書を締結する際には、これら労働関連法令を遵守し、「取ってはいけない法的リスク」を処理できているか、併せてチェックする必要があります。

　とくに、労働基準法15条1項・同法施行規則5条1項各号より、以下の事項については労働契約の締結に際して労働者に対して明示する必要があるとされていることに注意が必要です。

　これらの事項のうち、⑦～⑭については、使用者が当該条項を定めた場合に明示すればよいこととされています。

　また、①～⑥については、書面により明示する必要がありますが、必ずしも雇用契約書において明示する必要はなく、別途、就業規則や労働条件通知書によって明示することでも差し支えありません。その場合、雇用契約書自体は一枚紙程度の簡素な内容で規定する場合も少なくありません。

　そこで、以下に掲げるサンプル契約では、雇用契約書において労働条件を明示する内容の「就業規則の定めがない場合」（詳細版）と、労働条件を就業規則で明示することとして、雇用契約書自体はシンプルなものとした「就業規則の定めがある場合」（簡略版）の2パターンを作成しています。

　適宜、自社の状況に応じて使い分けていただければと思います。

　以下、労働契約のサンプル（「就業規則の定めのない場合」（詳細版））に沿って、法的リスクに鑑みた各条項の重要度、及び弁護士がドラフト・レビューする際の留意事項を説明していきます。

Part 3
契約交渉開始後から契約締結までの対応（予防法務）

【労働契約における明示が必要な労働条件一覧】

| No. | 労働条件 |
| --- | --- |
| ① | 労働契約の期間に関する事項 |
| ② | 期間の定めのある労働契約を更新する場合の基準に関する事項 |
| ③ | 就業の場所及び従事すべき業務に関する事項 |
| ④ | 始業及び終業の時刻、所定労働時間を超える労働の有無、休憩時間、休日、休暇並びに労働者を二組以上に分けて就業させる場合における就業時転換に関する事項 |
| ⑤ | 賃金の決定、計算及び支払の方法、賃金の締切り及び支払の時期並びに昇給に関する事項 |
| ⑥ | 退職に関する事項（解雇の事由を含む。） |
| ⑦ | 退職手当の定めが適用される労働者の範囲、退職手当の決定、計算及び支払の方法並びに退職手当の支払の時期に関する事項 |
| ⑧ | 臨時に支払われる賃金、賞与及び労働基準法施行規則第八条各号に掲げる賃金並びに最低賃金額に関する事項 |
| ⑨ | 労働者に負担させるべき食費、作業用品その他に関する事項 |
| ⑩ | 安全及び衛生に関する事項 |
| ⑪ | 職業訓練に関する事項 |
| ⑫ | 災害補償及び業務外の傷病扶助に関する事項 |
| ⑬ | 表彰及び制裁に関する事項 |
| ⑭ | 休職に関する事項 |

【就業規則の定めがない場合（詳細版）】

雇用契約書[a]

［XXX株式会社］（以下「甲」という。）と［YYY］（以下「乙」という。）は、下記のとおり雇用契約（以下「本契約」という。）を締結する。

---

a　タイトルは契約の効力に影響しないため、「労働契約」や「雇用に関する覚書」などでも構いません。

第1条（雇用）　　　　　　　　　　　　　　　　　　　【Aランク】

甲は本契約に定める労働条件により乙を雇用し、乙は甲に雇用されて甲の事業に関する業務に服することを約し、甲はこれに賃金を支払うことを約した。

第2条（誓約[b]）　　　　　　　　　　　　　　　　　　　【Bランク】

乙は、甲に対して、以下の各号に定める事項を遵守することを誓約する。

（1）法令、諸規則、諸規定又は業務命令等を遵守し、誠実に社業の発展に努めるものとする

（2）在職中及び退職後において、甲の業務上の機密事項（甲の役職員及び甲の取引先等に係る個人情報を含むが、これらに限られない。）について、第三者に漏洩しない[c]

（3）在職中、甲の業務と競合し、利益衝突をもたらすおそれのある取引を行わない

（4）退職後［2］年間[d]は、甲の事前の書面による承諾を得ることなく、甲の本店又は支店が所在する市町村において、以下の行為を行わない

　①　甲と競合する事業者に在籍、就職又は役員に就任すること
　②　甲と競合する事業者の提携先企業に就職又は役員に就任すること
　③　甲と競合し得る事業を自ら営むこと

（5）その他、甲の信用又は名誉を毀損するおそれのある一切の行為を行わない

第3条（職場環境配慮義務）　　　　　　　　　　　　　【Cランク】

---

[b] 事後のトラブルを防ぐべく、あらかじめ労働者に一定の事項を遵守する旨、誓約条項を規定しておくことが望ましいといえます。

[c] 秘密保持義務を誓約事項の一つとして規定しています。

[d] 退職後の競業避止義務の有効性については厳格に解釈される傾向にありますので、競業を禁止する期間や地域については慎重に規定しましょう。

甲は、乙がこの契約を履行するに際し、その生命、身体等の安全を確保しつつ労働することができるよう、必要な配慮をするものとする。

第4条（就業場所[e]）　　　　　　　　　　　　　　　　　　【Aランク】
1．乙は下記の場所において下記の業務を甲の指示に従い誠実に行う。
　　就業場所：＿＿＿＿＿＿＿＿＿＿
　　就業業務：＿＿＿＿＿＿＿＿＿＿
2．甲は業務の必要がある場合には、前項の就業場所、業務の内容を変更することができる。

第5条（賃金[f]）　　　　　　　　　　　　　　　　　　　　【Aランク】
乙の賃金は甲が乙に別途交付する給与辞令によることとする。

第6条（労働時間[g]）　　　　　　　　　　　　　　　　　　【Aランク】
乙の就業及び休憩時間は次のとおりとする。
　　始業：午前●時
　　就業：午後●時
　　休憩：●時より●時間

第7条（休日[h]）　　　　　　　　　　　　　　　　　　　　【Aランク】
1．乙の休日は以下のとおりとする。
　　（1）日曜日
　　（2）年末年始（12月●日～1月●日）
　　（3）国民の祝日
　　（4）国民の祝日が日曜日にあたるときはその翌日

---

e　就業場所については法令上明示が必要とされています。
f　賃金については法令上明示が必要とされています。
g　労働時間については法令上明示が必要とされています。
h　休日については法令上明示が必要とされています。

2．甲は業務の必要がある場合には、前各号の休日に乙に臨時に就業させ、他の日を振替休日とすることがある。

第8条（休暇[i]）　　　　　　　　　　　　　　　　　　　　　【Aランク】
1．甲は乙に対して、乙が入社後6ヶ月以上継続勤務し、所定労働日数の8割以上出勤した場合は、次の区分表により有給休暇を与える。

| 継続勤務年数 | 6ヶ月 | 1年6ヶ月 | 2年6ヶ月 | 3年6ヶ月 | 4年6ヶ月 | 5年6ヶ月 | 6年6ヶ月以上 |
|---|---|---|---|---|---|---|---|
| 付与日数 | 10日 | 11日 | 12日 | 14日 | 16日 | 18日 | 20日 |

2．甲及び乙は、年次有給休暇は、その請求の時季が業務の正常な運営に支障を来すと認められるときは、その期日を変更させ又は分割させることがあることを確認し、合意する。

3．甲及び乙は、年次有給休暇の残余日数は、翌年度まで持ち越すことができることを確認し、合意する。

第9条（就業時間の変更等）　　　　　　　　　　　　　　　　【Bランク】
1．甲は、業務上の必要があるときは、本契約の規定に定める就業時間等について、法令の範囲内で各時刻を変更し、乙に対し残業を命じることがある。

2．乙は、業務のため、やむを得ず時間外労働が必要となったときは、所属長に事前の許可を得なければならない。乙が所属長の許可なく時間外労働を行ったときは、甲は、当該業務に対する賃金を支払わない。

第10条（退職[j]）　　　　　　　　　　　　　　　　　　　　【Aランク】
1．乙が次のいずれかに該当するときは退職とする。
　　（1）乙が退職を願い出て、甲が承認したとき

---

i　休暇については法令上明示が必要とされています。
j　退職に関する事項については法令上明示が必要とされています。

（2）乙が死亡したとき
（3）乙が業務によらない負傷又は疾病により、休日を含めて連続して［14］日以上欠勤し、復職できないとき
2．乙は、自己の都合によって退職しようとするときには、退職を予定する日の1か月前までに、甲にその旨を願い出なければならない。

第11条（懲戒[k]）　　　　　　　　　　　　　　　　　　【Aランク】
1．甲は、乙が以下の各号に該当する行為を行ったときは、懲戒処分を行うことができる。
　（1）甲に無断で、又は正当な理由なく、遅刻又は早退を繰り返したとき
　（2）甲に無断で、又は正当な理由なく、欠勤を繰り返したとき
　（3）合理的な理由なく甲の業務命令に従わないとき
　（4）甲から支給又は貸与されたパソコン、携帯電話等の機器を甲に無断で私用に利用したとき
　（5）故意又は重過失により、甲の設備又は備品を破損したとき
　（6）本契約、甲の規則又は規程に違反したとき
　（7）法令諸規則に違反する行為をしたとき
　（8）その他、本項各号に準ずる非違行為に該当すると甲が合理的に判断する一切の行為をしたとき
2．前項に定める懲戒処分の種類は、以下のとおりとし、各処分の内容については、別途甲が定める規程の定めるところによる。
　（1）譴責
　（2）減給
　（3）降格
　（4）出勤停止
　（5）諭旨解雇
　（6）懲戒解雇

---

k　懲戒解雇を行う可能性も考慮し、懲戒事由はできる限り具体的に規定しておきましょう。

第12条（解雇[l]）　　　　　　　　　　　　　　　【Aランク】
甲は乙が次のいずれかに該当する場合には30日前に予告するか又は30日分の平均賃金を支払うことで解雇することができる。
　　（1）精神又は身体の障害のために業務に堪えることができないとき
　　（2）労働能率が著しく劣り、向上の見込みがないと認められるとき
　　（3）前条第1項各号に準じる事由に該当するとき
　　（4）その他、甲の都合によりやむを得ない事由があるとき

第13条（契約期間[m]）　　　　　　　　　　　　　【Aランク】
本契約の有効期間は、契約締結日から1年間とする。ただし、期間満了の［3］ヶ月前までに甲又は乙から相手方に対して、契約変更又は更新拒絶の申し出がない限り、同一条件で1年間更新されるものとし、以後も同様とする。

第14条（準拠法及び管轄裁判所）　　　　　　　　　【Cランク】
1．本契約は、日本法を準拠法とし、同法に従って解釈されるものとする。
2．本契約に関する紛争については、［東京］地方裁判所を第一審の専属的[n]合意管轄裁判所とする。

第15条（誠実協議）　　　　　　　　　　　　　　【Cランク】
本契約に定められていない事項又は解釈上疑義が生じた事項については、その都度、甲乙誠意をもって協議決定する。

　本契約の成立を証するため本契約書を2通作成し、甲乙各記名押印の

---

l　解雇に関する事項は法令上明示が必要とされています。
m　期間の定めのある契約か否かは、法令上明示が必要とされています。
n　「専属的」の文言を忘れずに規定しましょう。
o　最後に当事者が入れ替わっていないか、確認しましょう。

上、各1通を保有する。

平成　年　月　日

甲° 　[所在地]　〇〇〇〇
　　　[会社名] XXX株式会社
　　　[代表者氏名] ●●●●

乙　　[住所]　〇〇〇〇

　　　[氏名]　YYY

【就業規則の定めがある場合（簡略版）】

## 雇用契約書[a]

[XXX株式会社]（以下「甲」という。）と[YYY]（以下「乙」という。）は、下記のとおり雇用契約（以下「本契約」という。）を締結する。

第1条（雇用）　　　　　　　　　　　　　　　　　　　　【Aランク】
甲は本契約に定める労働条件により乙を雇用し、乙は甲に雇用されて甲の事業に関する業務に服することを約し、甲はこれに賃金を支払うことを約した。

第2条（誓約）　　　　　　　　　　　　　　　　　　　　【Bランク】
乙は、甲に対して、以下の各号に定める事項を遵守することを誓約する。
　（1）法令、諸規則、諸規定又は業務命令等を遵守し、誠実に社業の

---

a　タイトルは契約の効力に影響しないため、「労働契約」や「雇用に関する覚書」などでも構いません。

発展に努めるものとする。
　（２）在職中及び退職後において、甲の業務上の機密事項（甲の役職員及び甲の取引先等に係る個人情報を含むが、これらに限られない。）について、第三者に漏洩しない[b]。
　（３）在職中、甲の業務と競合し、利益衝突をもたらすおそれのある取引を行わない。
　（４）退職後［２］年間[c]は、甲の事前の書面による承諾を得ることなく、甲の本店又は支店が所在する市町村において、以下の行為を行わない。
　　　① 甲と競合する事業者に在籍、就職又は役員に就任すること
　　　② 甲と競合する事業者の提携先企業に就職又は役員に就任すること
　　　③ 甲と競合し得る事業を自ら営むこと
　（５）その他、甲の信用又は名誉を毀損するおそれのある一切の行為を行わない。

第３条（職場環境配慮義務）　　　　　　　　　　　　　　　【Ｃランク】
甲は、乙がこの契約を履行するに際し、その生命、身体等の安全を確保しつつ労働することができるよう、必要な配慮をするものとする。

第４条（就業場所[d]）　　　　　　　　　　　　　　　　　　【Ｂランク】
１．乙は下記の場所において下記の業務を甲の指示に従い誠実に行う。
　　就業場所：＿＿＿＿＿＿＿＿＿
　　就業業務：＿＿＿＿＿＿＿＿＿
２．甲は業務の必要がある場合には、前項の就業場所、業務の内容を変更

----

b　秘密保持義務を誓約事項の一つとして規定しています。
c　退職後の競業避止義務の有効性については厳格に解釈される傾向にありますので、競業を禁止する期間や地域については慎重に規定しましょう。
d　就業場所については法令上明示が必要とされています。

することができる。

第5条（賃金[e]）　　　　　　　　　　　　　　　　【Aランク】
乙の賃金は甲が乙に別途交付する給与辞令によることとする。

第6条（労働条件）　　　　　　　　　　　　　　　　【Aランク】
乙の労働条件は、この契約に定めるほか、就業規則に定めるところによる[f]。

第7条（準拠法及び管轄裁判所）　　　　　　　　　　【Cランク】
1．本契約は、日本法を準拠法とし、同法に従って解釈されるものとする。
2．本契約に関する紛争については、［東京］地方裁判所を第一審の専属的[g]合意管轄裁判所とする。

第8条（誠実協議）　　　　　　　　　　　　　　　　【Cランク】
本契約に定められていない事項又は解釈上疑義が生じた事項については、その都度、甲乙誠意をもって協議決定する。

　本契約の成立を証するため本契約書を2通作成し、甲乙各記名押印の上、各1通を保有する。

平成　年　月　日

　　　　　　　　　　　　　　　　［所在地］　　○○○○
　　　　　　　　　　　甲[h]　　［会社名］XXX株式会社
　　　　　　　　　　　　　　　　［代表者氏名］●●●●

---

e　賃金については法令上明示が必要とされています。
f　労働条件が就業規則で定められている場合、労働時間や休日、休暇等に関する事項を必ずしも雇用契約書において明示する必要はありません。
g　「専属的」の文言を忘れずに規定しましょう。
h　最後に当事者が入れ替わっていないか、確認しましょう。

```
            [住所]    ○○○○
       乙
            [氏名]    YYY
```

## (1) 雇用(第1条)……【Aランク】

　本条項は、甲が乙を雇用する旨を規定しています。

　労働契約締結に際しては、労働者保護のため、労働契約の期間の有無や賃金等、一定の事項について書面を交付して明示する必要があります(労働基準法15条1項・同法施行規則5条1項各号)。

　もっとも、雇用契約書において逐一労働条件を記載するのではなく、就業規則や労働条件通知書に記載して交付することで代替する場合もあります。

　なお、労働条件通知書の書式については、雇用形態に応じて、厚生労働省のホームページ[1]からダウンロードすることも可能ですので、適宜ご参照ください。

## (2) 誓約(第2条)……【Bランク】

　本条項では、労働者が使用者に対して労務を提供するにあたり、一定の事項を誓約する旨規定しています。

　誓約事項の中では、労働者に対する守秘義務及び**競業避止義務**がとくに重要となります。

　競業避止義務違反については実務上しばしば問題となり、労働者に憲法上保証されている職業選択の自由を制限することから、あまりに広範に競業避止義務を課すと、裁判になった場合、その有効性が否定される可能性があることに注意が必要です。とくに、退職後にも競業避止義務を課す場合は、労働者の不利益と使用者の利益とのバランスがとれているか、慎重な判断が求められます。

---

1　http://www.mhlw.go.jp/bunya/roudoukijun/roudoujouken01/

## Column | 退職後の競業避止義務の有効性

退職後の社員に対しては、労働契約が終了している以上、労働契約の付随義務としての競業避止義務は及ばないのが原則です。

もっとも、特約等の契約上の根拠があれば例外的に退職後の社員に対して競業避止義務を負わせることは可能と考えられています。

ただし、その場合も、①社員の自由意志に基づくものか否か、②競業行為を禁止する目的・必要性、退職前の社員の地位・業務、競業が禁止される業務の範囲・期間・地域、代償措置の有無等の事情を総合考慮し、必要かつ合理的な範囲での制限であることが必要と解されています。なお、②の判断に関して、競業禁止の期間が2年間であれば比較的短期とされることが多い一方、5年間は長期に過ぎると評価する裁判例があります。また、競業禁止の範囲を会社の事業所から10km以内と限定していても広範囲と評価する裁判例があることに注意が必要です。

以上に鑑み、サンプル契約第2条第4号では、退職後の競業避止義務の有効期間を2年間に限定するとともに、地理的範囲についても会社の本店又は支店が所在する市町村に限定しています。もっとも、上記のとおり、かかる退職後の競業避止義務が有効かどうかはケースバイケースの判断となるため、実際に当該規定の有効性が争点となった場合は外部弁護士のアドバイスをもらうなど、詳細な分析・検討が必要となります。

## Column | 退職後の守秘義務の有効性

社員は、その在職中、労働契約に付随する義務として、知り得た企業情報について秘密保持義務を負うものとされています（労働契約法3条4項参照）。

このように、労働者の秘密保持義務は、労働契約上の信義則又はこれに付随する誠実義務に基づくものであるため、退職後も当然にかかる秘密保持義務を負うものではありません。

したがって、社員の退職後も秘密保持義務を課すためには、契約上の根拠が必要となります。

　かかる秘密保持義務は、就業規則等の具体的な規定により、一定の秘密保持が約定されていると認められる場合であり、当該約定の必要性や合理性が認められる限度で有効とされています。

　したがって、退職後も秘密保持義務を課す必要性が乏しかったり、秘密保持義務の範囲が過度に広範であったりする場合には、かかる就業規則等の定めは無効となり得ます。

　この点、クリーンケアサービスの営業担当従業員が入社5年後に、業務に関わる重要な機密事項（「顧客の名簿及び取引内容に関わる重要な事項」や「製品の製造過程、価格等に関わる事項」）について、一切他に漏らさないという誓約書を提出した事案において、裁判所は、「労働契約関係にある当事者において、労働契約終了後も一定の範囲で秘密保持義務を負担させる旨の合意は、その秘密の性質・範囲、価値、労働者の退職前の地位に照らし、合理性が認められるときは、公序良俗に反しない」と判示し、かかる誓約書の合理性を肯定しています（**ダイオーズサービシーズ事件**（東京地裁平成14年8月30日判決））。

　なお、とくに就業規則等に退職後の秘密保持義務に関する明示の規定がない場合には、労働契約終了後は付随義務としての秘密保持義務も同時に終了すると考えられるため、原則として社員が秘密保持義務を負うことはないと考えられています。

## （3）職場環境配慮義務（第3条）……【Cランク】

　使用者は、労働者に対して、労働契約上の付随義務として、信義則上、社員にとって働きやすい職場環境を保つように配慮すべき義務（**職場環境配慮義務**）を負っています（三重セクシュアル・ハラスメント（厚生農協連合会）事件（津地裁平成9年11月5日判決））。

　仮に本条項がなかったとしても、解釈上使用者が負担すべき義務ではありますが、あらかじめ使用者の負う義務を明確化すべく、規定しておくことが望ま

しいといえます。

## （4）就業場所（第4条）……【Aランク】

　就業場所の記載は、労働基準法15条1項・同法施行規則5条1項1号の3により、労働者に対して法令上明示が必要とされているため、就業規則等に規定がない限り、必ず記載しましょう。

## （5）賃金（第5条）……【Aランク】

　賃金は、労働基準法15条1項・同法施行規則5条1項3号により、労働者に対して法令上明示が必要とされているため、就業規則等に規定がない限り、必ず記載しましょう。

## （6）労働時間（第6条）……【Aランク】

　労働時間、始業及び終業の時刻、休憩時間の記載は、労働基準法15条1項・同法施行規則5条1項2号により、労働者に対して法令上明示が必要とされているため、就業規則等に規定がない限り、必ず記載しましょう。

　また、原則として、休憩時間を除き、1日8時間、1週間40時間を超える労働時間を設けてはいけないとされていることに注意が必要です（労働基準法32条）。

　この上限時間を超える時間外労働を労働者に行わせるためには、労働基準法36条に定める協定書を、所轄の労働基準監督署に提出する必要があります（いわゆる「三六協定」）。

　なお、休憩時間については、労働時間が6時間を超える場合は45分、8時間を超える場合は1時間以上与えることが必要とされています。（労働基準法34条）。

## （7）休日（第7条）……【Aランク】

　休日の記載は、労働基準法15条1項・同法施行規則5条1項2号により、労働者に対して法令上明示が必要とされているため、就業規則等に規定がない限り、必ず記載しましょう。

原則として、1週間に1日、又は4週間を通じて4日以上の休日を設ける必要があるとともに、休日を定める場合には、前述した労働時間の上限を超えないよう注意が必要です。

## (8) 休暇 (第8条) ……【Aランク】

労働者が雇い入れの日から6ヶ月間継続勤務し、全労働日の8割以上出勤したときは、10日間の年次有給休暇を与える必要があります（労働基準法39条1項）。また、その後も同様の条件で継続勤務した労働者に対して、サンプル契約8条1項に定める年次有給休暇を与える必要があります（労働基準法39条2項）。

## (9) 就業時間の変更等 (第9条) ……【Bランク】

本条項は、就業時間の変更や、残業命令等、労働者に不利益を課すおそれのある事項について法令の範囲内で下す可能性があることをあらかじめ明示し、トラブルを防止する観点から規定します。

## (10) 退職 (第10条) ……【Aランク】

退職に関する事項は、労働基準法15条1項・同法施行規則5条1項4号により、労働者に対して法令上明示が必要とされているため、就業規則等に規定がない限り、必ず記載しましょう。

## (11) 懲戒 (第11条) ……【Aランク】

懲戒処分を行うためには、原則として労働契約において懲戒事由と懲戒の種類を定めておく必要があります。

就業規則において懲戒事由を詳細に定めておくことが一般的ですが、就業規則を作成していない場合であっても、労働者と将来トラブルになる場合に備えて、懲戒処分を下すことができるよう、雇用契約書に明示しておくべきといえます。

Part 3
契約交渉開始後から契約締結までの対応(予防法務)

# 1 契約(法律行為)の要件の確認

　契約締結が完了したからといって、法的リスクマネジメントが完了することにはなりません。
　そもそも、契約締結に代表される法律行為が成立するためには、以下の4つの要件を充足する必要があります。

【法律行為の要件】

| 要件 | 内容 |
| --- | --- |
| 成立要件 | ・意思表示の合致<br>・要物契約(例:金銭消費貸借契約)<br>・要式契約(例:保証契約) |
| 有効要件 | ・強行法規違反<br>・公序良俗違反<br>・権利能力<br>・意思能力と行為能力<br>・法人の能力(目的の範囲内)<br>・意思表示<br>・無効と取消 |
| 効果帰属要件 | ・代理<br>・代表 |
| 効力発生要件 | ・条件<br>・期限 |

　契約締結後に相手方の間でトラブルが生じる場合、その原因・相手方の主張は事案に応じて多種多様ですが、突き詰めれば「貴社と締結した契約は、法律行為の要件を充足していない」という主張に集約することが可能です。
　すなわち、相手方とのトラブルが顕在化するケースにおいては、①契約が成立していない(**成立要件**)、②仮に成立していても無効な契約である(**有効要件**)、③有効に成立していたとしても相手方に効果が帰属していない(**効果帰**

属要件)、④有効に成立し、その効果が相手方に帰属していたとしても未だ発生していない(**効力発生要件**)のいずれかの段階において当事者間で対立が生じているものといえます。

したがって、相手方との間で契約の履行段階以降にトラブルが生じた場合、上記法律行為の要件のいずれにおいて対立が生じているのか、一つ一つ事実関係を確認し、検討していく必要があります。

## (1) 契約の成立要件の確認

第一に、**契約の成立要件**とは、申込みと承諾の意思表示の合致(合意)をいいます。意思表示が外形的にも存在しない場合には、法律行為は不成立となります。

法律行為によっては、意思表示に加えて目的物の授受(**要物契約**)や一定の方式でなされること(**要式行為**)が成立要件とされる場合もあります。たとえば、要物契約である金銭消費貸借契約が成立するためには金員の授受が必要とされ、要式契約である保証契約が成立するためには書面で契約が締結されることが必要となります。

## (2) 契約の有効要件の確認

第二に、契約が有効であるためには、当該契約に無効原因や取消原因が存在しないことが必要となります。**契約の有効要件**は、法律行為の内容に関する要件(**客観的有効要件**)と意思表示に関する要件(**主観的有効要件**)とに分類することができます。

客観的有効要件として、契約内容が利息制限法上の上限利息に違反していないことのように強行規定に違反していないことや、愛人契約のように契約内容自体が公序良俗に違反する場合が挙げられます。

主観的有効要件としては、契約当事者に権利能力・意思能力・行為能力があることや、意思表示に瑕疵がないこと(意思の不存在・瑕疵ある意思表示でないこと)、法人であれば定款記載の目的の範囲内であること等が挙げられます。

なお、<u>契約がいったんは有効に成立したとしても、トラブル発生時点においても有効に存続しているかは別途確認が必要となります</u>。

たとえば、契約の有効期限が切れてしまっている場合、当該契約の自動更新条項等が規定されていない限り、契約は失効することになります。したがって、以前に契約を締結していたから問題はない、などと安易に構えず、契約の有効期限は必ず確認する必要があります。

また、契約書の条項において、支配株主の変更や経営体制の重大な変更等が生じた場合に、相手方当事者に対する通知事由や契約の解除事由等に規定されている場合があります（**チェンジ・オブ・コントロール条項**）。たとえば、A社がB社の主力商品である工作機械に魅力を感じ、B社の100％株主となることを目指してB社との間で株式譲渡契約を締結する場合において、実はB社が当該工作機械の製造に関してC社からライセンスの供与を受けており、B社・C社間のライセンス契約において、「B社の支配株主が変更された場合、C社はB社とのライセンス契約を解除することができる。」といったチェンジ・オブ・コントロール条項が規定されている場合があります。この場合において、A社がB社・C社間のライセンス契約について何も手当せずにB社との株式譲渡契約を締結し、実行してしまうと、C社はB社とのライセンス契約を解除することができ、結果としてA社はB社の100％株主となったものの、工作機械の製造に必要なライセンスを失うこととなり、当初の目的を達成できなくなってしまうおそれがあります。したがって、重要な契約の履行に際しては、自社と相手方との契約書の条項だけでなく、他の契約書においてチェンジ・オブ・コントロール条項が規定されていないかについても注意しなければならない場合があることに留意が必要です。

## *Column* ｜ 相手方の合併と契約書の有効性①

「当社と取引関係のあるA社とB社について、A社がB社を吸収合併することになりました。B社と締結していた契約書は無効になってしまうのでしょうか？」

　この場合、貴社とA社、貴社とB社との間で締結していた契約書はそれぞれ有効です。

　吸収合併存続会社であるA社は、消滅会社B社の権利義務をすべて包括

承継することになるため、貴社とB社との契約上の地位も承継し、依然として有効な契約書といえます。

　そして、B社の地位をすべて承継したA社は、貴社と旧B社との契約を変更することも可能です。ただし、変更する旨の契約（「変更覚書」など）を締結する場合、合併により当事者が変更されたことを明確化すべく、当事者名を「A社（旧商号をB社という。）」といった手当をすべきといえます。

## *Column* ｜ 相手方の合併と契約書の有効性②

　A社とB社が吸収合併した場合であっても、貴社とA社・B社との間で締結していた契約書はそれぞれ有効といえますが、それでは、両社それぞれとの間で、同じ商品について条件の異なる売買契約書を締結していた場合、たとえば契約締結日付の新しい契約が優先したり、存続会社A社との契約が優先する等、両契約書のいずれかが優先するのでしょうか？

　この場合、貴社とA社、貴社とB社との間で締結していた売買契約書いずれも有効であり、契約締結日が新しい方が優先するということもありませんし、存続会社A社の契約書が優先するということもなく、どちらが優先するといった関係には立ちません。

　もっとも、条件の異なる契約書がA社との間で2本併存していると無用な混乱を招くことになりかねませんので、存続会社A社はB社の契約上の地位も引継ぐことから、いずれか一方の契約を解約し、どちらか一方の契約のみ存続させることにする等、一定の手当をすることが望ましいといえます。

## （3）契約の効果帰属要件の確認

　第三に、**契約の効果帰属要件**とは、代理人による契約締結の効果を当事者本人に及ぼす場合のように、法律行為の効果を他人に帰属させるための要件をいいます。具体的には、行為者に代理権や処分権が存在する必要があり、これらの権限のない行為は、原則として契約の効果が本人に帰属しないこととなります。

　たとえば、会社（法人）としての契約であるにもかかわらず、会社（法人）の業務執行権限を有さない者が署名押印をして契約を締結したとしても、会社（法人）として署名押印をしたことにはならず、有効な契約の締結とはみなされないことになります。

## （4）契約の効力発生要件の確認

　第四に、**契約の効力発生要件**とは、契約の効力が発生するための要件をいい、一定の事実が生じないかぎり、契約の効力が発生しないこととなります。

　契約の効力発生要件は、「条件」・「期限」（民法127条〜137条）のように、当事者の意思表示によるものと、相続における遺言者の死亡（民法985条）のように、法律の規定によるものとに分類することができます。

　たとえば、契約上、停止条件が設定されている場合には、**停止条件**が成就しなければ、契約に従った債権を行使できないことになります。停止条件とは、法律行為の効力発生に条件が付されている場合であり、停止条件付法律行為は停止条件が成就した時からその効力を生ずるというものです（民法127条）。停止条件の一例としては、「自社がA銀行から融資を受けることができたら、B社から商品を購入する。」というようなケースが挙げられます。

　また、契約上の債権を行使するためには、期限（履行期）が到来している必要があります。たとえば、金銭消費貸借契約上は1億円の貸金返還請求権を有しているとしても、返済期限（履行期）が1年後に設定されている場合は、1年経過しなければ原則として1億円を返済するよう請求することはできないことになります。もっとも、契約上、期限の利益喪失条項が定められているのであれば、当該期限の利益喪失事由が生じていないか、別途確認が必要となります。

なお、金銭消費貸借契約等において、他の契約において期限の利益喪失事由が生じた場合に、当該金銭消費貸借契約等においても連動して期限の喪失事由となる旨の条項が規定されている場合があります（**クロスデフォルト条項**）。かかる条項が規定されている場合、問題となっている金銭消費貸借契約等の履行状況を確認するだけでは足りず、他の契約書においても期限の利益喪失事由が生じていないか、その履行状況を確認する必要があるため、注意が必要です。

## 2　契約の履行に対する抗弁事由の確認

契約が有効に成立しているとしても、契約の履行に対する抗弁事由が付されていないか確認する必要があります。代表的な抗弁事由としては、**同時履行の抗弁権**（民法533条）が挙げられます。履行期が到来しているとしても、同時履行の抗弁が設定されている場合、相手方に対する債権を行使するためには、自社も相手方に対する債務を履行しなければなりません。

たとえば、売買契約において、買主の代金支払義務の履行期が到来しているとしても、売主に対する同時履行の抗弁が主張できるのであれば、買主は、売主から売買契約の目的となっている商品の引渡と引き換えでなければ代金の支払いを拒むことが可能となります。このように、同時履行の抗弁が設定されている場合には、自社の相手方に対する債務を履行するにあたっての問題がないかどうかを検討する必要があります。

## 3　契約の履行の管理

契約が有効に成立し、契約の履行に関して抗弁事由がとくになければ、実際に契約に規定した条項に従った債務の履行がなされるか管理することとなります。

本来、債権者からとくに通知しなくとも、債務者は契約に規定した条項に従って債務を履行するはずですが、すべての債務者が契約に従って債務を履行するとは限りません。契約を締結したのだから当然に履行されるはずだ、などと漫然と構えていては、放置されてしまうおそれもあります。

したがって、履行期が到来した都度、債務の履行の有無を確認するとともに、仮に債務が履行されていないのであれば、早急に債務を履行するよう促したり、債務を履行できない事情を確認するなどの対応をとる必要があります。

なお、万が一、契約締結後に相手方が債務を履行しないままであった場合には、紛争に発展する可能性もあります。

紛争に発展した場合の対応については、臨床法務について整理したPart 4以下をご参照ください。

## Section 2
# 法務担当者の役割

| | 法務担当者 | 外部弁護士 |
|---|---|---|
| ① | 契約の有効性・履行条件の確認 | 契約の有効性・履行条件の再確認 |
| ② | 契約の履行の確認 | 法的リスクの分析 |
| ③ | 契約の履行に応じない場合の対応 | 法的リスクに応じた解決方法の検討 |

## 1 契約の有効性・履行条件の確認

契約の履行期以降に相手方と契約の成否・解釈を巡ってトラブルが生じた場合、第一報を受けるのは当該相手方と直接交渉・取引を行ってきた営業担当者等、案件推進部署であることが通常です。そのため、契約の成否等を巡ってトラブルが生じた場合、法務担当者は、まず当該取引先と交渉を行ってきた営業担当者等からトラブルの詳細をヒアリングし、事実関係を整理する必要があります。

その上で、トラブルが生じている契約について、契約が有効に成立しているか、成立しているとして契約の履行に対する抗弁事由がないか確認する必要があります。

なお、反対に、相手方に債務の履行を強制することがかえって自社にとって重大な法令リスクとならないかも慎重に検討する必要があります。たとえば、交渉力が劣位にある相手方との売買契約において、相手方が第三者に自社が販売した商品を再販売する際の価格を契約書で一定額に固定している場合、当該契約に従って相手方に再販売価格を維持するよう強制してしまうと、自社と相手方との力関係等によっては、独占禁止法上禁止されている「再販売価格維持の禁止」等に抵触するおそれがあります。

したがって、契約書作成段階から十分なリーガルチェックが行われている場合はともかく、そうでない場合には、契約の履行に関する条項を確認する際には、「そもそも当該契約書の条項に従った履行を促すことが適法か。自社にとって重大な法的リスクを誘発しないか。」という観点から分析・検討することが必要となる場合があることに注意が必要です。

## 2　契約の履行の確認

契約の有効要件や契約の履行に対する抗弁事由にとくに問題がなかった場合、契約の条件に沿った債務の履行が行われるかどうかを確認する必要があります。

契約交渉は、契約締結までで完了するのではなく、その後に実際に契約を履行させることまで管理しなければ意味はありません。仮に債務が履行されていないのであれば、早急に債務を履行するよう促したり、取引の重要性や緊急性の程度によってはあらかじめ外部弁護士に相談の上、内容証明郵便を送達する準備をするなどの対応をとる必要があります。

## 3　契約の履行に応じない場合の対応

仮に契約の条件に沿った債務の履行がなされない場合、紛争に発展する可能性も見据えて今後の対応を検討する必要があります。

詳細についてはPart 4以下でご説明しますが、法務担当者としては、紛争の危険度に関するチェックリストを活用しながら紛争の程度を検討し、外部弁

護士との相談体制を構築しておくことも検討しましょう。

## Section 3
# 弁護士の役割

## 1　契約の有効性・履行条件の再確認

　契約の履行段階において法務担当者から相談を寄せられた場合、外部弁護士としても、契約の有効要件や契約の履行に対する抗弁事由に問題がないか、再度確認をする必要があります。

　とくに、取引規模が大きく、大部にわたる契約書や複数の関連契約が取り交わされている案件においては、相手方と履行を巡って対立が生じている契約書以外の関連契約書中に、契約の解除事由等となりうるチェンジ・オブ・コントロール条項や、期限の利益喪失事由となるクロスデフォルト条項等が規定されている場合もあるため、法務担当者限りのチェックでは重要な条項を見落としてしまうおそれもあります。

　そのため、とくに重要性の高い案件や多数の関連契約を締結している複雑な案件においては、外部弁護士による契約内容のダブルチェックも必要となります。

## 2　法的リスクの分析

　契約の履行が確認できない場合には、紛争に発展する可能性があります。

　外部弁護士としては、最悪の場合、当該契約の不履行により、依頼企業がどの程度の不利益を被る可能性があるか、中立的な立場から分析することが求められます。

　相手方の債務不履行により、依頼企業が法令違反等の法令リスクや行政処分に晒されることは稀ですが、たとえば巨額の貸付金を相手方が返済してくれないことによって、法令上、依頼企業に必要とされる財務の健全性を満たさなく

なり、法令違反状態が生じる可能性も否定できませんし、法令リスクではないものの、貸倒れが発生したことで依頼企業の与信判断能力等に重大なレピュテーショナルダメージが生じる可能性もあります。

　なお、反対に、相手方に債務の履行を強いることによってかえって依頼企業が重大な法的リスクに晒されないかということも慎重に検討する必要があります。企業の一員である法務担当者の立場からは、「契約の履行を強制すべきではない」とは主張しにくい場面もありえますが、依頼企業から一定の距離を保っている外部弁護士だからこそ、中立的な立場から契約の履行に伴う法的リスクの有無及び重大性について、客観的なアドバイスを提供することが求められます。

## 3　法的リスクに応じた解決方法の検討

　外部弁護士は、今後の法的リスクを分析した上で、とるべき解決方法を検討することになります。

　詳細についてはPart 4以下でご説明しますが、当事者間の任意交渉で足りるのか、民事保全等の法的措置までとる必要があるのか、また外部弁護士が代理人として交渉の窓口を担当したほうがよいのかどうか等を検討することになります。

Part 3
契約交渉開始後から契約締結までの対応（予防法務）

## Section 4

# 各論　各契約類型の留意点

契約履行段階における、各契約類型の留意点は概要以下のとおりです。

| 契約類型 | 紛争発生の予兆に関する留意点 |
|---|---|
| 売買契約 | ・所有権留保特約の有無<br>・商人間の瑕疵担保責任（商法526条）<br>・チェンジ・オブ・コントロール条項 |
| 金銭消費貸借契約 | ・期限の利益喪失約款<br>・クロスデフォルト条項 |
| 不動産売買・賃貸借契約 | ・手付の設定・法的性質 |
| ソフトウェア<br>開発委託契約 | ・契約条件に沿った履行の有無の確認<br>・受託者の報告義務の有無<br>・委託者の検収条項の有無 |
| 労働契約 | ・労働条件の明示（労働基準法15条）<br>・就業規則、社内規定、労働法規制との整合性 |

## 1　売買契約

### （1）所有権留保

　売買契約においては、商品の引渡しにあたり、所有権留保特約が設定されることがあります。
　**所有権留保**は、売主が目的物の引渡しを完了する一方、代金が完済されるまでは目的物の所有権を留保する制度をいいます。
　所有権留保は、売買契約において、売主から買主への所有権移転を代金完済まで留保するという特約を付すことによって行われます。
　所有権留保特約が付されている場合には、売主から商品を引き渡されていた

としても、買主側が代金を完済しなければ所有権が移転しないことになりますので、単に商品の引渡しを受けたことだけではなく、代金を完済しているかどうかも確認する必要があります。

### (2) 商人間の瑕疵担保責任 (商法526条)

また、売買契約においては、瑕疵担保責任についても注意しておく必要があります。

商法上、民法上の瑕疵担保責任の特則が規定されています。

商人間の売買において、買主は、その売買の目的物を受領したときは、遅滞なく、その物を検査しなければならない上(商法526条1項)、売買の目的物に瑕疵があること又はその数量に不足があることを発見したときは、直ちに売主に対してその旨の通知を発しなければ、その瑕疵又は数量の不足を理由として契約の解除又は代金減額若しくは損害賠償の請求をすることができません(商法526条2項前段)。また、売買の目的物に直ちに発見することのできない瑕疵がある場合において、買主が6箇月以内にその瑕疵を発見したときも、その瑕疵又は数量の不足を理由として契約の解除又は代金減額若しくは損害賠償の請求をすることができないとされています(商法526条2項後段)。

したがって、企業間での売買契約においては、目的物の引渡しの履行を受けたからといって安心せず、早急に目的物の数量や品質を確認し、瑕疵の有無を確認しなければなりません。

ただし、商法526条の瑕疵担保責任は任意規定であるため、当事者間の契約によってその内容を修正することが可能です。そのため、当事者間の合意内容次第で瑕疵担保責任の期間を延長・短縮したり、場合によっては瑕疵担保責任そのものを排除することも可能です。

### (3) チェンジ・オブ・コントロール条項

売買契約の性質を有する株式譲渡契約等、対象会社の支配権に影響を及ぼす契約を締結する場合、株式譲渡契約等を履行する前に、対象会社が締結している契約書にチェンジ・オブ・コントロール条項(支配株主の変更や経営体制の重大な変更等が生じた場合に、相手方当事者に対する通知事由や契約の解除事

由等とする条項）が規定されていないか注意する必要があります。

　もしチェンジ・オブ・コントロール条項が規定されているのであれば、たとえば株式譲渡について対象会社の契約相手方から事前に同意を取得するなど、一定の手当を取る必要があります。

## 2　金銭消費貸借契約

　金銭消費貸借契約においては、貸主に有利な条項として、期限の利益喪失条項が設定されていることが一般的です。

　**期限の利益**とは、期限が到来しないことによってその間に当事者が受ける利益のことをいいます（民法136条）。

　**期限の利益喪失条項**とは、当事者間の契約において、一定の事由が生じたときに、期限の利益を失うことを定めた条項をいいます。

　期限の利益喪失事由は、民法137条にも規定されていますが、当事者間の契約において、同条以外の事由にも拡張されていることが一般的です。

　金銭消費貸借契約においては、期限の利益喪失条項の有無及びその内容を確認するようにしましょう。とくに、一定の事由が生じた場合には何らの手続を経ることなく、直ちに借主が期限の利益を失うこととなる「当然の期限喪失」条項とされているかは、借主の利益に直結することとなります。

　また、重要な金銭消費貸借契約等においては、**クロスデフォルト条項**（他の契約において期限の利益喪失事由が生じた場合に、当該金銭消費貸借契約等においても連動して期限の喪失事由となる旨の条項）が規定されていないか確認するとともに、規定されている場合には、連動している他の関連契約の履行状況についても確認する必要があります。

## 3　不動産売買・賃貸借契約

　不動産に限らず売買契約一般において妥当することですが、不動産売買契約においては、手付金を設定することがあります。

　**手付**とは、売買契約の締結の際に、当事者の一方から他方に対して交付され

る金銭その他の付加物のことをいいます。

手付は、①証約手付、②違約手付、③解約手付、3つの性質を有します。

①証約手付とは、契約が成立したことを示す効力をもつものであり、手付であればすべてこの性質を有します。

手付は、特約がない限り、解約手付と推定され（民法557条1項）、不動産売買のように、高額な取引の場合には手付が設定されていることも少なくありませんが、どのような法的性質で手付が設定されているのかは注意する必要があります。

また、解約手付であるとしても、当事者の一方が契約の履行に着手した場合には解除できないとされているところ（民法557条1項）、不動産売買契約における履行の着手時期も問題となります。この点、「**履行に着手**」するとは、債務の内容である給付の実行に着手することをいい、履行の一部又は履行の前提をなす行為をするこというものと解されています。

履行の着手時期に関する判例は多数出ており、たとえば、家屋の買主が売主に対して再三家屋の明渡しを求め、それが実行されればいつでも代金を支払える状態にあった場合の買主について、履行の着手があったものとされています（最高裁第1小法廷昭和26年11月15日判決）。

## 4 ソフトウェア開発委託契約

ソフトウェア開発委託契約においては、受託者にソフトウェアの開発に相当程度の期間を要することが通常であり、また、開発委託契約等の専門性が高い分野では、ともすれば受託者に任せきりになってしまい、当初期待していたどおりの内容で完成しているかどうかがあいまいになり、後日利用した際にはじめて当初期待していたとおりのサービスとはなっていないことが発覚して紛争となることも少なくありません。

したがって、ソフトウェア開発委託契約途中においても契約条件に沿った履行がなされているかどうかを適宜確認する必要が高いといえ、委託者が必要に応じて開発状況について受託者から報告を求めることができるよう、契約書において受託者に対する報告義務を定めた条項を規定する必要性が高いといえま

す（サンプル契約第4条）。

　また、受託者から成果物であるソフトウェアが納入されたとしても、実際に委託者が必要とする目的に適合した品質となっているか検査できるよう、検収条項を規定することが望ましいといえます（サンプル契約第6条）。

## 5　労働契約

　労働契約においては、雇用（入社）の場面で労働条件の内容が問題となることがあります。

　労働契約を締結する際には、賃金や労働時間等、労働条件を明示した書面を作成して、交付しなければなりません（労働基準法15条）。

　したがって、労働契約締結時には、労働条件通知書又は雇用契約書を取り交わすことになります。

　また、労働条件通知書等に記載された労働条件と、就業規則や社内規程、労働法規制との整合性も確認する必要があります。

# 紛争発生後の対応
# (臨床法務)

Part 4

# Chapter 6 紛争発生の予兆

## Section 1
## 総論

**契約締結後の紛争発生の予兆**

- 紛争発生の予兆の事前察知の重要性
  - (1) 紛争の「発生」防止
  - (2) 紛争の「拡大」防止
  - (3) 証拠の収集・保全
- 紛争発生の予兆・チェックリスト
  - チェックリストの作成
- 危険度類型別留意点
  - (1) 安定段階（紛争の可能性が低い段階）
  - (2) 要注意段階（紛争の可能性が高まっている段階）
  - (3) 緊急段階（紛争発生を回避できない段階）

　契約締結後に取引先との間で紛争に発展する場合、ある日突然紛争が表面化することは稀であり、通常は紛争に発展する予兆が生じます。

　法務担当者としては、できる限り紛争自体が発生しないよう予防法務の拡充に努める必要がありますが、それでも100％紛争の発生を防ぐことはできません。そのため、いち早く紛争発生の予兆を察知し、紛争の発展・拡大を防止するように努めることも法務担当者の重要な役割となります。

　以下では、紛争発生の予兆に関し、留意すべき事項をご説明します。

## 1　紛争発生の予兆の事前察知の重要性

　紛争発生の予兆を事前に察知することの意義は、以下の3点にあります。

*Part 4*
紛争発生後の対応(臨床法務)

## (1) 紛争の「発生」防止

　紛争発生の予兆を察知することができれば、取引先との契約内容を修正すること等によって、紛争の発生そのものを防止できる可能性があります。
　そこで、紛争発生の予兆を察知した場合には、問題となっている契約(以下「**原契約**」といいます。)の内容を再度確認し、場合によっては原契約の内容を修正する旨の「**覚書**」等を取り交わすことで紛争の発生を予防できる可能性があります。このような「覚書」については、原契約に関する事実関係を収集しやすい法務担当者がドラフトすることが多いため、「覚書」の雛形等については後述します。
　「覚書」の締結等、原契約の修正にも相応の時間・コストを要しますが、紛争が発生した場合の対応が必要となった場合には、より多くの時間・コストを要することになります。
　したがって、少しでも早期に紛争を解決するとともに、紛争解決に要するコストを抑えるためには、原契約の修正によって紛争の発生自体を未然に防止する必要があります。

## (2) 紛争の「拡大」防止

　仮に紛争の発生自体は避けられないとしても、いち早く対策を講じることによって、紛争の拡大を防止することが期待できます。
　たとえば、売買契約において、取引先の経営状況が悪化し資力に問題が生じているにもかかわらず、安易に取引関係を継続し、商品を供給し続けた場合、後日取引先の経営が破綻し、売掛金の回収が不能となる可能性があります。それにもかかわらず、漫然と売買契約を継続すればするほど、回収不能となる売掛金の金額が増えることになり、自社の経営に支障を来たす事態になってしまうこともありえます。
　このような深刻な事態にまで発展することのないよう、紛争の予兆を察知した場合には、できる限り早期に対策を講じ、紛争の拡大を防止する必要があります。
　前記の例で言えば、取引先の経営状況が悪化しているという予兆を察知した

場合、商品の販売数を調整したり、各取引における売買代金の支払時期を早めてもらうようにしたりすることで、売掛金の回収が不能になるリスクをできる限り抑えるように対応していく方法が考えられます。

### (3) 証拠の収集・保全

将来の紛争の発生は避けられない場合であっても、紛争発生の予兆を事前に察知することで、将来の紛争に備えた証拠の収集・保全をすることが可能となります。

たとえば、ソフトウェア開発委託契約締結後に、受託者が開発した成果物が完成する前に、当該成果物の著作権の帰属に関する条項の解釈を巡って受託者と対立が生じている場合には、著作権の帰属について決着がつくまで、受託者が契約内容に従った業務を遂行してくれない可能性があります。

このように、契約条項の解釈を巡って紛争に発展する予兆がある場合には、紛争に発展する前の時点から、意識的に有利な証拠を収集・保全するように対応していく必要があります。前記の例でいえば、仮にソフトウェア開発委託契約書上、成果物の著作権の帰属に関する条項そのものがなかったり、規定されていても委託者・受託者いずれに帰属するか明確でなかったりした場合には、口頭でいくら議論しても後日立証することができずに水掛け論で終わってしまうため、意識的にメールやFAX等、記録として残る媒体で行うようにしたりするほか、場合によっては受託者の担当者に架電する際に電話録音を実施するなどの対策を講じ、契約書以外の証拠を収集する等の対応が考えられます。

自社にとって有利な証拠を収集・保全することができれば、後日紛争に発展したとしても、これらの証拠をもとに交渉をすることで、早期に紛争解決をすることも期待できます。

## 2 紛争発生の予兆・チェックリスト

このように、紛争発生の予兆は、できる限り早期の把握が重要となります。そこで、紛争発生の予兆の事前察知を可能とするために、チェックリストの作成・活用をお勧めします。

Part 4
紛争発生後の対応（臨床法務）

　以下では、チェックリストの参考例をご紹介しますが、紛争発生の予兆の事前察知のためのチェックリストは、法令やガイドライン等で規定されているわけではないため、各企業や各取引類型に応じて適宜修正していくことが望ましいといえます。

　なお、以下のチェックリストでは、紛争が発生するリスクを整理するため、紛争発生の危険度を、①**安定段階**（紛争発生の可能性が低い段階）、②**要注意段階**（紛争発生の可能性が高まっている段階）、③**緊急段階**（紛争発生を回避できない段階）の3つに分類していますが、この分類も、各企業や各取引類型に応じて、より細分化することも考えられます。

【紛争発生の予兆・チェックリスト】

| 類型別 | 安定段階<br>（紛争発生の可能性が低い段階） | 要注意段階<br>（紛争発生の可能性が高まっている段階） | 緊急段階<br>（紛争発生を回避できない段階） |
|---|---|---|---|
| 判断ポイント | □ クレームもなく取引を継続している<br>□ 契約に沿ったサービスが提供されている<br>□ 期限までに支払に応じる<br>□ 営業を継続的に行っている形跡がある | □ 契約内容についてクレームが発生してくる<br>□ 契約に沿ったサービスが提供されない<br>□ 期限までに支払が完了されない<br>□ 営業を継続的に行っている様子がない<br>□ 経営状況悪化の様子がみられる | □ クレームが代理人（弁護士）名義で送付されてくる<br>□ サービスの提供が停止される<br>□ 債務の支払が停止される<br>□ 経営している様子がない<br>□ 経営状況が極めて悪化している |
| 要因 | □ 長期に及ぶ取引関係がある<br>□ 自社以外の競合他社が存在しない<br>□ 経営状況が安定している | □ 取引関係が短期間にすぎない<br>□ 競合他社の出現<br>□ 経営状況の悪化<br>　□ 主要な取引先の喪失・倒産<br>　□ 業界全体の不況<br>　□ 取引先の競合他社の出現<br>　□ 主力事業の失敗<br>　□ 製品事故等の発生<br>　□ 横領等の被害 | □ 自社の競合他社への切り替え<br>□ 経営状況の著しい悪化<br>　□ 事業全体の失ဎ<br>　□ 資金調達のショート<br>　□ 差押<br>　□ 従業員不在による事業継続の困難<br>　□ レピュテーショナルリスク |
| 留意事項 | □ 安定段階から要注意段階への移行は不透明<br>□ 法務担当者は営業部・現場から情報を収集できる体制を構築する | □ 要注意段階に移行してからは、従前の取引の履行を優先する<br>□ 取引の継続・拡大の見直し・停止を検討する<br>□ これまでの交渉経過に関する証拠を整理する（メール、FAX、文書等）<br>□ 弁護士への相談体制を構築する | □ 弁護士への依頼を検討する<br>□ 法的手続への移行を含めた紛争の解決方法を検討する |

## 3 危険度類型別留意点

### (1) 安定段階（紛争の可能性が低い段階）

**安定段階**とは、紛争の可能性が低い段階を指します。
安定段階の判断ポイント、主な要因及び留意事項は以下のとおりです。

#### ア 判断ポイント

> ☐ クレームもなく取引を継続している
> ☐ 契約に沿ったサービスが提供されている
> ☐ 期限までに支払に応じる
> ☐ 営業を継続的に行っている形跡がある（ホームページの更新が頻繁に行われている、担当者が頻繁に連絡・訪問する等）

① クレームもなく取引を継続している

取引先が契約内容についてとくにクレームを申し出ることもなく、取引を継続している状況であれば、取引先も現状の契約関係には不満を抱いていないといえます。

仮に取引先が契約内容に不満があるのであれば、取引現場等にてクレームが発生してくる傾向にあります。

② 契約に沿ったサービスが提供されている

取引先が契約に沿ったサービスを提供し続けてくれているのであれば、取引先も現状の契約関係には不満を抱いていないといえます。

また、取引先が契約に沿ったサービスを提供し続けているということであれば、取引先の経営状況にも大きな問題はなく、安定的にサービスを提供できる状況にあるといえます。

③ 期限までに支払に応じる

取引先が契約どおり、期限までに支払に応じてくれているということは、契

約内容に不満を抱いていないことの現れであるとともに、取引先の経営状況にも大きな問題はないといえます。

④ 営業を継続的に行っている形跡がある

主に取引先の経営状況に関する判断ポイントではありますが、取引先が営業を継続的に行っている形跡があるかどうかは、取引先の経営状況を判断する一つの指標となります。

仮に取引先の経営状況が悪化し始めている場合、取引先が営業を継続すること自体困難になります。

取引先が営業を継続しているかどうかは、自社営業部等の現場担当者からのヒアリングで確認するほか、取引先企業のホームページが定期的に更新されているかどうか等でも判断することが可能です。

イ　主な要因

- ☐　長期に及ぶ取引関係がある
- ☐　自社以外の競合他社が存在しない
- ☐　経営状況が安定している
- ☐　大手取引先が存在する
- ☐　十分な資力がある
- ☐　ニッチな分野で活動している（競争相手の不在）

① 長期に及ぶ取引関係がある

取引先との関係が安定段階にある要因の1つとして、取引先と長期に及ぶ取引関係にあることが挙げられます。

長期に及ぶ取引関係がある場合には、これまでにお互いで築いてきた信頼関係もあることから、できる限り安定的な契約関係を維持することが双方にとってメリットがあるため、紛争に発展することは双方ともに避けようという意識が働きやすいといえます。

また、仮に1つの契約で不備があったとしても、大きなトラブルでなければ、今後の取引関係を見据えて、双方で譲歩することも期待できる関係にある

といえます。
② 自社以外の競合他社が存在しない
　取引先との関係が安定段階にある要因の1つとして、自社以外の競合他社が存在しないことが挙げられます。
　自社以外の競合他社が存在する場合、取引先が自社との契約内容に不満を抱いていた場合、競合他社への変更を検討されることもありえます。
　そして、競合他社への変更にあたり、従前の自社との契約への不満から、紛争に発展する可能性が生じるおそれがあります。
③ 経営状況が安定している
　取引先との関係が安定段階にある3つ目の要因は、取引先の経営状況が安定していることが挙げられます。
　取引先の経営状況が悪化してくると、契約した内容での支払を期限までに完了することが難しくなってきたり、契約した内容でのサービスを提供することが難しくなってきたりすることが生じてきます。
　したがって、安定的な契約関係を維持する前提として、取引先の経営状況が安定していることが必要となります。
　取引先の経営状況が安定しているかどうかの要因としては、①大手取引先の存在の有無、②十分な資力の有無（資本金、預貯金、不動産等の固定資産等）、③競争相手不在のニッチな分野を押さえているかどうか、等があります。
　これらの情報が確認できる場合には、取引先の経営状況には問題がないといえます。

### ウ　留意事項

> □　安定段階ではあっても、いつ要注意段階へ移行するかは不透明であることを意識する
> □　営業部・現場から情報を収集できる体制を構築する

① 安定段階ではあっても、いつ要注意段階へ移行するかは不透明であることを意識する

安定段階に分類できる場合には、当面は取引先との関係で紛争が生じる可能性は低いといえます。

もっとも、紛争が生じる可能性が低いとはいえ、紛争が生じる可能性はゼロではありません。

取引先の経営状況が急速に悪化したりした場合には、契約どおりの期限までに支払に応じてもらうことができなくなったり、サービスを提供してもらえなくなったりする事態も生じえます。

また、自社以上に有利な条件で取引が可能な競合他社が出現することもありえます。

このように、外部環境の変化によって、安定段階から要注意段階へと移行する可能性は否定できませんので、常に警戒は怠るべきではありません。

② 営業部・現場から情報を収集できる体制を構築する

前記のとおり、安定段階から要注意段階へ移行するかは不透明といえます。

そして、要注意段階へと移行する予兆は、取引先と直接接触する営業部や現場から得られる情報によることになります。

法務担当者は、平時から取引先と直接接触する機会は多くありませんので、まずは自社内部において、安定段階から要注意段階へと移行する予兆となる情報を、営業部や現場から収集できる体制を構築しておく必要があります。

たとえば、月に1回程度、定期的に法務部と営業部や現場との間で、継続案件の進捗状況等についての共有を図るプロジェクトミーティングを開催することなどが考えられます。

## (2) 要注意段階（紛争の可能性が高まっている段階）

**要注意段階**とは、紛争の可能性が高まっている段階を指します。

要注意段階は、紛争の可能性が生じ始めている段階から、紛争の発生が不可避となる緊急段階直前の段階まで幅がありますが、判断ポイントに該当する事実の程度に応じて、紛争の可能性の高さが左右されることになります。

要注意段階の判断ポイント、主な要因及び留意事項は以下のとおりです。

### ア　判断ポイント

```
□　契約内容についてクレームが発生してくる
□　契約に沿ったサービスが提供されない
□　期限までに支払が完了されない
□　営業を継続的に行っている様子がない
□　経営状況悪化の様子がみられる
```

① 契約内容についてクレームが発生してくる

　取引先が契約内容についてクレームを述べてくるようになった場合、第一義的には当該契約内容に対する修正要求といえます。

　もっとも、仮に長期に及ぶ取引関係にあった取引先からクレームが生じたということであれば、当該契約内容に対する不満という形をとっただけであり、その背景には自社との取引関係全体に対する不満がある可能性があります。

　まずは当該契約に関するクレームについて取引先の主張を傾聴するとともに、その解決に向けて対応する必要がありますが、今回のクレームの背景には自社との取引関係全体に対する不満もないか、確認する必要があります。

② 契約に沿ったサービスが提供されない

　取引先が契約に沿ったサービスを提供してくれないということは、取引先が自社との契約関係を継続することについて不満を抱いている可能性があります。

　また、取引先の経営状況が悪化し、契約に沿ったサービスを提供するだけの能力を維持することができていない可能性もあります。

③ 期限までに支払が完了されない

　取引先が契約どおり、期限までに支払を完了してくれないということは、自社との契約内容に不満があり、契約金額の支払いに応じることを拒否しているということが考えられます。

　また、自社との契約内容には不満はないものの、取引先の経営状況が悪化し、期限までに支払を完了することができず、支払期限の延期や分割払いの申し入れをしてくることも考えられます。

　取引先が自社との契約内容に不満がないとしても、経営状況が悪化し、期限

までの支払ができないということであれば、将来的には売掛金等が回収不能になるリスクが生じることになります。

④ 営業を継続的に行っている様子がない

主に取引先の経営状況に関する判断ポイントではありますが、取引先が営業を継続的に行っている形跡があるかどうかは、取引先の経営状況を判断する一つの指標となります。

仮に、取引先が営業を継続的に行っている様子がない場合、取引先の経営状況が悪化し、最悪の場合には営業の存続自体危うい可能性があります。

取引先が営業を継続しているかどうかは、自社営業部等の現場担当者からのヒアリングで確認するほか、取引先企業のホームページが定期的に更新されているかどうか等でも推測することが可能です。

⑤ 経営状況悪化の様子がみられる

取引先の経営状況が安定していることは、今後の安定的な取引継続の指標であるだけでなく、当該契約の紛争発生の可能性にも影響する指標となります。

取引先の経営状況が悪化しているかどうかの判断要素としては、前記③、④のほかに、以下の事項も挙げることができます。

 i．設備投資の大幅な縮小
 ii．店舗の閉店
 iii．担当者との連絡がつながりにくくなる
 iv．従業員の退職
 v．役員の交代
 vi．大量の在庫が目立つようになる

イ 主な要因

- ☐ 取引関係が短期間にすぎない
- ☐ 自社の競合他社の出現
- ☐ 経営状況の悪化
  - ☐ 主要な取引先の喪失・倒産
  - ☐ 業界全体の不況

```
☐ 取引先の競合他社の出現
☐ 主力事業の失敗
☐ 製品事故等の発生
☐ 横領等の被害
```

① 取引関係が短期間にすぎない

　取引先との関係が要注意段階に移行する要因の1つとして、取引先との取引関係が短期間にすぎないことが挙げられます。

　長期に及ぶ取引関係がある場合には、これまでに相互の努力により築いてきた信頼関係もあることから、できる限り安定的な契約関係を維持することが双方にとってメリットがあるため、紛争に発展することは双方ともに避けようという意識が働きやすいといえます。

　逆に言えば、取引関係が短期間にすぎない場合、取引先にとっても不満を抱いてまで自社との取引関係を継続しようとするメリットが少ないため、契約内容に不満を抱いた場合には、クレーム、ひいては紛争に発展してもやむを得ないと考えやすい傾向にあります。

　また、取引関係が短期間にすぎない場合、お互いの信頼関係を築くことができていないために、双方ともに譲歩が難しいということも要因として挙げられます。

② 競合他社の出現

　取引先との関係が要注意段階に移行する要因の1つとして、自社の競合他社が出現したことが挙げられます。

　自社以外の競合他社が存在する場合において、取引先が自社との契約内容に不満を抱いていたときは、競合他社との契約に変更されることもありえます。

　取引先が潜在的に自社との契約内容に不満を抱いていた場合には、競合他社が出現することで、従前の自社との契約内容への不満が顕在化し、クレームや紛争へと発展する可能性があります。

　したがって、自社の競合他社が出現した場合には、従前の契約内容に関し、取引先からの不満がないか、改めてチェックする必要があります。

③ 経営状況の悪化

　取引先との関係が要注意段階に移行する３つ目の要因は、取引先の経営状況の悪化が挙げられます。

　取引先の経営状況が悪化してくると、契約した内容での支払を期限までに完了することが難しくなってきたり、契約した内容でのサービスを提供することが難しくなってきたりすることが生じてきます。

　取引先の経営状況が悪化する要因としては、以下の事項を挙げることができます。

ⅰ．主要な取引先の喪失・倒産

　主要な取引先の喪失・倒産は、企業の売上に大きく関わる要素の一つです。複数の事業を展開し、そのうちの１つの事業のみでの影響であればまだよいのですが、ニッチな分野等に着手して業績を伸ばしてきた企業である場合には、限られた取引先との事業のみに依存していることも少なくありません。

　取引先がこのような企業である場合には、主要な取引先の喪失・倒産による影響は無視できません。

ⅱ．業界全体の不況

　取引先の経営悪化の要因として、業界全体の不況という外部環境の変化も挙げられます。

ⅲ．取引先の競合他社の出現

　取引先と同一商圏において、より競争力の強い競合他社が出現することによって、取引先の業績が急激に悪化するということもありえます。

　競合他社の出現という外部要因は、取引先のみでは防止できない上、突発的に生じるため、取引先としても対応が難しいところではあります。

ⅳ．主力事業の失敗

　取引先の主力事業における失敗について、すぐに改善することができず、長期間に及ぶ事態になるようであれば、取引先の経営全体にも深刻な影響をおよぼすことになりかねません。

ⅴ．製品事故等の発生

　取引先の経営状況悪化の要因が製品事故等の発生による場合、製品事故等の規模がどの程度かを確認する必要があります。

短期間に改善できる程度の事故であれば、一時的に経営が悪化したとしても、その後に立て直すことが期待できるために、紛争への警戒はそれほどしなくともよいといえます。

一方、製品事故等の規模が甚大であり、取引先の主力製品の根本的な見直しにつながるような場合には、取引先の経営の継続の可否にすら影響しかねません。

また、取引先の製品事故等がマスコミに報道された場合、取引先の企業としてのレピュテーショナルリスクにも及ぶことになります。

取引先の経営状況悪化の要因が製品事故等の場合、その後の経営改善等の見通し、ひいては紛争発展の可能性を判断するためにも、製品事故の程度等に関する調査は必須といえます。

vi. 横領等の被害

取引先の経営状況悪化の要因が従業員等の横領等の被害である場合、経済的損害自体によって経営状況が悪化する面もありますが、被害額が大きいケースではマスコミ等に報道され、企業としてのレピュテーショナルリスクにも及ぶ可能性があります。

ウ　留意事項

> □　要注意段階に移行してからは、従前の取引の履行を優先する
> □　取引の継続・拡大の見直し・停止を検討する
> □　これまでの交渉経過に関する証拠を整理する（メール、FAX、文書等）
> □　弁護士への相談体制を構築する

① 要注意段階に移行してからは、従前の取引の履行を最優先する

要注意段階に移行した場合には、取引先との紛争が発生する可能性は否定できません。

要注意段階に移行した初期段階であれば、取引先との関係改善や、取引先の経営状況の安定化に伴い、再び安定段階に戻る可能性もありますが、安易に期

*Part 4*
紛争発生後の対応（臨床法務）

待すべきではありません。

　むしろ、将来の紛争のリスクを最小化するためにも、要注意段階が進行し、緊急段階にまで移行する可能性を見据えて対応する必要があります。

　要注意段階の兆候が確認できた場合には、まずは従前の取引を速やかに履行し、紛争が発生する前に従前の契約関係を完了することを目指すべきといえます。

　すでに取引先からクレームが発生したり、債務の支払の遅延やサービスの提供の遅れが生じたりしている場合には、速やかにこれらのクレーム等を沈静化した上で、従前の契約関係を完了・終了させるようにしましょう。

② 取引の継続・拡大の見直し・停止を検討する

　従前の取引の履行を完了した次に、取引先との今後の取引関係の継続・拡大の見直し、場合によっては停止を検討することになります。

　従前の取引ですでに紛争発生の予兆が生じている場合、今後の取引においても紛争発生の可能性が続くことになります。

　この点、クレームに対して誠実に対応することで、かえって取引先との信頼関係が構築され、より深く継続的取引関係を維持できることもありますが、取引関係を継続することで、紛争が発生・拡大するリスクもあることを看過すべきではありません。

　とくに、取引先の経営状況悪化によって要注意段階に移行したような場合には、取引関係を継続することで、より深刻な紛争に発展するおそれが高いといえます。

　要注意段階に移行した要因にもよりますが、安易な取引の継続・拡大は見直すべきといえます。

③ これまでの交渉経過に関する証拠を整理する（メール、FAX、文書等）

　要注意段階に移行した場合には、紛争が発生する可能性が高まっていることから、将来の紛争発生に備えた証拠を整理する必要があります。

　とくに、契約条項の解釈が問題となるようなケースでは、交渉過程において、双方が契約条項の解釈についてどのような理解を有していたのかがポイントになることも少なくありません。

　一方で、契約条項の解釈について、交渉過程で取引先と議論をしていたとし

ても、電話や口頭でのやりとりが中心だった場合、明確に記録として残らないために、後日の紛争において、水掛け論となってしまう可能性があります。

そこで、要注意段階に移行した後は、取引先との交渉過程も意識的に記録化・証拠化するようにしていく必要があります。

たとえば、従前の交渉は電話や口頭を中心に行っていた場合には、メールやFAX、通知書等、記録として残る形式で行うことが望ましいといえます。

④ 弁護士への相談体制を構築する

要注意段階に移行した場合、将来の紛争発生の可能性があるため、紛争が発生した場合の法的リスク、そして法的リスクを見据えた対応について、外部弁護士へ相談することも検討する必要があります。

外部弁護士としても、紛争が実際に発生した後よりも、発生する前から相談を寄せられていた方が、事前に当該紛争のリサーチを済ませておくことができ、その後の対応もスムーズに着手することが可能となり、望ましいといえます。

要注意段階から緊急段階に移行した場合には、すぐに外部弁護士に相談・依頼できるよう、事前に外部弁護士への相談体制を構築しておくべきといえます。

## (3) 緊急段階（紛争発生を回避できない段階）

**緊急段階**とは、紛争の発生を回避できない段階を指します。

緊急段階に至った場合には、もはや紛争が現実化することは時間の問題といえます。

緊急段階まで移行した場合には、いち早く対応をしなければ、損害が拡大することにもなりかねません。

緊急段階の判断ポイント、主な要因及び留意事項は以下のとおりです。

### ア 判断ポイント

- ☐ クレームが代理人（弁護士）名義で送付されてくる
- ☐ サービスの提供が停止される
- ☐ 債務の支払が停止される
- ☐ 経営している様子がない

Part 4
紛争発生後の対応（臨床法務）

> □ 経営状況が極めて悪化している

① クレームが代理人（弁護士）名義で送付されてくる

　取引先が契約内容について単にクレームを述べるだけにとどまらず、弁護士を選任し、代理人名義でクレームを通知してきた場合には、すでに取引先が将来の紛争を見据えた対応をとってきたことの現れといえます。

　この段階においても、なお自社が法的リスクを考慮せずに対応することは、法的リスクコントロールの観点からすると、非常に危険であるといえます。

　前記のとおり、安全段階から要注意段階に移行した時点で、将来の紛争に備えた証拠の整理が重要といえますが、取引先が代理人として弁護士を選任してきたということは、取引先自身も将来の紛争を見据えて交渉過程の証拠化も検討しているといえます。

　また、取引先が弁護士費用を要してもクレームを通知してきているということは、取引先も一定の成果を得られるまでは安易に譲歩することがないということでもあります。

　したがって、弁護士が代理人名義でクレームを通知してきた場合には、まず紛争の発生は回避できないといえます。

② サービスの提供が停止される

　取引先が契約に沿ったサービスの提供を停止するということは、従前の自社との契約関係に違反することになったとしてもやむを得ないと判断したということになります。

　取引先がサービスの提供を停止する事情としては、自社との契約関係の継続を希望していないだけではなく、従前の契約内容についても不満があり、法的紛争に発展することも視野に入れていることが考えられます。

　また、取引先の経営状態が極めて悪化し、これまで提供していたサービスを維持することさえできないということも考えられます。

③ 債務の支払が停止される

　取引先が契約期限までに債務の支払を完了できず、支払期限の延期や分割払いの申し入れをするのであればまだ将来の支払可能性はありますが、事前に何の連絡もなく、債務の支払停止をしてきた場合には、それだけ取引先の経営状

況が悪化していることがうかがわれます。

　この場合には、一刻も早く債権回収に向けた対応を選択しなければ、後日取引先の債務整理通知が届き、売掛金等が回収不能になるおそれがあります。

④　経営している様子がない

　主に取引先の経営状況に関する判断ポイントではありますが、取引先が営業を継続的に行っている形跡があるかどうかは、取引先の経営状況を判断する一つの指標となります。

　要注意段階以上に、取引先が経営している様子がない場合、経営状況が著しく悪化し、経営の存続自体が困難になっている可能性があります。

　取引先が経営している様子がない状況とは、以下の事項が挙げられます。

　　ⅰ．電話をしても誰も出ない
　　ⅱ．店舗のシャッターが常に閉まっている
　　ⅲ．営業担当から連絡がない
　　ⅳ．書類を送付しても受取拒否で戻ってくる
　　ⅴ．大量の在庫が滞留している
　　ⅵ．ホームページの更新が長期間にわたって停止している

　このほか、取引先と直接接触している、自社の営業担当者や現場担当者からもヒアリングすることが考えられます。

⑤　経営状況が極めて悪化している

　取引先との関係が緊急段階に移行する5つ目の要因は、取引先の経営状況の著しい悪化が挙げられます。

　取引先の経営状況が著しく悪化してくると、契約した内容での支払を期限までに完了することが難しくなってきたり、契約した内容でのサービスを提供することが難しくなってきたりすることが生じてきます。

　取引先の経営状況が著しく悪化していることを判断するポイントとしては、以下の事項を挙げることができます。

ⅰ．大量の在庫が滞留している

　取引先の商品が大量に在庫を抱えている状況が続いている場合には、取引先が売上を立てることができず、資金繰りが悪化していることを意味しています。

　このように、大量の在庫が滞留している状況が続いている場合には、取引先

の資金繰りが悪化し、経営状況が著しく悪化していることが予想されます。

### ⅱ．大量の在庫が突然に解消される

一方、それまで大量に滞留していた取引先の在庫が突然に解消された場合にも警戒が必要です。

仮に、取引先が営業に成功し、大手の販路を確保して大量の在庫をまとめて処分することができて資金繰りが改善出来たのであれば問題はありませんが、長期間にわたって滞留していた在庫が突然に解消できたということは、会社を精算するために事前に在庫品を処分し始めたということも考えられます。場合によっては、取引先から事情を聴取し、どのような内容で在庫品を処分したのかを調査する必要があります。

### ⅲ．赤字決算が続いている

取引先への資金援助を検討する場合には、取引先から決算報告書等の提出を要請することがあります。

取引先の決算報告書等において、赤字決算が複数年度にわたって続いているような場合には、取引先にはもはや十分な資産さえ残っていない可能性があります。

また、複数年度にわたって赤字が続いているということは、事業活動を継続しても利益を生み出せない（＝黒字に転換できない）ことを意味しており、事業を継続しても損失しか計上できないことにほかなりません。

さらに、赤字決算が続いている場合には、金融機関も融資には消極的な姿勢をとることが考えられるため、金融機関からの資金援助によって延命を図ることも難しいといえます。

### ⅳ．粉飾決算が発覚する

取引先が経営困難な状況に陥ったあまり、金融機関からの資金調達の便宜を図るために、粉飾決算に手を染めることもありえないことではありません。

仮に、取引先の粉飾決算が発覚した場合、もはや当該取引先は、金融機関等からの融資を得ることができなければ事業の継続さえ困難な状況にあるといえ、早晩に経営が破綻するおそれもあることを考える必要があります。

### ⅴ．従業員が大量に退職する

取引先の従業員が大量に退職している場合、取引先が経営を継続することが

困難であると判断し、従業員へ退職を勧奨していることが考えられます。
　このような兆候が見られる場合には、取引先の経営が著しく悪化していることが推測できる上、従業員が大量に退職すれば、そもそも今後の業務を継続することさえ困難になることが予想されます。

**vi. 税金を滞納している**

　取引先の経営状況著しく悪化している場合には、税金さえ支払うことができなくなることがありえます。
　取引先が税金を滞納しているかどうかは、税務署等から取引先の滞納税金の回収のために、売掛金等の調査が来ることで発覚することもあります。
　取引先が税金を滞納するようになっている場合には、経営状況が著しく悪化していることを判断する１つの指標と言えます。

**vii. 差押を受ける**

　取引先の主要な資産（不動産、預貯金、売掛金等）が金融機関や税務署等から差押えを受けた場合、もはや任意に弁済をするだけの資力もないことの証左といえます。
　取引先が差押えまで受けるようになった場合には、倒産も近い将来予想される状況といえます。

### イ　主な要因

```
☐　自社の競合他社への切り替え
☐　経営状況の著しい悪化
　　☐　事業全体の失敗
　　☐　資金調達のショート
　　☐　差押
　　☐　従業員不在による事業継続の困難
　　☐　不祥事によるレピュテーショナルリスクの顕在化
```

**①　自社の競合他社への切り替え**

　取引先との関係が緊急段階に移行する要因の１つとして、自社の競合他社へ

の切り替えが挙げられます。

　自社以外の競合他社に取引関係が切り替えられた場合、それまで自社との契約内容に抱いていた不満が顕在化し、単なるクレームにとどまらず、法的紛争にまで発展する可能性があります。

　また、競合他社への切り替えのタイミングで、競合他社から取引先に対し、従前に自社との間で取り交わしていた契約内容について、競合他社からのアドバイスが加わることで、取引先の不満がより高まる可能性もあります。

　今後の取引関係が解消され、競合他社に切り替えられた場合には、従前の契約について紛争に発展する可能性があるため、早期に対応を検討する必要があります。

② 経営状況の著しい悪化

　取引先との関係が緊急段階に移行する２つ目の要因は、取引先の経営状況の著しい悪化が挙げられます。

　取引先の経営状況が著しく悪化してくると、今後の取引関係の維持はおろか、従前の契約内容の履行も困難になるばかりか、ひいては取引先の事業の継続さえ困難になるおそれがあります。

　取引先の経営状況が著しく悪化した場合には、一刻も早く債権回収等の対応が必要となることもあります。

　取引先の経営状況が著しく悪化する要因としては、以下の事項を挙げることができます。

ⅰ．事業全体の失敗

　取引先の主力事業の失敗だけでなく、複数の分野における事業全体が失敗した場合には、もはや売上を挙げることさえままならなくなります。

　また、主力事業以外の分野で立て直しを図る途もなくなるため、取引先が事業体として存続することも困難といえます。

ⅱ．資金調達のショート

　取引先の事業全体の失敗によって売上が立たなくなる場合、通帳は赤字決算となります。

　そして、赤字決算に陥ることによって、金融機関からの資金調達も困難となることが通常であるため、資金調達がショートすることになります。

資金調達がショートすることによって、取引先の経営を継続することは一層困難となります。

ⅲ．差押

取引先の資産（預貯金、不動産、売掛金等）が差押えを受けることによって、取引先の資金繰りが一層悪化するだけでなく、信用自体を失うことになります。

その結果、取引先が経営を継続することは一層困難となります。

ⅳ．従業員不在による事業継続の困難

取引先の経営状況悪化に伴い、従業員の大量の退職が起きることによって、取引先の事業の継続自体が困難となります。

ⅴ．不祥事によるレピュテーショナルリスクの顕在化

取引先における製品事故や横領等の不祥事がマスコミによって報道され、深刻なレピュテーショナルリスクが顕在化した場合、取引先の事業への影響も避けられないことになります。

### ウ　留意事項

```
□　弁護士への依頼を検討する
□　法的手続への移行を含めた紛争の解決方法を検討する
```

① 弁護士への依頼を検討する

緊急段階に移行した場合、もはや将来の紛争発生は時間の問題であるため、紛争が発生した場合の法的リスク、そして法的リスクを見据えた対応について、外部弁護士へ相談するだけでなく、依頼も含めて検討する必要があります。

紛争が発生した場合には、迅速に対応することが紛争の拡大を防止する上で大切な視点となります。

② 法的手続への移行を含めた紛争の解決方法を検討する

また、緊急段階では将来の紛争発生が起きることを前提として、どのような紛争解決方法を選択すべきかも検討する必要があります。

具体的には、外部弁護士と協議して検討していくことになりますが、外部弁

護士への相談・依頼も含め、法務担当者としては社内で調整する準備をしていくことになります。

## Section 2
# 法務担当者の役割

| | 法務担当者 | 外部弁護士 |
|---|---|---|
| ① | 紛争発生の予兆の把握と「覚書」による原契約の修正 | 紛争の予兆・危険度の分析 |
| ② | 紛争発生のチェックリストの活用 | 危険度に応じた対策の検討 |
| ③ | 弁護士への相談体制の構築 | 紛争の解決方法の見通し |

## 1 紛争発生の予兆の把握と「覚書」による原契約の修正

　前記のとおり、紛争発生の予兆を察知することができれば、取引先との契約内容を修正すること等によって、紛争の発生そのものを防止できる可能性があります。

　そこで、紛争発生の予兆を察知した場合には、問題となっている原契約の内容について確認するとともに、原契約の内容を修正する旨の「**覚書**」を取引先との間で締結することが可能か検討する必要があります。

　かかる「覚書」を締結する場合、当時の担当者から原契約締結当時の事実関係の詳細についてヒアリングする必要があるとともに、取引先との交渉を通じて修正内容について決定する必要があります。

　そのため、社内事情に精通し、取引先との交渉に直接関与する機会の多い法務担当者がドラフト・作成することが一般的といえます。

　なお、「覚書」も当事者の合意内容を書面化したものであり、契約書の一種ということができますが、基本的には原契約をベースとしつつ、原契約のうち修

正する条項についてだけ規定するものが多く、その形式・構成はいわゆる「契約書」に比べると非常にシンプルな場合が大半です。

【「覚書」のサンプル】

---

## 覚書[a]

［XXX株式会社］（以下「甲」という。）及び［YYY株式会社］（以下「乙」という。）は、平成●年●月●日付「ソフトウェア開発委託契約書」[b]（以下「原契約」という。）に関して、以下のとおり合意した（以下「本覚書」という。）。なお、本覚書に別段の定めがある場合を除き、本覚書において用いられる用語は、原契約に定める意味による[c]ものとする。

第1条（合意事項）
甲及び乙は、原契約第●条第●項に定める「甲が乙以外の委託先に支払う委託料」[d]に、甲が本取引完了後に［ZZZ株式会社］に対して提供する本取引と関連のない義務のために、甲が乙以外の委託先に支払う委託料が含まれないことを確認し、合意する。

第2条（不可分一体性[e]）
本覚書に定めのない事項については、原契約の内容が有効に適用されるものとする。

---

[a] タイトルは「変更覚書」、「変更証書」などでも構いません。
[b] 変更の対象となっている契約については、日付及びタイトルを記載し、正確に特定しましょう。
[c] 原契約の用語を覚書でも使用する場合には、その旨明記しておきましょう。
[d] 変更の対象となる原契約の条項については、条項番号及び文言を具体的に明記し、正確に特定しましょう。
[e] 覚書に規定されていない事項については、原契約によってカバーされている旨、規定しておきましょう。

本覚書の成立を証するため本覚書を2通作成し、甲乙各記名押印の上、各1通を保有する。

　平成　　年　　月　　日

　　　　　　　　　　　　　　　　　［所在地］　　〇〇〇〇
　　　　　　　　　　　　甲 [f]　　［会社名］XXX株式会社
　　　　　　　　　　　　　　　　　［代表者氏名］●●●●


　　　　　　　　　　　　　　　　　［所在地］　　〇〇〇〇
　　　　　　　　　　　　乙　　　　［会社名］YYY株式会社
　　　　　　　　　　　　　　　　　［代表者氏名］●●●●

## 2　紛争発生のチェックリストの活用

　法務担当者は、紛争発生の予兆が生じている案件を担当する営業担当者等から必要な情報を収集するとともに、当該案件に係る法的リスクを分析し、適宜外部弁護士と相談しながら対応を検討する必要があります。
　法務担当者は、前記のチェックリストを参考にしながら、法的リスクの重大性を検討することが求められます。

## 3　弁護士への相談体制の構築

　法務担当者は、チェックリストを参考にしながら安定段階から要注意段階に移行した時点で、外部弁護士への相談体制を構築していくことになります。
　また、要注意段階から緊急段階に移行する場合には、弁護士への依頼も視野にいれることになるため、紛争の内容に応じて相談・依頼する弁護士の選定を進めることになります。

---

f　最後に当事者が入れ替わっていないか、確認しましょう。

## Section 3

# 弁護士の役割

## 1 紛争の予兆・危険度の分析

　外部弁護士は、法務担当者から寄せられた相談を受けて、取引先との紛争発生の予兆を把握することが通常です。
　外部弁護士としては、まず法務担当者からの相談を踏まえて、どの程度の紛争の可能性に進展しているのかを分析することになります。
　また、必要に応じて、適宜法務担当者に追加調査を依頼することも検討することになります。

## 2 危険度に応じた対策の検討

　次に、外部弁護士は、紛争の危険度に応じた対策を検討する必要があります。
　要注意段階に移行した場合には、今後も取引先との関係を継続すべきかどうかについても検討することになります。最終的には経営判断に関わる事項であるため、外部弁護士が決定できることではありませんが、経営判断の材料となる資料や、「**経営判断の原則**」の範囲内として取締役の善管注意義務違反を問われることはない旨のリーガルオピニオンを作成・提供することも場合によっては求められます。
　また、紛争の危険度によっては、外部弁護士が代理人として対応するかどうかも検討することになります。

## 3 紛争解決方法の見通し

　また、外部弁護士は、紛争の危険度の進展にあわせて、紛争の解決方法の見通しを立てることになります。
　そして、解決方法の見通しに合わせて、必要な証拠の収集等の事前準備を開

始することになります。

## Section 4
## 各論　各契約類型の留意点

| 契約類型 | 紛争発生の予兆に関する留意点 ||
|---|---|---|
| | 【買主側】 | 【売主側】 |
| 売買契約 | ・契約内容に従った商品の提供の有無<br>・検収条項<br>・品質保証条項<br>・引渡条項 | ・売買代金の支払のチェック<br>・代金支払条項<br>・危険負担条項<br>・債権回収の可能性 |
| 金銭消費貸借契約 | ・返済時期や返済金額のチェック<br>・期限の利益喪失条項<br>・表明保証条項<br>・回収可能性の見通し ||
| 不動産売買・賃貸借契約 | ・対象不動産の管理状況のチェック<br>・不動産鑑定士等，他の専門家との連携 ||
| ソフトウェア開発委託契約 | ・受託者の報告義務の有無<br>・成果物に対する著作権の帰属<br>・開発の遅れに対するリスクコントロール ||
| 労働契約 | ・人事部との連携<br>・紛争類型に応じた対応機関の選定 ||

### 1　売買契約

　売買契約における紛争発生の予兆は、買主側か売主側かによって判断のポイントが異なることになります。
　以下では、買主・売主の立場に応じたポイントについてご説明します。

## (1) 買主側の場合

### ア　チェックポイント

買主側の場合、契約内容に従った商品の提供（品質・納期等の遵守）があるかどうかをチェックする必要があります。

売主による一定の品質を有する商品の提供又は納期の遵守等を規定する契約条項としては、**検収条項**（サンプル契約第5条）や**品質保証条項**（サンプル契約第10条）、**引渡条項**（サンプル契約第4条）等があります。

そのため、問題となっている売買契約書において、上記検収条項、品質保証条項、引渡条項等の有無及び内容を確認する必要があります。

また、売買契約書にこれらの条項が明記されていなかったとしても、注文書や発注書、メールやFAXでのやり取りも立派な証拠となります。

したがって、売買契約書だけでなく、これら注文書等に商品の品質や納期等に関する記載がなかったかも別途確認する必要があります。

### イ　留意事項

買主側としては、今後の取引を継続することで、安定的に適正な品質の商品の購入が可能かどうかが、紛争に発展するかどうかのメルクマールとなります。

そのため、買主側としては、まず売買契約書における検収条項、品質保証条項、引渡条項等の有無及び内容を確認し、売主に対して商品の取替えや不適合商品分の代金減額請求をすることや、納期の遅れに伴う損害賠償請求等を行うことが可能かどうか、検討することとなります。これら一定の措置を講じることが契約書上可能であり、これらの措置によって買主側の不利益を補うことができるのであれば、既存の売買契約を修正するまでもなく、今後の取引を継続しても差し支えありません。

これに対して、既存の売買契約書上、売主に対して代替商品の提供や代金減額請求等の代替措置を講じることができない場合、必要に応じて、覚書の締結等による既存の契約条項の見直しも視野に入れる必要があります。

そして、売主側が覚書の締結にも応じないなど、改善・交渉の余地が見られない場合には、売主以外の他の取引先を構築することで、安定的な商品の供給

が実現されない場合のリスク回避ができるかどうかも視野に入れて対応していくことになります。

## （2）売主側の場合

### ア　チェックポイント

売主側の場合、支払時期や支払金額等、契約内容に従った売買代金の支払があるかどうかをチェックする必要があります。

買主による売買代金の支払い等を規定する契約条項としては、**代金支払条項**（サンプル契約第6条）等があります。

そのため、問題となっている売買契約書において、上記代金支払等の有無及び内容を確認する必要があります。

また、売買契約書にこれらの条項が明記されていなかったとしても、注文書や発注書、メールやFAXでのやり取りも立派な証拠となります。

したがって、売買契約書だけでなく、これら注文書等に売買代金の支払い方法・期日等に関する記載がなかったかも別途確認する必要があります。

また、商品提供前に事故が発生し、商品を提供できなくなってしまった場合の危険負担は買主／売主のいずれが負うことになっているのかをチェックする必要があります。この場合、売買契約書における**危険負担条項**（サンプル契約第8条）の有無及び内容を確認することとなります。

### イ　留意事項

売主側としては、取引先の経営状況は売買代金の回収可能性に直結するため、買主側の与信管理にはとくに注意する必要があります。

買主側の経営状況に関するチェックリスト項目を適宜確認するようにしましょう。

# 2　金銭消費貸借契約

## （1）チェックポイント

　金銭消費貸借契約においては、返済時期や返済金額等、契約内容に従った貸金の返済があるかどうかをチェックする必要があります。
　そのため、貸主・借主ともに、まずは貸付金額・弁済期・弁済方法等、金銭消費貸借契約において最も基本的かつ重要事項を定めた条項の内容を確認する必要があります（サンプル契約第1条）。
　また、契約上、弁済期が未到来であっても、紛争の予兆が発生している段階であれば、**期限の利益喪失条項**に該当しており貸主は直ちに借主に対して貸付金全額の返済を請求できる可能性があるため、期限の利益喪失条項の有無及びその内容についても必ず確認しましょう（サンプル契約第2条）。
　さらに、紛争発生の予兆が契約締結時点において既に生じていたのであれば、借主に表明保証違反が認められる可能性があるため、あわせて**表明保証条項**の有無及びその内容についても確認するようにしましょう（サンプル契約第4条）。

## （2）留意事項

　金銭消費貸借契約において、借主側の経営状況は貸金の回収可能性に影響するため、借主側の与信管理にはとくに注意する必要があります。
　また、借主側の経営状況が悪化している兆候がある場合には、万が一借主が返済できずに倒産等した場合に備えて、連帯保証人をつけているのであればその連絡先を正確に把握しておくとともに、別途保証人や物的担保を設定するなど、債権回収の対応や、追加担保の設定等を講じる必要もあります。
　自社においてこのような事後的対応を講じることができる体制があるかどうかを検討しておきましょう。

## 3 不動産売買・賃貸借契約

### （1）チェックポイント

　不動産売買・賃貸借契約においては、対象不動産の管理状況をチェックしておく必要があります。

　たとえば、賃貸物件である場合には、借主が善管注意義務に従って適正に賃貸物件を管理しているかどうか、また占有状況はどうなっているのか適宜チェックしておきましょう。契約書上、貸主に賃貸物件への**立入検査権**を認めた条項が規定されていれば、当該条項に従って直接貸主自身が管理状況を把握することが可能です（サンプル契約第11条）。

　また、対象不動産の登記簿謄本を適宜確認し、担保権の有無や差押えの有無等を確認しましょう。

### （2）留意事項

　不動産売買・賃貸借契約の紛争では、不動産の管理状況の実態が問題となります。

　したがって、不動産売買・賃貸借契約に係る紛争において、不動産の実際の管理状況を調査するために、現地調査や登記簿謄本のチェックが必要となります。

　また、不動産の評価額が問題となるケースでは、不動産鑑定士等との連携も必要となることもありますので、弁護士以外の他の専門家との連携も検討する場合があります。

## 4 ソフトウェア開発委託契約

### （1）チェックポイント

　ソフトウェア開発委託契約においては、受託者による開発に遅れが生じることもありえますので、受託者の報告義務を定めた**報告義務条項**等があれば、当

該条項に則って適宜進捗状況の報告を求めることが望ましいといえます（サンプル契約第4条）。

また、進捗状況の報告を随時求めたとしても、結果として開発スケジュールが当初の予定から大幅に遅れる事態が生じることも考えられます。その場合、安易に契約を更新するのではなく、別のベンダーをあらかじめ探しておき、契約を打ち切ることも視野に入れて対策を講じておく場合もあります。

なお、ソフトウェア開発委託契約では、受託者が開発したソフトウェア等の著作権の帰属を巡って争いになることが非常に多いため、あらかじめ契約書に成果物に係る著作権の帰属についての条項を確認するとともに、著作権の帰属を巡って紛争の予兆が発生した場合の対策（別途ライセンス契約を締結する等）も検討しておく必要があります。

### （2）留意事項

ソフトウェア開発委託契約においては、受託者に任せたままにすると当初の予定通りの工程に間に合わないおそれがありますので、適宜進捗状況をチェックする権限を契約上明確に規定しておくとともに、当該チェック体制を構築しておく必要があります。

また、仮に開発状況に遅れが生じた場合のリスクコントロールについても検討しておく必要があります。

事前の契約交渉の段階でこのリスクはコントロールしておくことが望ましいといえますが、仮に契約交渉段階で対応できていない場合には、遅くとも紛争の予兆が生じた段階で、契約交渉過程を記録化するなどして、対策を講じておくべきといえます。

## 5 労働契約

### （1）チェックポイント

労働契約においては、紛争発生の予兆は、法務担当者・外部弁護士よりも、まずは人事部で把握するケースが多いかと思います。

したがって、労働契約における紛争の予兆の把握にあたっては、<u>人事部と法務担当者・外部弁護士が連携して対応する必要があります</u>。

また、法務担当者・外部弁護士としては、人事部から上げられるクレーム内容（労働条件、業務内容、賃金、人事異動等のいずれか）を分析し、クレーム内容に応じた対策を人事部と相談しながら対応すべきといえます。

## （2）留意事項

労働契約においては、紛争発生の予兆を把握した後、予想される紛争に応じて、未然に防止するために適切な対応機関を検討することになります。

たとえば、上司との人間関係の問題であれば、より役職の上の従業員の対応で足りるのか、社内に設置された苦情委員会の対応でよいのか、ハラスメント委員会で対応するのか等を検討することが考えられます。

# Chapter 7 紛争の解決方法

## Section 1

## 総論

### 1 紛争の解決方法

**解決方法の選択**

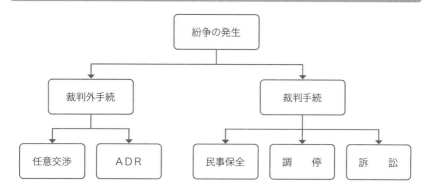

解決方法選択の視点

- 各手続のメリット・デメリットを把握する
- 裁判を行って多額の解決金を取得したとしても、交渉で半額程度の金額で解決するほうがかえって喜ばれることもある（スピードを重視するか、解決水準を重視するか）
- 法的正しさ・法的水準の高さ≠当事者の希望・ニーズ

　紛争が実際に生じてしまった場合には、紛争の解決方法を検討する必要があります。

　紛争類型には、**民事責任**、**行政責任**、**刑事責任**の３つの場面が考えられますが、本章では民事責任の場面を念頭に整理しています。

Part 4
紛争発生後の対応（臨床法務）

　民事責任が問題となる場面では、複数の解決方法がありますが、大別すれば裁判外と裁判上の手続に分類することができます。
　さらに、裁判外手続は、①**任意交渉**と②**ADR**、裁判上の手続には、③**調停**、④**民事保全**、⑤**訴訟**、に分類することができます。
　以下では各解決手続の概要についてご説明します。

## （1）任意交渉（裁判外手続）

　**任意交渉**とは、当事者間で係争案件について直接交渉を行う裁判外手続をいいます。
　任意交渉は、裁判外手続であるため、裁判手続と比較して、簡易迅速に紛争を解決することが期待できます。
　また、当事者間の交渉であるために、第三者に公表したりせず、秘密裏に進めることも可能となります。
　さらに、解決内容はあくまでも当事者間の合意によって決めることができるため、裁判による解決よりも柔軟性に富む選択をすることが可能となります。
　一方、当事者間での交渉であり、第三者が仲介したり判断を示したりするわけではないため、交渉内容の妥当性には疑問が残る可能性もあります。場合によっては、合意内容が法令に抵触することもありえますので、任意交渉による解決であっても、事前に法務部・弁護士によるリーガルチェックが必要であることは言うまでもありません。
　また、任意交渉による解決のためには、当事者間での合意が成立することが前提になるため、相手方が応じなければ解決はできないことになります。
　簡易迅速に解決できる、秘密裏に進めることができる、柔軟な解決が可能となるというメリットがある一方、交渉内容の妥当性のチェックを経ることができない、当事者間の合意が成立しなければ解決できないというデメリットもあるといえます。

## （2）ADR（裁判外手続）／調停（裁判手続）

　ADR（Alternative Dispute Resolution）とは、裁判に代わる代替的紛争解決手段の総称をいいます。

**調停**とは、当事者間の紛争に第三者が介入することによって、紛争の解決を図ることをいいます。

　調停には、簡易裁判所（当事者間の合意で、ときには地方裁判所によることもあります（民事調停法3条））による**民事調停**と、家庭裁判所による**家事調停**の2種類があります。

　企業法務分野では、家事調停が問題となることは通常想定されませんが、民事調停手続は利用を検討する場面があります。

　ADRや調停は、任意交渉とは異なり、第三者による仲介があることから、ADRや調停は、任意交渉と訴訟の中間に位置する手続といえます。第三者の仲介によって任意交渉よりも当事者双方の合意を得ることが期待できるほか、訴訟よりも経済的・時間的負担が少なく済みやすいといえます。もっとも、訴訟と異なり、当事者の合意がない限り終局的解決を得ることができない場合もあり、徒らに時間と労力を要してしまうリスクもあります。

### （3）民事保全（裁判手続）

　**民事保全**とは、民事訴訟の本案の権利の実現を保全するために行う仮差押や仮処分の裁判上の手続をいいます。

　将来の訴訟を予定した付随的な手続ですが、訴え提起前に申立てが可能である上（**密行性**）、申立てには厳格な証明まで要求されず（「**疎明**」で足りる）、迅速に手続を進めることができます。

　そして、仮差押が認められることによって、債務者の預貯金等の財産を押さえることが可能となり、早期の債権回収を実現することも期待できる、強力な解決方法の一つになります。

　但し、民事保全の利用にあたっては担保を用意しなければならないなど、他の手続にはないデメリットもあります。

### （4）訴訟（裁判手続）

　**訴訟**とは、当事者間の紛争に関し、裁判所による判断を求める裁判手続をいいます。

　訴訟のメリットは、当事者間の合意がなくとも裁判所の判断によって終局的

な解決を図ることができることにあります。

もっとも、訴訟では厳密な主張・立証が求められるため、時間的・経済的負担が他の手続よりも大きいほか、柔軟な解決を図ることが難しいというデメリットがあります。

## 2　各解決方法のメリット・デメリット

| 解決方法 | メリット | デメリット |
| --- | --- | --- |
| 任意交渉 | ・早期解決が可能<br>・費用がかからない<br>・柔軟な解決が可能 | ・合意内容の妥当性がチェックされない<br>・合意がなければ成立しない |
| ADR／調停 | ・第三者の仲介がある<br>・訴訟ほどは費用がかからない | ・交渉と比べて費用・時間を要する<br>・合意がなければ成立しない |
| 民事保全 | ・相手方の資産・権利状態を保全できる<br>・訴訟よりも迅速な解決が期待できる | ・担保金の予納が必要<br>・民事保全が認められない場合には損害賠償請求されるリスク |
| 訴訟 | ・終局的な解決が可能<br>・当事者の合意は不要 | ・時間的・経済的負担　大<br>・柔軟な解決は困難 |

紛争の各解決方法メリット・デメリットは、以下のとおり整理することができます。

### (1) 任意交渉

**ア　メリット**

① 早期解決が可能

任意交渉は、裁判所や第三者機関などを利用する必要がなく、直接当事者間でやり取りを行うことになります。

したがって、第三者を交えずに交渉をすすめることが可能となるため、交渉成立までの時間は要さないといえます。

また、ADRや調停、民事保全や訴訟では、第三者（裁判所や調停委員等）を説得するための資料を作成・提出する必要がありますが、任意交渉であれば、当事者間の合意さえ取得することができればよいため、このような資料を作成・提出する手間を省略することも可能となります（もっとも、任意交渉とはいえ、相手方を説得するために必要であれば、詳細な資料を作成・提出を検討することは当然ありえます）。

② 費用がかからない

　前記のとおり、任意交渉であれば、当事者間の合意さえ取得することができればよいため、裁判所や第三者機関などを利用する必要がありません。

　したがって、任意交渉の場合には、ADRや調停、民事保全や訴訟を利用する場合の印紙代や郵便切手代など、実費を要しないことになります。

　また、任意交渉の場合には、他の手続と比べて厳密な主張・立証が求められないため、資料の作成や証拠の収集に必要な費用を要しないといえます。

③ 柔軟な解決が可能

　任意交渉は、当事者間の合意によって成立するため、当事者さえ了解すれば、裁判による解決よりも柔軟性に富む選択をすることが可能となります。

　たとえば、売買代金の支払いについても、訴訟（判決）による解決である場合には、一括払いしか認められないようなケースであっても、任意交渉であれば、支払能力を担保するに足りる担保権（抵当権等）を設定する代わりに、分割払いを認めるなどの方法によって解決することが考えられます。

イ　デメリット

① 合意内容の妥当性がチェックされない

　任意交渉は、裁判所や第三者機関が介在せず、当事者間の合意のみで成立するため、必ずしも合意内容には公平性が担保されている保証がありません。

　したがって、当事者間の立場や力関係の差異を背景に、一方当事者に偏った内容の合意となってしまうおそれも否定できません。

　また、有利な内容の合意を成立させたと思っても、片面的に有利な場合等、法令に抵触してしまい無効な合意となっている可能性も否定できません。

　任意交渉によって解決する場合には、合意内容の妥当性だけでなく、適法性

② 合意がなければ成立しない

任意交渉による解決をするためには、当事者間の合意が必要となります。

この点、当事者間双方で譲歩できる余地があれば合意に至る糸口が見いだせますが、当事者間の主張の対立があまりにも大きい場合には、任意交渉を続けているだけでは、いつまでも解決に至らないこともあります。

また、任意交渉では当事者双方の経営陣の決済を得ることができないというケースもあります。

このような場合には、任意交渉を継続していても解決に至らず、徒らに時間が過ぎてしまいますので、早期に他の手続の利用を検討する必要があります。

## (2) ADR／調停

### ア メリット

① 第三者の仲介によるため当事者双方の合意を得やすい

ADR／調停手続は、任意交渉と異なり、当事者間に第三者が介入し、双方の主張を確認した上で、妥当な解決策を模索してもらうことになります。

任意交渉のように、当事者間だけではお互いの主張が並行線を辿ってしまい、解決の糸口を見出すことができない場合であっても、ADR／調停手続によって第三者が介入することで、当事者双方が譲歩し、最終的な合意を得て解決することが期待できます。

② 訴訟ほどは経済的・時間的負担がかからない

ADR／調停手続の種類にもよりますが、裁判手続による場合に比べて、ADR／調停利用時の手数料は低額で収まる傾向にあります。

また、裁判手続と比べれば、ADR／調停手続では、厳密な主張・立証までは求められない傾向にあります。

したがって、裁判手続と比べて、ADR／調停手続は経済的・時間的負担がかからないといえます。

イ　デメリット
① 合意がなければ成立しない

　ADR／調停手続は、任意交渉とは異なり第三者が仲介してくれるものの、最終的には当事者双方の合意がなければ成立しないことになります。

　したがって、当事者の合意がなくとも裁判所の判断によって終局的な解決が可能な裁判手続と異なり、ADR／調停手続では、長時間にわたって期日を重ねても、結局当事者双方の合意を得ることができずに終わってしまうということがあります。

② 交渉と比べて費用・時間を要する

　ADR／調停手続は、裁判手続と比べれば経済的・時間的負担がかからないとはいえ、任意交渉と比べれば柔軟性に欠ける上、申立て時の手数料や毎回の期日への対応など、経済的・時間的負担を要するといえます。

## (3) 民事保全

ア　メリット
① 訴え提起前に申立てが可能（密行性）

　民事保全は、裁判手続の1つではありますが、訴え提起前であっても申し立てを行うことが可能です。

　相手方からすれば、反論する機会もないまま、突然に仮差押等を受けることになります。

　その結果、民事保全の申立人側は、自己に有利な状況で交渉を進めることが可能となります。

② 「疎明」で足りる（厳格な証明が求められない）

　民事保全は、訴訟とは異なり、具体的事実の主張は「疎明」で足りるとされます。

**疎明**」とは、「証明」よりも立証の程度が弱くても足りるとされ、一応確からしいとの推測を裁判官が得た状態にすれば足りることをいいます。

　したがって、民事保全の場合、訴訟よりも厳密な主張・立証は求められないため、訴訟による場合よりも証拠収集の負担は少なく済むといえます。

③ 早期に相手方の資産を保全したり、権利状態を保全したりことができる

Part 4
紛争発生後の対応（臨床法務）

　民事保全の最大のメリットは、訴え提起前に、相手方の資産を保全したり、権利状態を保全したりすることができることにあります。
　たとえば、相手方がたびたび支払期日の延期を申し入れたり、分割払いを申し入れたりするなど、相手方の資力に不安があり、契約書記載のとおり売買代金等が支払われるか疑わしい場合、民事保全を利用して相手方の預金を動かすことができないよう仮差押を行うことで、相手方も諦めて任意の支払に応じることが期待できます。
　また、他の債権者に先んじて仮差押を行うことで、少なくとも差し押さえた債権相当額については優先して回収することが期待できます。

## イ　デメリット
① 　民事保全の利用にあたっては担保金を予納しなければならない
　民事保全は、相手方に反論の機会が与えられないまま進めることも可能な手続であり（「**密行性**」）、債権回収等にも有力な手続である反面、不当な民事保全であると後日判断された場合には、相手方が不当な民事保全によって被った損害を補償しなければならないとされています。
　このように、相手方が被る可能性がある損害を担保するために、民事保全を利用する場合には、申し立て時に相当額の担保金を納付することが要求されます。
　担保金の金額は事案によって異なりますが、貸金や売買代金等の請求事案において、預金債権を差し押さえる場合には、被保全債権額の10〜30％程度とされています。
② 　民事保全の理由が認められない場合には損害賠償請求されるリスクがある
　民事保全は、相手方の反論の機会がないまま、相手方の資産を保全する強力な手続であり、相手方の業務に深刻な影響を及ぼすことも少なくありません（たとえば、債権回収のために相手方の預金債権を仮差押した場合、相手方は差押えされた預金で他の債務を支払うことができなくなってしまい、資金繰りへの影響が出る上、仮差押をされるということは資金調達が悪化しているか、法的リスクを抱えていると考えられ、金融機関からの信用を失うことにもなりかねません）。

民事保全に正当な理由が認められれば、相手方がかかる不利益を被ることはやむを得ないとはいえ、民事保全に正当な理由が認められない場合には、不当な民事保全を申し立てたことについて、損害賠償責任を負うことになります。

したがって、<u>安易に民事保全を利用すれば、かえって申立人側が損害賠償責任を負うことにもなりかねません。</u>

なお、弁護士が代理人として民事保全を申し立てていながら、かかる民事保全が不当であると判断された場合、申立人である企業だけでなく、代理人である弁護士も損害賠償責任を負ってしまう可能性があるため、弁護士としても慎重な検討が求められます。

## (4) 訴訟

### ア メリット

① 当事者間の合意がなくとも裁判所の判断によって終局的な解決を図ることができる

訴訟は、任意交渉やADR／調停と異なり、当事者間の合意がなくとも、裁判所の判断によって終局的な解決を図ることが可能です。

そもそも相手方の言い分には何ら理由がなかったりする場合には、任意交渉等を重ねるよりも、訴訟を利用したほうがかえって早期の解決が期待できることもあります。

### イ デメリット

① 厳密な主張・立証が認められるため時間的・経済的負担が大きい

訴訟は、裁判所に対し、当事者が主張する事実を「証明」するに足りるだけの主張・立証が求められるため、任意交渉等、他の手続に比べて時間的負担が大きいといえます。

また、訴訟を提起する場合には、印紙代や予納郵券等の裁判費用を要することになりますが、請求金額（訴額）に比例して印紙代も高額となるため、経済的負担も考慮しなければなりません。

② 和解が成立しなければ柔軟な解決は期待し難い

訴訟は、当事者間の合意がなくとも裁判所の判断によって終局的な解決が可

能ではありますが、裁判所の判断は、原則として「請求の趣旨」の内容に沿うことになります。

訴訟であっても当事者間の合意が成立すれば、裁判上の和解によって柔軟な解決を図ることは可能ですが、裁判所の判断（判決）による解決の場合には、「請求の趣旨」の内容に沿ったものにとどまることに留意しなければなりません。

## 3 解決方法選択の視点

### 解決方法選択の視点

（1）各解決方法のメリット・デメリットの把握

（2）当事者の希望・ニーズの見極め（解決水準？スピード？今後の関係？）

（3）法的正しさ・法的水準の高さ≠当事者の希望・ニーズ

紛争の解決方法には複数の選択がありますが、いずれの解決方法を選択することがよいのかはケースバイケースといえます。

解決方法を選択するにあたっては、以下の３つの視点から整理することが考えられます。

### （1）各解決方法のメリット・デメリットの把握

まず、各解決方法のメリット・デメリットを把握する必要があります。

前記のとおり、各解決方法にはそれぞれ他の手続とは異なるメリット・デメリットがあります。

したがって、問題となっている紛争の解決にあたり、各解決方法のメリット・デメリットを比較した上で、解決方法を選択することになります。

なお、一般に、任意交渉から裁判手続に移行することは問題ありませんが、裁判手続を選択した後に、任意交渉に戻すということは難しい傾向にあります

（裁判手続と並行して任意交渉を継続することはありますが、裁判手続自体を取り消す（訴えの取り下げ等）ことは難しいといえます）。

　この点からも、裁判手続を選択する場合には、慎重にメリット・デメリットを見極める必要があります。

## （2）当事者の希望・ニーズの見極め

　問題となっている紛争の解決にあたり、迅速に解決することを最優先するのか、または時間がかかったとしても納得のできる解決を得ることが目的なのかによって、任意交渉によるのか、裁判手続によるのかは変わってくることになります。

　たとえば、取引先企業が経営困難に陥り、売掛金の回収が難しくなっていることが予想される場合、裁判を起こせば、売掛金全額の支払を命じる判決を得られる見込みが高いかもしれません。しかし、裁判を提起したとしても、判決が出るまでの間に取引先企業が倒産してしまい、売掛金が回収できなくなってしまいます。かといって、任意交渉を行っていては、取引先企業が任意の支払いに応じてくれない限り、債権は回収できないことになります。このようなケースでは、一刻も早く債権を保全するために、民事保全手続を選択することを検討することになります。民事保全手続によったとしても、売掛金全額の差押はできないかもしれませんが、一部であっても債権回収の実効性を上げることが可能となります。

　これは債権回収が問題となる場面の一例ですが、当事者の希望やニーズによって、選択すべき解決方法は異なることになります。

## （3）法的正しさ・法的水準の高さ≠当事者の希望・ニーズ

　解決方法を選択するにあたって3つめの視点は、法的正しさや法的解決水準の高さと、当事者の希望やニーズは必ずしも一致するとは限らないということです。

　たとえば、売買契約書によれば、売買代金1億円を期日までに一括して請求できる場合でも、取引先企業の経営状況にかんがみ、期日どおりに一括して支払ってもらうことを要求することが酷といえるようなケースもあります。取引

先企業との今後の関係性を考えれば、一括弁済を無理強いするよりも、相手方の返済能力を考慮し、分割払いを受け入れたほうが長い目で見た場合には得策といえることもあります。

したがって、法務部や弁護士が法的手続を検討するにあたっては、法的正しさや法的水準の高さだけで判断するのではなく、当事者の希望やニーズも考慮する必要があります。

## 4 任意交渉の手続

### (1) 任意交渉の流れ

任意交渉には明確なルールがありませんが、一般的には、①受任通知、②相手方との交渉、③合意書(公正証書)の作成、という流れで進行していきます。

以下では、任意交渉に関する注意点についてご説明します。

### (2) 交渉方法の選択

| 任意交渉の方法 | 任意交渉の心構え |
| --- | --- |
| ① 面談<br>② 電話<br>③ メール<br>④ FAX<br>⑤ 普通郵便<br>⑥ 配達証明<br>⑦ 内容証明郵便 | ・交渉経過の記録化<br>・定期的な報告の重要性<br>・当事者の利益の最大化と当事者の説得のバランス |

▶メリット・デメリットの意識
▶状況に応じて臨機応変に

任意交渉では、どのような目的をもって交渉するかということも重要ですが、どのような方法で任意交渉を行うかということも考えなければなりません。

各任意交渉の方法のいずれが最適かは、交渉の時期や交渉内容、交渉の目的等によって異なります。各交渉方法の特徴を整理すれば、以下のとおりです。

| 交渉方法 | メリット | デメリット |
| --- | --- | --- |
| 面談 | ・意思を明確に伝えることが可能<br>・相手方の真意を把握しやすい | ・面談の機会を設定すること自体避けられるおそれ<br>・交渉内容の記録化の困難さ<br>・当事者の関係性によってはスムーズな交渉ができない |
| 電話 | ・迅速な連絡が可能<br>・柔軟な話し合いが可能 | ・交渉内容の記録化の困難さ<br>・電話連絡をとることの事前調整が必要<br>・録音されている可能性がある |
| メール | ・時間や場所を問わずに連絡が可能<br>・送信費用がかからない<br>・大量のデータ送信が可能<br>・記録化が可能<br>・警戒心を解きやすい | ・記録化を警戒され柔軟な話し合いが困難<br>・趣旨が誤解されるおそれ |
| FAX | ・時間を問わずに連絡が可能<br>・送信費用がかからない<br>・記録化が可能 | ・記録化を警戒され柔軟な話し合いが困難<br>・趣旨が誤解されるおそれ<br>・大量の資料の送信には不向き |
| 普通郵便 | ・郵送費用がかからない（配達証明・内容証明郵便との比較）<br>・大量の資料を送付することが可能 | ・配達記録が残らない<br>・迅速な郵送は困難 |
| 配達証明 | ・配達記録が残る<br>・大量の資料を送付することが可能 | ・送付した通知書の内容までは証明できない<br>・郵送費用がかかる（普通郵便との比較） |
| 内容証明郵便 | ・送付した通知書の内容も証明可能<br>・相手方に与える心理的影響が大きい | ・郵送費用がかかる<br>・資料を同封することができない |

*Part 4*
紛争発生後の対応（臨床法務）

## ア　面談
### ① メリット
　**面談**のメリットは、担当者が直接会って話し合うことによって、双方の意思・感情を明確に伝えることが可能といえます。
　たとえば、クレーム対応等の謝罪をする場合には、真摯に反省していることを交渉態度でも示すことが期待できます。
　また、直接の面談によった場合、文書や電話等のやりとりだけでは分からない機微を把握することも可能です。
　さらに、面談場所を相手方の会社等に設定することによって、交渉と兼ねて相手方の社内の様子を把握することも可能となります。新規の取引を開始する場合には、相手方の実際の社内の状況等を観察することは、相手方の信用性を判断する一事情ともなります。
### ② デメリット
　面談のデメリットは、面談であれば双方の意思・感情を伝えることができる反面、感情的対立が激しい当事者や係争案件等の事情がある場合には、直接会うこと自体を避けられることもありうるということです。
　また、面談による場合、録音や録画をしているのであればともかく、一般的に面談時の話し合いの内容が正確に記録されにくいといえます。
　その他、面談場所や面談時間の調整で難航するほか、面談場所によっては一方当事者の雰囲気に威圧されてしまい、思うような交渉ができないということもあります。

## イ　電話
### ① メリット
　**電話**のメリットは、迅速に連絡をとることができるというメリットがあります。
　また、メールやFAX等のように、提案が形に残りにくいということから、具体的な条件提示ができない段階でも、相手方と柔軟な話し合いができるというメリットがあります。

② デメリット

　電話のデメリットは、お互いの交渉経過が記録に残りにくいという点が挙げられます。電話の会話内容を録音するという方法もありますが、前後の会話が不明である場合には、内容の信用性には疑問を残してしまうこともありえます。

　また、電話による交渉は、相手方も電話に出ることができる状況でなければ実施できません。担当者の状況にもよりますが、相手方の担当者が頻繁に外出しているような場合には、電話での交渉にこだわっていると、なかなか話を進めることができないということもあります。このような場合には、メールやFAX等、他の交渉方法で事前に電話連絡をする時間を調整しておくことも考えられます。

　なお、電話による交渉の場合、柔軟な話し合いができるというメリットを挙げましたが、相手方に録音されている可能性がありますので、あまりに不用意な発言をすることは禁物です（とくに、事前に電話連絡をする時間を設定している場合には録音されている可能性が高まります。）。

### ウ　メール
① メリット

　メールのメリットは、時間や場所を問わずに連絡をとることができるという迅速性と、費用がかからないという点が挙げられます。

　また、メールによる場合には、大量のデータ等も送信することが可能です。

　さらに、メールによる交渉経過は記録に残すことが可能です。

② デメリット

　メールのデメリットは、メールでは記録に残ることを警戒され、柔軟な話し合いが困難になるということが挙げられます。

　また、メールによって当事者の意思を伝えようとしても、メールの趣旨が正しく伝わらずに誤解されるおそれがあります。クレーム対応等、相手方の感情にも配慮した対応が求められる場合には、メールによる対応は避けたほうがよいこともあります。

## エ　FAX

① メリット

　FAXのメリットは、時間を問わずに連絡をとることができるという迅速性が挙げられます。

　また、FAXによる通知内容を記録化することも可能です。

② デメリット

　FAXのデメリットは、メールや郵便による方法と同様、書面での連絡となるため、柔軟なやり取りが困難であるといえます。

　また、FAXによる場合、趣旨が正しく伝わらずに誤解されるおそれもあります。

　さらに、FAXによる場合は、大量の書類を送信することにも向いていません。


## オ　普通郵便

① メリット

　普通郵便のメリットは、配達証明や内容証明郵便に比べれば費用がかからない点にあります。

　また、FAXと異なり、大量の資料を同封して郵送することも可能です。

② デメリット

　普通郵便のデメリットは、いつ相手方に届いたのか、またどのような内容を送ったのかということが記録化しにくいということが挙げられます。

　とくに、消滅時効の中断や遅延損害金の起算点等が問題となるようなケースでは、いつ相手方に届いたのかが記録化できない普通郵便は適しません。

　また、普通郵便では、郵便局の都合によって到達までに数日以上を要することもあり、迅速に到達することが期待できません。

　したがって、緊急性の高い交渉案件では、普通郵便は避けたほうが無難といえます。


## カ　配達証明

① メリット

　配達証明のメリットは、書面がいつ相手方に到着したのかということを記録

化することができる点にあります。

また、配達証明による場合でも、通知書以外の書類も同封することが可能であるため、大量の書類を送付することも可能です。

② デメリット

配達証明のデメリットは、どのような内容を送ったのかということまでは証明できないことが挙げられます。

また、普通郵便よりも費用を要します。

### キ 内容証明郵便

① メリット

**内容証明郵便**のメリットは、いつ、どのような内容の通知が相手方に届いたのかということが記録化できる点にあります。

したがって、消滅時効を中断する必要がある場合や、解除等の意思表示を伝達したことを記録化する必要がある場合には、内容証明郵便が適切といえます。

また、内容証明郵便は、書面の内容まで記録化・証拠化されることになるため、差出人が強い意志で交渉に臨んでいることを暗に示すことになり、相手方に与える心理的影響が強いといえます。

② デメリット

内容証明郵便のデメリットは、他の郵送方法と比べて費用が高額ということが挙げられます。

また、内容証明郵便には資料を同封することができないため、通知書に資料を添付する場合には、内容証明郵便とともに、別途郵送する必要があります。

## (3) 交渉の目的

### ア 交渉の目的の設定

任意交渉を行うにあたっては、まず交渉を始める前に、交渉の目的を設定する必要があります。

任意交渉の目的は、契約内容を実現することが第一ではありますが、相手方が何の抵抗もなく請求に応じるとは限りません。

このように相手方が抵抗した場合、①あくまでも契約内容に従って一切請求

内容を譲歩しないこととするのか、②早期解決や相手方との今後の関係性を重視してある程度譲歩することとするのか、③交渉ではなく裁判による解決を見据えるのか、によってとるべき交渉姿勢は変わってくることになります。

　①任意交渉では一切譲歩しない、ということであれば、相手方に対し、任意交渉で早期に解決することができない場合の不利益を伝えることを意識して交渉していく必要があります（たとえば、任意交渉による解決ができない場合には訴訟等の法的手続に移行する予定であることや、遅延損害金や弁護士費用等の追加費用を請求する予定であることを示唆すること等が考えられます）。

　②ある程度の譲歩をしても任意交渉による解決を志向する場合には、どの程度までであれば譲歩することができるのかを事前に検討しておく必要があります。その上で、交渉の早い時期から譲歩できる水準を提示すると、さらに譲歩を迫られることになりますので、当初は譲歩できる水準よりも多少は高い水準を提示しておくことも考える必要があります。

　③裁判による解決を志向する場合には、交渉過程を証拠化することを意識する必要があります。裁判による解決を志向する場合、任意交渉のときには相手方も裁判時ほど警戒して回答しないことも少なくありませんので、できる限り有利な事実（証拠）を集めるために、複数回の交渉を重ねて相手方から事実（証拠）を提示させることが有効といえます。

### イ　交渉過程の記録化の重要性

　裁判による解決を志向する場合であれば、交渉過程自体が裁判における重要な証拠となるため、交渉過程の記録化は重要となります。

　また、任意交渉による解決を志向する場合であっても、契約書の解釈等が争いになっている場合には、従前の交渉過程を記録化することによって、交渉材料を見出すことが可能となります。

　交渉過程の記録化は、前記「任意交渉の方法」のメリット・デメリットを意識して対応していくことになります。

　任意交渉は、裁判ではないからといって漫然と行うのではなく、将来の紛争を見据えた証拠づくりでもあるという意識を念頭に、1つ1つの交渉を慎重に重ねていくべきといえます。

## （4）合意書の作成

　任意交渉の結果、お互いの合意が形成されてきた段階で、合意書を取り交わすことになります。

　従前に取り交わした契約書の債務を履行してもらうだけであれば改めて合意書を取り交わすまでの必要はありませんが、従前の契約書から債務の内容に変更を加える場合には、再び疑義が生じることを防ぐためにも、合意書を作成し直すことが望ましいといえます。

　そして、合意書を取り交わすことになった場合には、できる限り率先して合意書を作成するようにすべきです。

　相手方に合意書を作成させた場合、相手方に主導権を握らせることになる上、改めて各条項の趣旨や表現を確認しなければならず、見落としや誤解のリスクが生じることになります。

　また、改めて合意書を取り交わし直す場合には、法的チェックが必要になるため、外部弁護士への相談も検討しましょう。

## （5）公正証書の作成

　当事者間で合意書を取り交わすだけでなく、さらに公正証書の作成まで行う場合もあります。

　**公正証書**を作成する目的は、①後日の強制執行を可能にする、②公証役場でも合意事項の有効性を確認してもらい、後日の紛争の蒸し返しを防止する、ということにあります。

　但し、公正証書を作成する場合には、公証役場の利用にあたっての追加の費用負担や、公証役場に赴かなければならないという負担が発生することに注意しましょう。

　とくに費用負担は、当事者のいずれが負担するのかという点がよく問題となりますので、公正証書を作成する場合にはこの点も事前に合意しておく必要があります。

　なお、公正証書を作成する場合には、公証役場へ事前に連絡し、日程調整のほか、合意書案の確認を行う必要があります。

公正証書はすぐにできるわけではありませんので、時間的・経済的負担があることを視野に入れましょう。

## 5　ADRの手続

### (1) ADR・調停の種類

#### ア　ADR

ADRは、係争案件の性質によって様々な種類が用意されています。

ADRの一例として、以下のものが挙げられます。

① PLセンター
② 全国銀行協会
③ 生命保険協会
④ 日本貸金業協会

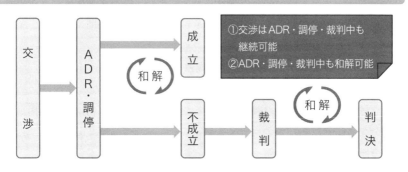

#### イ　民事調停

民事調停は、簡易裁判所（当事者間の合意で、ときには地方裁判所によることもあります（民事調停法3条））による調停手続です。

## (2) ADR・調停の選択が適当な場合

**ADR・調停の留意点**

| | |
|---|---|
| ① 交渉では解決しない場合 | ② 経済的負担をかけずに解決したい場合 |
| ③ 早期に解決したい場合 | ④ 証拠が不十分ではあるが権利主張をする必要がある場合 |
| ⑤ 相手方と親密な関係である場合 | ⑥ 相手方が信用のある会社である場合 |

　ADR・調停は、示談交渉と訴訟の中間に位置する手続といえます。

　ADR・調停を選択することが適当な場合としては、以下の6つのケースが考えられます。

① 　交渉では解決しない場合

　当事者間の交渉だけでは並行線を辿ってしまい、解決を見出すことができない場合、第三者の仲介によって解決の糸口を見出すことが期待できる、ADR・調停の利用が考えられます。

② 　経済的負担をかけずに解決したい場合

　ADR・調停は、訴訟と比べて厳密な主張・立証が求められないため、主張・立証を整理するための費用を抑えることができる上、利用時の費用負担も低額となる傾向にあります。

③ 　早期に解決したい場合

　調停は、通常は2、3回程度の期日で解決する傾向にあるため、訴訟と比べて解決までの時間は短い傾向にあります。

④ 　証拠が不十分ではあるが権利主張をする必要がある場合

　証拠が不十分であるために訴訟では請求が認められる可能性は低いものの、権利主張をする必要がある場合、厳密な立証が求められないADR・調停であれば、合意に至るために相手方にも一定の譲歩をさせることによって、主張の

一部が認められる可能性があります。

⑤ 相手方と親密な関係である場合

当事者間に親密な関係がある場合、当事者の一方の主張のみを認める訴訟では、その後の関係が決定的に悪化するおそれがあります。

ADR・調停であれば、お互いの合意が成立することが条件であるため、決定的な関係の悪化を避けることが期待できます。

⑥ 相手方が信用のある会社である場合

相手方が社会的信用のある企業である場合、訴訟に発展したことによるレピュテーショナルリスクを抑えるために、ADR・調停による解決も期待できるといえます。

## 6　民事保全の手続

保全処分には、民事訴訟の本案の権利を保全するための仮差押と、本案の権利関係について仮の地位を定める仮処分があります。

以下では、仮差押と仮処分についてご説明します。

### （1）仮差押命令申立

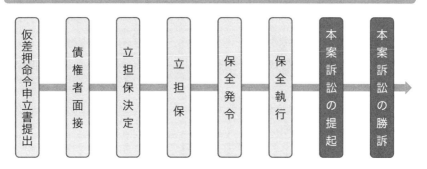

#### ア　仮差押とは

**仮差押**とは、金銭債権の執行を保全するために、債務者の財産をあらかじめ

仮に差し押さえる裁判所の決定をいいます。

訴訟を行っている最中に相手方が資産を隠したり、散逸したりすれば、最終的に勝訴しても、回収ができなくなる事態がありえます。

そこで、訴訟提起前に仮差押命令を申し立て、債務者の預貯金や売掛金等を差し押さえ、債権回収の実効性を担保する必要があります。

以下では、仮差押命令申立手続の流れを説明します。

### イ　仮差押命令申立書の提出

**仮差押命令申立書**は、管轄である「本案の管轄裁判所」又は「仮に差し押さえるべき物若しくは係争物の所在地を管轄する地方裁判所」に提出します（民事保全法12条1項）。

なお、仮差押は、債務者に与える影響が大きいため、保全の必要性は慎重に判断される傾向にあります。

したがって、保全の必要性が認められない等の理由で、仮差押命令が認められないこともありえます。

### ウ　債権者面接

仮差押命令申立事件では、密行性が重視され、口頭弁論が行われず、書面審理のほか、必要に応じて**債権者面接**が行われる一方、債務者の面接は行われない傾向にあります。

### エ　担保決定

債権者面接の結果、裁判所が仮差押命令の発令を相当と判断すると、**担保決定**がされることになります。

担保金の額については明確な基準はありませんが、<u>被保全債権の10～30%</u>とされる傾向にあります。

## （2）仮処分申立

### ア　仮処分とは

**仮処分**とは、紛争により生じている現在の危険や負担を取り除くために、本

案訴訟の判決が確定するまでの間について、裁判所に暫定的な措置を求める手続をいいます。

仮処分には、**係争物に関する仮処分（①処分禁止の仮処分、②占有移転禁止の仮処分）** と、**仮の地位を定める仮処分**の2種類があります。

### 仮処分の流れ

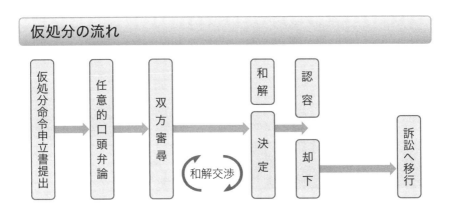

#### イ　仮処分命令申立書の提出

仮処分命令申立書は、管轄である「本案の管轄裁判所」又は「仮に差し押さえるべき物若しくは係争物の所在地を管轄する地方裁判所」に提出します（民事保全法12条1項）。

#### ウ　双方審尋

仮差押命令申立事件とは異なり、仮処分命令申立事件では、<u>債権者のみならず債務者の双方を面接する手続を経なければ仮処分命令を発することができないという運用をされる傾向</u>にあります。

審尋の方法については特段の制限はなく、裁判所が適当と認める方法によって行われます。

債権者と債務者が交互又は同時に裁判官と面接して口頭で説明することもあれば、交互に書面を提出しあうこともあります。

### エ　和解等の解決

仮処分命令申立事件では、双方審尋が行われた後、裁判所から和解の勧告がされることもあります。

裁判所の和解勧告の結果、仮処分命令申立事件のみならず、請求債権自体に関する和解が成立し、終局的な解決に至ることもありますが、和解が成立せずに本案訴訟まで発展してしまうこともあります。

## 7　訴訟の手続

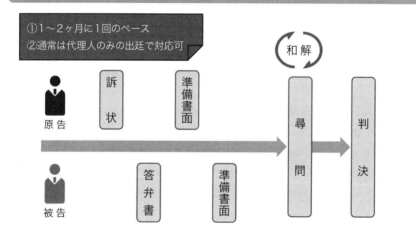

### (1) 訴訟の提起

訴訟の提起にあたっては、訴状を裁判所に提出することになります。

### (2) 訴訟の審理

第1回口頭弁論期日では、訴状及び答弁書の陳述が行われた後、次回期日の指定がなされます。

第2回期日以降は、各争点に関する主張・立証を当事者双方で行って進めて

いくことになります。

各期日は、概ね1～2ヵ月に1回の頻度で行われます。

各期日において争点に関する主張・立証が整理され、十分に争点整理が行われた段階で、証人尋問が行われます。

訴訟の進行状況に応じて、裁判所から和解が試みられます。

## （3）訴訟の終了

### ア　判決

**判決**は、裁判所による判断によって終局的な解決を得る手続です。

判決に至る前に、それまでの訴訟における主張・立証の状況をみて、裁判所から和解の打診が行われることがあります。裁判所から和解の打診があった場合には、判決に至った場合のメリット・デメリットと比較し、和解による解決か、判決による解決のいずれを選択するかを検討する必要があります。

判決による解決を選択した場合、控訴審についても視野に入れておく必要があります。控訴期間は判決書の送達を受けた日から2週間と定められていますが、いざ判決書が届いてから対応しようとすると、控訴の準備が間に合わなくなるおそれがあります。とくに、社内調整が必要な事案の場合には、2週間以内で意思統一を図ることが難しいことも少なくありません。

このような場合には、1審判決の内容について、①全部勝訴、②一部勝訴、③全部敗訴の3つのケースをあらかじめ想定しておき、それぞれのケースにおける対応を事前に検討しておくことが望ましいといえます。

### イ　和解

訴訟では、判決のほか、**和解**による解決も考えられます。

和解による解決のメリットは、判決では得ることができない内容を獲得することも期待できる点にあります（謝罪条項や紛争再発防止に向けた取り組みを約束する旨の条項等）。

また、和解による解決であれば、判決と異なり、上訴審まで紛争が継続することはなくなり、早期解決を実現することが可能となります。

和解は双方が譲歩することになるため、すべての主張が認められるわけでは

ありませんが、和解特有のメリットを踏まえ、積極的な活用が望ましいといえます。

## Section 2
## 法務担当者の役割

|  | 法務担当者 | 外部弁護士 |
|---|---|---|
| ① | ・現状の事実関係の確認<br>・弁護士の選任 | ・各解決方法の提案 |
| ② | ・紛争解決のコスト調整<br>・各解決方法の選択における社内調整 | ・見積書の作成 |
| ③ | ・各解決方法の準備事項<br>・手続継続中のサポート | ・代理活動の遂行 |
| ④ | ・裁判上の和解に対する考え方 | ・解決見通しの提案 |

### 1 現状の事実関係の確認

　紛争の発生に至った場合、法務担当者としてまず行うべきことは、現状の事実関係の確認をすることです。

　法務担当者は、紛争の解決方法を外部弁護士と協議するにあたり、紛争の解決方法を選択するための事実関係を正確に整理する必要があります。

　また、事実関係の整理とともに、紛争に至る経過の事実関係が確認できる関連資料を整理・収集する必要があります（契約書、交渉過程が確認できる書類、メール等）。

### 2 弁護士の選任

　法務担当者は、事実関係を整理した後に、紛争解決に適した外部弁護士への

相談・依頼の選定を進めることになります。

当該紛争の解決にあたり、適切な外部弁護士に相談・依頼することができるかどうかによっても、当該紛争の解決のあり方は大きく変わってくる可能性があります。

外部弁護士の選定基準は56頁以下に記載のとおりですが、<u>案件の性質、依頼する外部弁護士の所属する法律事務所の規模や専門性、弁護士報酬等を勘案して決定する</u>ことになります。

## 3　紛争解決のコスト調整（弁護士報酬等）

弁護士の選任基準にもかかわることですが、法務担当者の重要な役割の1つとして、紛争解決にかかるコストを調整することがあります。

弁護士報酬の体系は、①タイムチャージ制の場合もあれば、②成功報酬制の場合もあります。いずれの方式を採用するかによっても、弁護士報酬は大きく異なることになります。

法務担当者としては、状況に応じて、複数の法律事務所から相見積を取り付けた上で、妥当な弁護士報酬といえるかどうか、ディスカウントも検討する必要があります。

## 4　各解決方法の選択における社内調整
　　（広報・IR・経理・財務との連携）

外部弁護士を選定し、紛争解決方法の選択について協議した後に、法務担当者は社内調整を進めることになります。

まず、外部弁護士に依頼するにあたっては、弁護士費用等を調整するために、経理・財務との連携が必要となります。

また、外部弁護士が必要とする資料の整理・収集にあたっては、当該紛争に関する契約交渉を扱った営業担当者への連絡も必要となります。

さらに、訴訟提起等の紛争解決方法を選択する場合、訴訟を提起したこと等を公表する意義がある際には広報担当との調整も必要となります。

## 5　各解決方法の準備

　外部弁護士と協議し、紛争の解決方法を選択した場合には、各解決方法に沿った準備を進めていく必要があります。

　いずれの解決方法を選択した場合であっても、事実関係が確認できる資料の収集は必須ですが、訴訟等の第三者機関を利用した解決方法を選択する場合には、訴訟委任状や法人登記簿謄本等、第三者機関の利用に必要な書類の収集も進める必要があります。

## 6　手続継続中のサポート

　紛争解決方法に沿った準備が完了し、外部弁護士が実際に任意交渉や裁判対応等を開始したとしても、法務担当者としては外部弁護士任せにすべきではなく、継続的に打ち合わせ等を行い、進行経過を把握することに努める必要があります。

　一般に、外部弁護士は同時に複数の案件を抱えており、多忙であることから、定期的な報告は期待し難い面があります。

　法務担当者としては、外部弁護士の進捗状況を適宜確認し、ときには外部弁護士に対して積極的に指示していくことも必要です。

　また、外部弁護士からの要求に応えて、随時追加資料を用意できるようにしておくことが望ましいといえます。

## 7　裁判上の和解に対する考え方

　また、紛争の解決方法として、訴訟を選択した上で、裁判上の和解を検討することになった場合には、法務担当者としては社内の調整を図る必要があります。

　裁判上の和解を選択する場合には、経営判断にも関わる事項であることを認識し、外部弁護士と協議した上で、裁判上の和解ではどこまでを勝ち取ること

ができ、どこまでを譲歩しなければならないのかを見極めることになります。

その上で、法務担当者として社内の経営層にも諮った上で、裁判上の和解の見通しを踏まえて和解における要求事項を整理することになります。

なお、裁判上の和解によった場合、判決よりも解決水準は低くなったとしても、裁判の内容を公開することを避けたい場合などには、秘密保持条項を設定するなど、判決では得ることができない事項も獲得できるなどのメリットがあります。

裁判上の和解を選択する場合には、このようなメリットも勘案する必要があります。

## Section 3
# 弁護士の役割

### 1 各解決方法の提案

外部弁護士は、法務担当者から当該紛争について相談を寄せられた場合、事実関係を把握した上で、法的リスクの確認、及び紛争解決方法の検討を進めることになります。

最終的な紛争解決の選択はクライアントが決定することになりますが、法務担当者がクライアントの社内調整をスムーズに行うことができるよう、当該紛争の見通しを整理し、各解決方法のメリット・デメリットを踏まえた提案を行う必要があります。

また、外部弁護士が紛争解決方法を提案する際には、法務担当者が社内調整をスムーズに行うための資料として、意見書の作成までをすることが望ましいといえます。

### 2 見積書の作成

次に、外部弁護士は、法務担当者から要請があった場合には、弁護士費用の

見積書を作成することになります。

現在は、法律事務所であっても相見積を要求されることは珍しいことではありません。

また、弁護士は、「弁護士は、事件を受任するに当たり、依頼者から得た情報に基づき、事件の見通し、処理の方法並びに弁護士報酬及び費用について、適切な説明をしなければならない。」（弁護士職務基本規程第29条）とされています。

したがって、<u>外部弁護士は、クライアントの要請があれば、見積書の作成・交付をすること</u>になります。

## 3　代理活動の遂行

外部弁護士として正式に依頼を受けることになった場合、クライアントの代理人として担当することが通常ですが、場合によっては、弁護士が代理人として窓口になって交渉するよりも、バックオフィスとしてサポートに回ってもらうことが適切なこともあります（弁護士が代理人として対応すると、相手方も態度を硬直化させることが予想される場合等）。

外部弁護士としては、正式に依頼を受ける前提として、代理人として窓口となって対応するかどうかを確認しておく必要があります。

その上で、外部弁護士が代理人として対応する場合には、クライアントの窓口となって対応することになります。

もっとも、外部弁護士が代理人として対応するとしても、独断専行して進めることは避け、常にクライアントの法務担当者との間で報告・連絡・相談をしながら対応していく必要があります。

一方、法務担当者も、外部弁護士にすべてを任せきりにするのではなく、継続的に打ち合わせ等を行い、進行経過を把握することに努めなければなりません。

*Part 4*
紛争発生後の対応（臨床法務）

## 4 解決見通しの提案

　紛争の解決を目指して交渉等を継続していく過程において、ある程度の解決の道筋が見えてきた段階で、外部弁護士としては想定される解決の見通しを整理していく必要があります。

　そして、交渉における解決の見通し、裁判まで発展した場合の解決の見通し等、各解決方法に応じた予想される解決案を整理した上で、当該紛争におけるクライアントにとって望ましい解決案を提案することになります。

　なお、当然ですが、あくまでも最終判断を下す決定権者はクライアントであって、外部弁護士ではありません。外部弁護士としては、法務担当者を通じてクライアントが判断をするためのサポートをすることが求められます。

## Section 4
# 各論　各契約類型の留意点

| 契約類型 | 紛争の解決方法選択の留意点 |
| --- | --- |
| 売買契約 | ・継続的取引関係を維持するかどうか |
| 金銭消費貸借契約 | ・回収可能性の見通し<br>・民事保全の利用の検討 |
| 不動産売買・賃貸借契約 | ・占有移転禁止の仮処分の検討 |
| ソフトウェア開発委託契約 | ・機密情報漏洩のリスクへの対処 |
| 労働契約 | ・行政処分・刑事処分のリスク<br>・レピュテーショナルリスク<br>・個別紛争から他の従業員への波及のリスク<br>・付加金請求のリスク |

## 1 売買契約

　売買契約における解決方法の選択にあたっては、今後も相手方と継続的取引関係を維持する必要があるかどうかが重要な視点となります。

　相手方との継続的取引関係を維持する必要がある場合には、民事保全や裁判のような裁判上の手続を選択することは、今後の相手方との関係にも大きく影響を及ぼしかねないため、できる限り避けることが望ましいといえます。

　また、外部弁護士を代理人として選任して交渉を担当することが適切かどうかということも、相手方との今後の取引関係を考慮して検討する必要があります。

## 2 金銭消費貸借契約

　金銭消費貸借契約における解決方法の選択にあたっては、相手方の資力を踏まえた回収可能性の見通しを立てる必要があります。

　相手方が債務の支払を怠ったり、支払が遅れがちになったりしている場合には、すでに相手方の経営状況が悪化している可能性があります。

　このような状況において、任意交渉を行っていても、相手方としては時間を稼ぎながら資産を他に移したり、他の債権者に対して優先的に弁済したりしてしまい、債権の回収可能性がさらに低下してしまうことが懸念されます。

　債権回収の可能性を高めるためにも、このようなケースでは早急に民事保全手続を行うことを検討する必要があります。

## 3 不動産売買・賃貸借契約

　不動産賃貸借契約における解決方法の選択にあたっては、任意交渉や訴訟継続中に紛争の相手方が変更されることがないかどうかを検討する必要があります。

　たとえば、係争の不動産物件の明渡しを求めて交渉等を行う場合には、不動

産物件の占有者に対して行う必要があります。この点、注意しなければならないことは、<u>不動産物件の占有者は、必ずしも賃借人とは限らない</u>ということです。言い換えれば、賃借人に対して、不動産の明渡しの判決を得たり、賃借人との間で不動産の明渡しに関する合意書を取り交わしたりしても、別人が不動産を占有している場合には、強制執行ができないことになってしまいます。

　これでは、紛争が解決できないことになってしまうため、訴訟の相手方とすべき占有者を固定し、その後に他者に占有が移転されても仮処分の執行時点の占有者に対する勝訴判決で強制執行を可能とするための手続として、「**占有移転禁止の仮処分**」を利用することを検討する必要があります（民事保全法23条）。

　このように、不動産関係の案件特有の問題として、紛争の相手方が変動する可能性があることを見据えて、紛争解決方法を選択する際にも保全処分の利用を検討しなければなりません。

## 4　ソフトウェア開発委託契約

　ソフトウェア開発委託契約における解決方法の選択にあたっては、<u>紛争過程において機密情報が漏洩するリスクへ配慮する必要があります</u>。

　紛争発生前の段階（予防法務段階）において、当事者間においてすでに秘密保持契約を交わしているのであれば別ですが、事前に秘密保持契約を交わさずに紛争に発展してしまっている場合には、交渉過程において機密情報が漏洩しないように対応しなければなりません。

　このようなケースでは、相手方が機密情報を漏洩することを抑制するために、「万が一機密情報が漏洩した場合には相当の損害賠償を請求する」ことなどを交渉過程において告知し、相手方を牽制しておくなどの事後的対応が必要となります。

## 5　労働契約

　労働契約における解決方法の選択にあたっては、紛争が任意交渉で解決せず、<u>裁判手続に発展した場合のリスク</u>を勘案する必要があります。

たとえば、労働契約に係る紛争が未払残業代の場合には、労働基準法に違反しているために、行政処分を受けるリスクがあることになります。最近でも、企業が組織的に残業代を支払わないようにする体制を作出していたとして、労働基準監督署から労働基準法違反の容疑で取り調べを受けた上、是正勧告等の行政処分を受ける例が見受けられます。
　また、とくに悪質と判断された場合には、刑事処分にまで発展する可能性があります。
　さらに、裁判手続にまで発展した場合、労働者側から企業の労働法軽視の姿勢が記者会見等でアピールされ、当該企業の社会的信用が失墜するというレピュテーショナルリスクにつながる可能性があります。
　加えて、<u>当初は1人の従業員との労働紛争が、当該従業員から他の従業員に波及し、大規模な労働紛争に発展する可能性</u>もあります。たとえば、ある従業員が未払残業代を請求してきた場合、裁判によって敗訴してしまうと、同じ枠組で他の従業員からも未払残業代を請求されてしまうということがありえます。このように、単独の労働事件が他の従業員にも波及していくと、企業の経営全体を揺るがしかねない問題にまで発展するおそれがあります。
　一方で、安易に労働者側の主張を全面的に認めると、労働者側から企業の姿勢を軽視され、他の従業員からも「この企業は請求すれば簡単に残業代を支払ってもらえる。」と認識され、多数の残業代請求を招く事態にもなりかねません。
　したがって、労働契約における解決方法の選択にあたっては、企業の抱える様々なリスクを勘案しなければなりません。

# Chapter 8 強制執行・担保権の実行

## Section 1

### 総論

　紛争が発生し、示談交渉や訴訟等の手続によって、相手方に対する債権（請求権）が確定したとしても、相手方が任意に履行に応じない場合もありえます。

　相手方が任意に履行に応じないまま放置していては、債権を取得したとしても有名無実と化してしまうため、債権を現実に履行させる必要があります。

　このような場合に必要となる手続が強制執行・担保権の実行となります。

　以下では、強制執行・担保権の実行の手続をご説明します。

#### 1 強制執行・担保権の実行の概要

　強制執行、担保権の実行としての競売及び民法、商法その他の法律の規定による換価のための競売（形式的競売）並びに債務者の財産開示を総称して、「**民事執行**」といいます（民事執行法1条参照）。

　民事執行のうち、強制執行及び担保権の実行としての競売は、債権者の債務者に対する私法上の請求権を、国家権力をもって強制的に実現する手続です。

　また、債権者が担保権を有している場合に、債務者が任意に債務の履行をしないときには、債権者は、その担保権を実行して、担保目的物を換価し、その換価代金をもって自己の債権の弁済に充てることになります。

　民事執行手続の概要を整理すると以下のとおりです。

## 強制執行・担保権の実行の概要

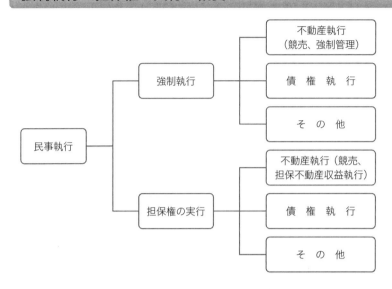

### （1）強制執行とは

　**強制執行**とは、国家機関が関与して、債権者の給付請求権の内容を強制的に実現する制度をいいます。

　言い換えれば、強制執行とは、債権者の請求を認容する判決や裁判上の和解が成立したにもかかわらず、相手方が債務の支払等に応じない場合に、判決等の債務名義を得た債権者の申し立てに基づいて、相手方に対する請求権を、裁判所が強制的に実現する手続をいいます。

### （2）担保権の実行手続とは

　**担保権の実行手続**は、債権者が債務者の財産について抵当権などの担保権を有しているときに、これを実行して当該財産から満足を得る手続をいいます。

　担保権の実行の場合、判決などの債務名義は不要であり、担保権が登記されている登記簿謄本などが提出されれば、裁判所は手続を開始することとなります。

なお、担保権の実行手続も、強制執行手続と比較すると、債務名義を必要とするか否かの違いはありますが、申立て後の手続はほぼ同じといえます。

## 2 債権執行手続の流れ

以下では、債権執行手続の流れを説明します。

### (1) 債権執行とは

**債権執行**とは、債務者の第三債務者に対する債権を差押え、これを換価して債務者の債務の弁済に充てる執行手続をいいます。

### (2) 債権執行の対象

債権執行の対象は、金銭債権及び動産・船舶・自動車・建設機械の引渡請求権となります（民事執行法143条・162条・163条、民事執行規則142条・143条）。

### (3) 債権執行手続の流れ

**債権執行手続の流れ**

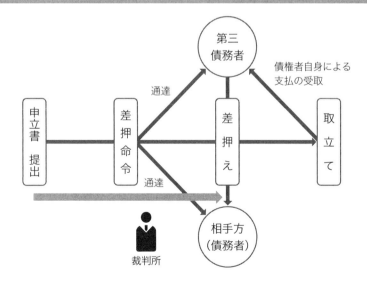

### ア　申立て

債権執行の申立ては、申立書を裁判所に提出する必要があります。

なお、申立書の提出先である管轄執行裁判所は、第一次的には債務者の普通裁判籍所在地（債務者の住所地）の地方裁判所（支部を含みます）となります。

債務者の普通裁判籍がない場合、第二次的に差押債権の所在地を管轄する地方裁判所となります（民事執行法144条）。

なお、申立てにあたり、差押えの対象となる差押債権の有無及びその金額等を確認する場合には、第三債務者に対する陳述催告の申立てをすることになります。

債権者は、裁判所書記官に対し、第三債務者に被差押債権の存否、種類、額等の事項について、2週間以内に書面で陳述すべき旨の催告を申し立てることができます（民事執行法147条、民事執行規則135条）。

**第三債務者に対する陳述催告の申立て**とは、被差押債権が支払を受けられる債権かどうか、他に競合する債権者が存在するかどうか等を第三債務者に陳述させ、債権者に債権の取立てあるいは転付命令等の申立てなど、その後の手続選択の判断資料を得させようとする制度です。

第三債務者に対する陳述催告の申立てをする場合には、債権差押命令申立てと同時に行うことになります。

### イ　差押命令

裁判所は、債権差押命令申立てに理由があると認めるときは、差押命令を発し、債務者と第三債務者に送達します（民事執行法145条3項）。

差押えの効力は、差押命令が第三債務者に送達されたときに生じます（民事執行法145条4項）。

### ウ　差押え

執行裁判所は、差押命令において債務者に対しては債権の取立てその他の処分の禁止を命じ、第三債務者に対しては債務者への弁済の禁止を命じます（民事執行法145条1項）。

したがって、差押えの効力が生ずると、第三債務者は、債務者へ弁済するこ

とができなくなり、差押債権者への支払又は供託によらなければ債務を免れることができなくなります（民事執行法155条、156条）。

また、債務者は、差押えの効力が生じた後に、当該債権を譲渡したり、免除したりしても、当該債権執行手続との関係では、その効力は無視されます（民事執行法166条2項・84条2項・87条2項・3項）。

**エ　取立て**

差押債権者は、差押命令が債務者に送達された日から1週間を経過したときは、債権者は被差押債権を自ら取り立てることができます（民事執行法155条1項本文）。

差押債権者が第三債務者から支払を受けると、その債権及び執行費用は、支払を受けた額の限度で弁済されたものとみなされます（民事執行法155条2項）。

但し、第三債務者は、差押えにかかる金銭債権の全額を供託して債務を免れることができます（権利供託、民事執行法156条1項）。

第三債務者が供託をした場合には、裁判所が配当を行うため、直接取り立てることはできません。

## 3　不動産執行手続の流れ

以下では、不動産執行手続の流れについて説明します。

### (1) 競売手続

**ア　申立て**

**不動産強制競売**は、執行裁判所が債務者の不動産を売却し、その代金をもって債務者の債務の弁済に充てる執行手続です。

不動産強制競売の申立ては、書面でしなければなりません。

債権者は、目的不動産の所在地を管轄する地方裁判所に対し、申立書を提出する必要があります（民事執行法44条1項）。

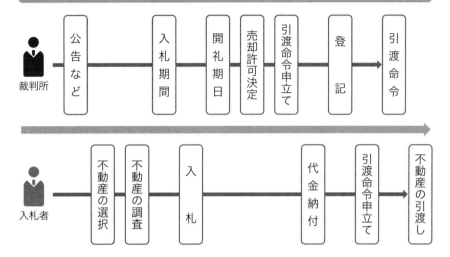

### イ　開始決定

　執行裁判所は、申立てが適法にされていると認められた場合は、不動産執行を始める旨及び目的不動産を差し押さえる旨を宣言する開始決定（**強制競売開始決定**）を行います（民事執行法45条1項）。

　開始決定は、債務者に送達されます（民事執行法45条2項）。

### ウ　差押え

　**差押え**の効力は、開始決定が債務者に送達された時、又は差押えの登記がなされた時のいずれか早い時期に生じます（民事執行法46条）。

　なお、実務上、債務者が差押不動産の登記名義を第三者に移転することを防ぐため、書記官は、債務者への送達より差押えの登記嘱託（民事執行法48条1項）を先行させています。

### エ　売却の準備

　民事執行法では、差押不動産について適正な競売が行われるよう、以下の売却準備手続を規定しています。

## Part 4
紛争発生後の対応（臨床法務）

① 売却のための保全処分

　執行裁判所は、債務者又は不動産の占有者が不動産の価格を減少させる行為又はそのおそれがある行為をするときには、**民事執行法55条所定の保全処分**又は**公示保全処分**（執行官に当該保全処分の内容を公示させる保全処分）を命ずることができます。

② 現況調査と評価

　執行裁判所は、適正な売却基準価額を定め、売却条件を明確にするため、執行官に対し差押不動産の**現況調査**を命じ（民事執行法57条）、**現況調査報告書**を提出させるとともに（民事執行規則29条）、評価人を選任してこれに不動産の評価を命じ（民事執行法58条1項）、**評価書**を提出させます（民事執行規則30条）。

③ 売却基準価額の決定

　**売却基準価額**とは、不動産の売却の基準となるべき価額をいいます。

　入札における買受申出の額は、売却基準価額の8割を下回ることはできません（民事執行法60条3項）。

④ 三点セットの作成

　執行裁判所は、執行官や評価人に調査を命じ、目的不動産について詳細な調査を行い、買受希望者に閲覧してもらうための三点セットを作成します。

　三点セットとは、以下の3つの書類をいいます。

ⅰ．現況調査報告書

　土地の現況地目、建物の種類・構造など、不動産の現在の状況のほか、不動産を占有している者やその者が不動産を占有する権原を有しているかどうかなどが記載され、不動産の写真などが添付された書類

ⅱ．評価書

　競売物件の周辺の環境や評価額が記載され、不動産の図面などが添付された書類

ⅲ．物件明細書

　そのまま引き継がなければならない賃借権などの権利があるかどうか、土地又は建物だけを買い受けたときに建物のために底地を使用する権利が成立するかどうかなどが記載された書類

**オ 売却実施**

売却の準備が終了した後、裁判所書記官は、売却方法を決定します（民事執行法64条）。

売却の方法として、入札、競り売り、特別売却があります（民事執行法64条）。

執行裁判所は、売却決定期日において、最高価買受申出人に対する売却の許否を審査し、売却の許可又は不許可を言い渡します（民事執行法69条）。この決定は確定しなければ効力は生じません（民事執行法74条5項）。

**カ 入札～所有権移転**

入札は、公告書に記載されている保証金を納付し、売却基準価額の8割以上の金額でしなければなりません。

最高価で落札し、売却許可がされた買受人は、裁判所が通知する期限までに、入札金額から保証金額を引いた代金を納付します。

買受人が納付期限までに代金を納付しないときは、期限の経過によって売却許可決定は当然にその効力を失い、買受人は原則として保証金の返還を請求できません（民事執行法80条1項）。

この保証金は、売却代金の一部として保管され、配当金に充当されます（民事執行法86条1項3号）。

**キ 不動産の引渡し**

対象不動産に占有権原を有さない者が居住している場合、執行裁判所は、対象不動産の占有者に対し、不動産を引き渡すべき旨を命ずることができます（民事執行法83条1項）。

引渡命令は、代金を納付した日から6ヶ月（民法395条1項に規定する建物使用者が占有していた場合は9ヶ月）を経過すると申立てをすることができません（民事執行法83条2項）。

**ク 配当**

配当とは、執行裁判所が、差押債権者や配当の要求をした他の債権者に対し、法律上優先する債権の順番に従って売却代金を配る手続です。

原則として、抵当権を有している債権と、抵当権を有していない債権とでは、抵当権を有している債権が優先します。

また、抵当権を有している債権の間では、抵当権設定日の先後の順に優先し、抵当権を有していない債権の間では、優先関係はなく、平等に扱われることになります。

## (2) 担保不動産収益執行

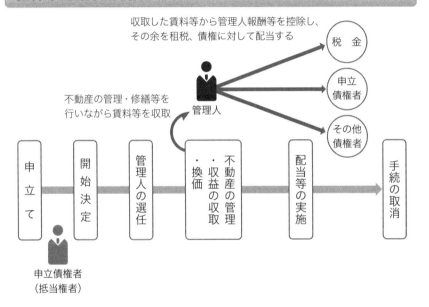

**担保不動産収益執行手続**は、担保不動産から生ずる収益（賃料等）を被担保債権の弁済に充てる方法による不動産担保権の実行方法です。

不動産について先取特権、抵当権、質権を有する担保権者の申立てに基づき、執行裁判所が、収益執行の開始決定をし、かつ、管理人を選任します。あわせて、担保不動産の賃借人等に対して、その賃料等をこの管理人に交付するよう命じます（民事執行法188条・93条1項・94条1項）。

管理人は、執行裁判所の監督の下、担保不動産の賃料等の回収や、事案によ

っては、既存賃貸借契約の解除又は新賃貸借契約の締結を行います（民事執行法188条・95条1項・99条）。

管理人又は執行裁判所は、執行裁判所の定める期間ごとに、債権者に対し配当等を実施します（民事執行法188条・107条・109条）。

## Section 2
# 法務担当者の役割

|   | 法務担当者 | 外部弁護士 |
|---|---|---|
| ① | ・強制執行手続の流れの理解 | ・強制執行手続による回収の見通しの検討 |
| ② | ・強制執行手続の時間的・経済的コストの理解 | ・強制執行手続の流れの説明 |
| ③ | ・強制執行手続を選択することの社内調整 | ・強制執行手続の対応 |

### 1 強制執行手続の流れの理解

法務担当者は、相手方が任意に債務を履行しない場合には、強制執行手続を検討する必要があります。

もっとも、強制執行手続は、前記のとおり、複雑な手続である上、複数の分類があるため、状況に応じて適切に選択しなければなりません。

### 2 強制執行手続の時間的・経済的コストの理解

また、強制執行手続は、複雑な手続である上、強制執行の効力を得るためには相応の時間的・経済的コストが生じることを理解する必要があります。

Part 4
紛争発生後の対応(臨床法務)

## 3　強制執行手続を選択することの社内調整

　このように、強制執行手続の複雑さ、時間的・経済的コストを理解した上で、強制執行手続を選択するかどうかを社内で調整する必要があります。
　また、強制執行手続の複雑さ等からすれば、法務担当者限りで対応することは困難であることも少なくありません。
　とくに、請求額が高額であればあるほど、強制執行手続の誤りは致命的にもなりかねませんので、外部弁護士との連携を早期に行う必要があります。

## Section 3
# 弁護士の役割

## 1　強制執行手続による回収の見通しの検討

　外部弁護士は、法務担当者を通じて強制執行手続の相談を受けた場合、まずは強制執行手続による回収の見通しを検討する必要があります。
　たとえば、相手方の資力に疑問があり、預金債権を差し押さえたとしても回収できる見通しが乏しいようであれば、預金債権以外の財産(不動産等)に対する差押えを検討することになります。
　このように、強制執行手続による回収の見通しを検討するにあたっては、相手方の財産調査も行わなければならないこともあります。

## 2　強制執行手続の流れの説明

　また、法務担当者から強制執行手続の相談を受けた場合、必ずしも強制執行手続の流れや時間的・経済的コストを法務担当者が正しく理解しているとは限らないため、この点も説明しなければなりません。
　判決や裁判上の和解によって、債務名義さえ取得してしまえば当然に債権を

回収できると誤解しているケースも少なくありません。

　外部弁護士としては、債務名義を取得しただけでは相手方に支払わせることができるわけではないこと、強制執行手続によるとしても、回収が確実ではないこと、また強制執行手続の時間的・経済的コストについて説明する必要があります。

## 3　強制執行手続の対応

　前記のとおり、強制執行手続は決して容易ではないことから、外部弁護士が代理人として対応することもありえます。

　代理人として対応する場合、相手方が財産を費消したり隠匿したりしてしまう可能性もありますので、迅速に対応しなければなりません。

　強制執行の申立てには必要な書類がいくつもありますので、早急に法務担当者と打ち合わせの上、申し立てに向けて手続を進めていく必要があります。

## Section 4
## 各論　各契約類型の留意点

| 契約類型 | 紛争の解決方法選択の留意点 |
|---|---|
| 売買契約 | ・所有権留保（約定担保物権）の活用<br>・動産売買先取特権（法定担保物権）の活用 |
| 金銭消費貸借契約 | ・強制執行認諾条項の活用 |
| 不動産売買・賃貸借契約 | ・強制執行に要する費用の検討 |
| ソフトウェア開発委託契約 | ・知的財産権に対する差押えの可否<br>・知的財産権の評価の検討 |
| 労働契約 | ・未払賃金の先取特権<br>・解雇無効に対する強制執行の可否 |

Part 4
紛争発生後の対応（臨床法務）

以下では、各契約類型に応じた留意点についてご説明します。

# 1 売買契約

売買契約においては、担保物権の活用による回収可能性を高めることが可能となります。

担保物権には、**約定担保物権**と**法定担保物権**の2種類に大別できます。このうち、約定担保物権については、所有権留保、法定担保物権については動産売買先取特権が挙げられます。

以下では、各担保物権の留意点についてご説明します。

## (1) 所有権留保（約定担保物権）

**所有権留保**とは、売主が目的物の引渡しを完了する一方、代金が完済されるまでは目的物の所有権を留保する制度をいいます。

所有権留保は、売買契約において、売主から買主への所有権移転を代金完済まで留保するという特約を付すことによって行われます。

所有権留保の一例として、A社がB社に対して製造用機械を割賦払いの条件で販売し、製造用機械を引き渡すものの、売買代金は後日分割弁済をするという売買契約（割賦販売契約）を締結した場合、売買代金完済まで製造用機械の所有権をB社に移転せず、A社に留保するという特約を付す場合が挙げられます。

所有権留保特約は、代金債権を確保するための1つの担保方法として機能します。

所有権留保を設定することによって、買主が残代金の支払を遅滞すると、売主は所有権に基づいて売買の目的物を取戻し、これを代金債権に充当することによって担保の目的を実現することが可能となります。

## (2) 動産売買先取特権（法定担保物権）

**動産売買先取特権**とは、動産の売主が、動産の対価及び利息について、その動産から他の債権者に優先して弁済を受けることができる法定担保物権をいい

ます。

　動産売買先取特権を行使する方法は、①**動産競売による方法**と、②**物上代位による方法**の2つがあります。

### ア　動産競売による方法

**動産競売による方法**は、買主に対して売却した動産を差押えて競売し、換価した代金から優先的に弁済を受けるというものです。

　もっとも、動産競売による方法は、買主に対して売却した動産が未だに買主の下にある場合にしか利用できず、すでに第三者に転売されている場合には利用することができません。

### イ　物上代位による方法

　買主に対して売却した動産がすでに第三者に転売されている場合には、物上代位による方法が考えられます。

　先取特権者は、「その目的物の売却、賃貸、滅失又は損傷によって債務者が受けるべき金銭その他の物に対しても、行使することができる。」とされています（民法304条1項）。

　したがって、買主が第三者に転売した場合であっても、転売代金債権が買主に支払われていないときには、物上代位による回収の可能性があります。

　もっとも、動産売買先取特権に基づく物上代位を行うためには、物上代位の対象となる転売代金債権が支払われる前に差押えを行う必要があります。

## 2　金銭消費貸借契約

　金銭消費貸借契約においては、将来の回収手続を容易にするために、金銭消費貸借契約書を公正証書として作成するとともに、強制執行認諾条項を設定することが考えられます（サンプル契約第6条）。

　公正証書の条項中に強制執行認諾条項を設定することで、債権者は、訴訟による判決や裁判上の和解を所得しなくとも、公正証書に基づいて強制執行を行うことが可能となります。

## 3　不動産売買・賃貸借契約

　不動産売買・賃貸借契約における強制執行手続では、対象不動産の明渡しや原状回復を求める際の費用の見通しを立てる必要があります。

　対象不動産の明渡し等を請求する場合には、強制失効申し立て時の予納金に加え、執行業者（執行補助者）に対する費用を要することになります。

　さらに、対象不動産の明渡しが認められたとしても、対象不動産の原状回復に要する費用は、債権者が立替払する可能性があることも考慮しなければなりません（債務者に対して求償請求することも可能ですが、任意の明渡しに応じないケースでは、債務者への求償請求が奏功することは期待し難いといえます）。

## 4　ソフトウェア開発委託契約

　ソフトウェア開発委託契約においては、そもそもソフトウェアのような知的財産権に対する強制執行が可能かどうかという問題がありますが、知的財産権は無体物ではあるものの、財産権であるという点で、執行の対象として差押えは可能です。

　次に、知的財産権に対する差押えが可能であるとしても、対象知的財産権の価値評価をどうみるべきかという問題があります。

　この問題については、知的財産権の評価は法的評価、技術的評価の側面があり、専門性が高い分野であるため、弁理士への評価命令が行われることになります。

## 5　労働契約

　労働契約における強制執行手続では、以下の２点に留意する必要があります。

## （1）未払賃金の先取特権

雇用関係から生じた債権については、先取特権が認められます（民法306条2号）。

**先取特権**とは、債務者の財産について、他の債権者に先立って自己の債権の弁済を受ける権利です（民法303条）。

したがって、未払賃金についても、雇用関係から生じる債権である以上、先取特権に基づいて優先的に回収することが可能となります。

先取特権を行使される場合、裁判手続によらずに財産を差し押さえられることになります。

仮に、従業員に対する未払賃金がある場合には、この先取特権に基づいて会社の財産について差押えを受けるリスクがあることに注意する必要があります。

なお、未払い残業代についても、雇用関係から生じる債権である以上、同様に先取特権を行使することが可能です。

もっとも、未払い残業代については、先取特権が強力な手続である反面、裁判所も慎重な姿勢を取る傾向にあり、容易には認められるわけではありません。

## （2）解雇無効に対する強制執行の可否

労働者に対する解雇処分の有効性を訴訟で争った場合、判決によって解雇処分が無効と言い渡されるケースがあります。

この場合、使用者側は、解雇が無効である以上、給与支払義務を負うことになり、労働者に対して給与を支払い続けなければならないことになります。

もっとも、解雇無効が判決で言い渡されたとしても、職場への復帰については強制執行の対象とはならず、職場への復帰を強制的に実現することはできません。

この場合には、あくまでも給与に対する強制執行が可能であるにとどまることになります。

# 索　引

## A-Z

- ADR ·································· *297*
- Billable Time ······················ *21*
- Billing Rate ························ *21*
- Break-up Fee ····················· *119*
- Brexit ······························ *174*
- DD ··································· *11*
- Fiduciary Out ···················· *118*

## あ行

- アソシエイト ······················· *15*
- アパマンショップ株主代表訴訟事件 ··· *61*
- 安定段階 ··························· *268*
- イソ弁 ······························· *17*
- インハウスローヤー ·················· *3*
- オピニオンショッピング ············ *71*
- 覚書 ································· *285*

## か行

- 海外弁護士 ·························· *13*
- 解雇権濫用法理 ···················· *245*
- 解約手付 ··························· *208*
- 瑕疵担保責任 ······················ *169*
- 家事調停 ··························· *298*
- 課税文書 ····························· *37*
- かなざわ総本舗事件 ··············· *125*
- 仮差押 ······························ *317*
- 仮差押命令申立書 ················· *318*
- 仮処分 ······························ *318*
- 仮処分命令申立書 ················· *319*
- 期限の利益 ·················· *185, 259*
- 期限の利益喪失条項 ········ *185, 259*
- 危険負担 ··························· *168*
- 記念樹JASRAC事件 ··············· *225*
- 基本合意書 ·························· *94*
- 客観的有効要件 ···················· *248*
- 競業避止義務 ······················ *240*
- 強制執行 ··························· *332*
- 強制執行認諾文言付公正証書 ······ *135*
- 緊急段階 ··························· *278*
- クロスデフォルト条項 ············· *172*
- 契約 ································· *28*
- 契約自由の原則 ····················· *96*
- 契約書 ······························· *28*
- 契約締結上の過失 ··················· *93*
- 契約内容の自由の原則 ············· *132*
- 契約の効果帰属要件 ··············· *251*
- 契約の効力発生要件 ··············· *251*
- 契約の成立要件 ···················· *248*
- 契約の有効要件 ···················· *248*
- 契約リスク ··························· *4*
- 現況調査 ··························· *337*
- 現況調査報告書 ···················· *337*
- 公示保全処分 ······················ *337*
- 公正証書 ····················· *187, 314*
- 口頭での回答 ························ *84*
- 合理的に知り得る限り ············· *147*

## さ行

- 最悪シナリオ……………………… 29
- 債権執行…………………………… 333
- 債権者面接………………………… 318
- 三六協定…………………………… 243
- 三点セット………………………… 337
- 実印………………………………… 36
- 自動更新条項……………………… 175
- シニア・アソシエイト…………… 16
- 主観的有効要件…………………… 248
- ジュニア・アソシエイト………… 16
- 情報開示者………………………… 102
- 情報受領者………………………… 102
- 職場環境配慮義務………………… 242
- 書証………………………………… 131
- 所有権留保………………………… 257
- 知り得る限り……………………… 147
- 知る限り…………………………… 147
- 信頼関係破壊の法理……………… 202
- 住友信託銀行 vs UFJホールディングス等事件…………………………… 94
- 成功報酬制………………………… 20
- 誠実協議条項……………………… 108
- 誠実交渉義務……………………… 117
- 誓約………………………………… 117
- 専属的合意管轄…………………… 107
- 占有移転禁止の仮処分…………… 329
- 戦略法務…………………………… 7
- 双方審尋…………………………… 319
- 訴訟………………………………… 297
- 訴訟リスク………………………… 4

## た行

- ダイオーズサービシーズ事件…… 242
- 第三債務者に対する陳述催告の申立て…………………………………… 334
- 退職後の競業避止義務…………… 241
- 退職後の守秘義務………………… 241
- タイムシート……………………… 66
- タイムチャージ制………………… 21
- 担保決定…………………………… 318
- 担保権の実行手続………………… 332
- 担保不動産収益執行手続………… 339
- 調停………………………………… 297
- 著作権の共有……………………… 226
- 著作者人格権……………………… 226
- 停止条件…………………………… 251
- 手付………………………………… 208
- デュー・ディリジェンス………… 11
- 当局リスク………………………… 4
- 動産売買先取特権………………… 343
- 同時履行の抗弁権………………… 252
- 独占交渉権………………………… 118
- 取った上でコントロールする法的リスク…………………………………… 4
- 取ってはいけない法的リスク…… 4

## な行

- 内容証明郵便……………………… 312
- 二次的著作物の利用権…………… 225
- 任意交渉…………………………… 297
- 人証………………………………… 130

## は行

- パートナー………………………… 15

| | |
|---|---|
| 売却基準価額 …………………… 337 | 認印 …………………………… 36 |
| 敗訴リスク ………………………… 4 | 民事調停 …………………… 298, 315 |
| 配達証明 ………………………… 311 | 民事保全 ……………………… 297 |
| 配当 ……………………………… 338 | メールでの回答 ………………… 83 |
| パチンコゲーム機等映像事件 …… 225 | メモランダム …………………… 80 |
| パラリーガル ……………………… 15 | |
| 判決 ……………………………… 321 | **や行** |
| 秘密情報 ………………………… 103 | 約定担保物権 …………………… 343 |
| 秘密保持契約 ……………………… 96 | 薮蛇 ……………………………… 12 |
| 秘密保持契約書 …………………… 94 | 要件事実 ………………………… 126 |
| ビューティ・コンテスト ………… 59 | 要件事実論 ……………………… 126 |
| 評価書 …………………………… 337 | 要式行為 ………………………… 248 |
| 表明保証 ………………………… 116 | 要注意段階 ……………………… 271 |
| 品質保証 ………………………… 169 | 要物契約 ………………………… 248 |
| 不可抗力 ………………………… 174 | 予防法務 …………………………… 7 |
| 普通郵便 ………………………… 311 | |
| 物件明細書 ……………………… 337 | **ら行** |
| 物証 ……………………………… 130 | リーガルオピニオン ……………… 60 |
| 不動産強制競売 ………………… 335 | リーガルチェック ………………… 55 |
| 法定担保物権 …………………… 343 | 立証責任 ………………………… 130 |
| 法的リスク ………………………… 4 | 臨床法務 …………………………… 8 |
| 法的リスクマネジメント …………… 3 | レピュテーショナルリスク ………… 4 |
| 法務担当者 ………………………… 3 | 連帯保証 ………………………… 187 |
| 法律意見書 ………………………… 76 | ６Ｗ２Ｈ ………………………… 32 |
| 法律行為の要件 …………………247 | |
| 法令リスク ………………………… 4 | |
| ボス弁 …………………………… 17 | |
| 翻案権 …………………………… 225 | |

**ま行**

マジックサークル ………………… 19
三重セクシュアル・ハラスメント（厚生農協連合会）事件 ………………242

【著者プロフィール】

**長瀬佑志**（ながせ ゆうし）

弁護士（61期）、弁護士法人長瀬総合法律事務所代表。2006年東京大学法学部卒。2006年司法試験合格。2008年西村あさひ法律事務所入所。2009年水戸翔合同法律事務所入所。2014年長瀬総合法律事務所設立。中小企業を中心に多数の顧問に就任し、会社法関係、法人設立、労働問題、債権回収等、企業法務案件を多数経験している。

『若手弁護士のための初動対応の実務』（レクシスネクシス・ジャパン、2016年）、『弁護士経営ノート　法律事務所のための報酬獲得力の強化書』（共著　レクシスネクシス・ジャパン、2015年）ほか。

**長瀬威志**（ながせ たけし）

弁護士（62期）、ニューヨーク州弁護士。2005年東京大学法学部卒。2007年司法試験合格。2009年アンダーソン・毛利・友常法律事務所入所。2013年金融庁総務企画局企業開示課出向。2014年米国University of Pennsylvania Law School留学（LL.M., Wharton Business and Law Certificate）。

国内外の大企業の案件に係る契約書作成等の企業法務全般を始め、ファイナンス、レギュラトリー、各国競争法、M＆A、危機管理・不祥事対応、知的財産案件等を多数経験している。

「上場企業の資金調達の円滑化に向けた施策に伴う開示ガイドライン等の改正―「勧誘」に該当しない行為の明確化および特に周知性の高い者による届出の待機期間の撤廃―」（共著、旬刊商事法務2014年10月25日号〔No.2046〕）ほか。

現役法務と顧問弁護士が書いた
## 契約実務ハンドブック

2017年3月30日　初版第1刷発行

著　者——長瀬　佑志・長瀬　威志
　　　　©2017 Yushi Nagase, Takeshi Nagase
発行者——長谷川　隆
発行所——日本能率協会マネジメントセンター
〒103-6009　東京都中央区日本橋2-7-1　東京日本橋タワー
TEL 03（6362）4339（編集）／03（6362）4558（販売）
FAX 03（3272）8128（編集）／03（3272）8127（販売）
http://www.jmam.co.jp/

装　丁——冨澤崇（EBranch）
本文組版——夜久隆之（Amaging Cloud Inc.）
印刷所——三松堂株式会社
製本所——三松堂株式会社

本書の内容の一部または全部を無断で複写複製（コピー）することは、法律で認められた場合を除き、著作者および出版者の権利の侵害となりますので、あらかじめ小社あて許諾を求めてください。

ISBN 978-4-8207-5974-4 C3032
落丁・乱丁はおとりかえします。
PRINTED IN JAPAN

## JMAMの本

### 部門担当者もケースでわかる
# 企業法務ハンドブック

**みらい総合法律事務所　著**
**A5判392頁**

「企業法務のための救急箱」というコンセプトで作られた法務相談対応の教科書。部門別によく起こりがちなインシデントに対して、問題発生時の初動対応に漏れなく備えることができます。まず「どう対処」「何を理解」すべきか相談したいときに必読の1冊です。

---

### 元商社ベテラン法務マンが書いた
# 英文契約書ハンドブック

**宮田正樹　著**
**A5判368頁**

営業経験豊富な東証1部上場企業の元法務部長が「現場で使える」英文契約の基本と実務、海外取引に必須の貿易実務を解説。モデル契約書を一式収録しており、必要に応じて対訳と実用的なコメント付き。法務担当・海外営業・輸出入業・調達担当必読の1冊です。